KB112098

화병을 다스려야
100세가 보인다

화병을 다스려야 100세가 보인다

발행일	2021년 8월 2일		
지은이	박종팔		
펴낸이	손형국		
펴낸곳	(주)북랩		
편집인	선일영	편집	정두철, 윤성아, 배진용, 김현아, 박준
디자인	이현수, 한수희, 김윤주, 허지혜	제작	박기성, 황동현, 구성우, 권태련
마케팅	김회란, 박진관		
출판등록	2004. 12. 1(제2012-000051호)		
주소	서울특별시 금천구 가산디지털 1로 168, 우림라이온스밸리 B동 B113~114호, C동 B101호		
홈페이지	www.book.co.kr		
전화번호	(02)2026-5777	팩스	(02)2026-5747

ISBN 979-11-6539-899-6 03190 (종이책) 979-11-6539-900-9 05190 (전자책)

인생을 바꾸는
화병(火病)의 위력

화병을 다스려야 100세가 보인다

박종팔 지음

화병을 잘 풀게 하는 단 한 권의 안내서!
감정에 휘둘리지 않고 내 삶의 주인공이 되는 비법

당신의 화병은 주관적인 감정이다!

북랩book Lab

머리말

"당신의 화병은 주관적인 감정이다!"

국내의 유일한 검찰&교수 출신 인권상담&심리상담 전문가가 들려주는 '인생을 바꾸는 화병의 위력'. 화병에 인생을 바꿀 수 있는 커다란 힘이 담겨 있다고 이야기하는『화병을 다스려야 100세가 보인다』가 북랩에서 출간되었다.

우리는 지금까지 화(火)를 '내서는 안 되는 것', 화는 인(刃; 刀 칼 도, 心 마음 심)내해야 되는 것으로 생각해 왔고 가정이나 사회에서도 강요받고 있다. 그 결과 마음의 상처가 많다. 아문 상처도 있고 지금도 피가 흐르는 상처도 있다. 화가 마음 속으로 타들어 가고 있거나 숯검댕이가 된 상처도 있다. 밖에 있는 불을 끄는 훈련은 많이 하고 있으나 마음의 불을 끄는 훈련은 거의 하지 않는다. 화라는 감정을 제대로 마주한 적도 없었다.

왜 화를 참으라고 할까?

폭력 같은 바람직하지 않은 행동을 하기 때문이다. 가족끼리, 직장 상사나 직원끼리, 학생들끼리 화가 나도 화의 감정을 지우기 위해 속에 담아두고 혼자 끙끙 앓고 억눌러서 자신의 마음을 향하여 폭력을 가한 것이 우울증이다. 우울증이 심해지면 화병(炎, 불탈 염)이 되어 폭언을 하거나 물리적 폭력을 행사하게 되고 더 심해지면 분노조절장애(焱, 불꽃 염)이 되어 자살이나 타인을 살해하게 되지만, 저자는 이런 사람들의 생각을 180도 뒤집고 새로운 시각을 제안한다.

인간이라는 동물은 결코 화에서 자유로울 수 없다. 게다가 최근에 장기화된 코로나 사태로 비일상적인 생활이 길어져 부부폭력, 자녀폭력, 학교폭력, 우울증, 직장 내 괴롭힘 등으로 이어지고 심하면 자살이나 타살로 나타나 본의 아니게 자신과 타인에 대한 인권을 침해하게 된다.

이럴 때일수록 화를 푸는 방법을 터득하여 부정적인 에너지를 긍정적인 에너지로 바꾸어야 하는데, 이를 위해 필요한 트레이닝이 바로 검찰 출신 인권상담&심리상담 전문가인 저자가 만든 화를 풀기 위한 심리트레이닝으로, 거기에 활용하기 위해 만든 책이다. 향후 인권 관련 국가기관, 기업, 교육기관, 단체, 학부모 등에게 이 프로그램을 트레이닝으로 활용할 수 있다.

인권상담&심리상담에서 가장 중요한 것은 우선 화라는 것은 마음이 불편하다는 신호의 감정임을 이해하고 화에 대해 고맙게 생각해야 한다. 자신이 내는 화라는 감정을 이해하지 못하면 화가 쌓여서 엉뚱한 방향으로 폭발해 버리기 때문이다. 평소 화라는 감정을 대하고 반응하는 습관이나 심리 상태, 몸의 컨디션과 스트레스 정도에 따라 화의 표현 방식이나 정도가 달라지는데, 저자는 화라는 자체가 자연스러운 것임을 스스로 이해하고 인식하게 하여 화의 진짜 감정을 푸는 방법을 통찰하고 깨닫는 데 도움을 준다.

화에 따른 충동은 아주 찰나의 것으로 이 몇 초를 다루는 방법을 이해하게 되면 잘못된 방식으로 화를 표출하여 후회하거나 최악의 상황으로 치닫는 일을 피할 수 있게 되는데, 그 순간의 감정을 가족끼리, 직장동료끼리, 가까운 사람끼리 상담원이 되어 서로 말을 주고받는 대화를 통해서 화를 그때그때 풀면 된다. 대화는 말하기와 듣기인 상담(相談, 서로 상, 말씀 담)이다. 화병이 있을 때 말로 풀어야 되는데 혼자 중얼중얼해서 풀 수도 있으나 한계가 있으니 어린 묘목을 눈으로 잘 살피고 관심을 가져야 하는 것처럼 도움을 주고받아 풀어야 한다. 말하기는 상대가 모르는 지식이나 정보를 전달하는 사리대화다. 듣기는 내가 말은 하되 생각을 말하지 않고 감정만 탁탁(너는 ~ 화났구나!) 잡아 주는 것이 심정대화이다. 인간관계에서 사리대화와 심정대화가 공존하지만 사리대화를 하더라도 바탕에는 자신의 마음을 알아주기를 바라는 심정대화가 깔려 있다. 대개 화는 사리대화에서 나타나게 된다. 가정에서는 사리대화보다 심정대화가 우선되어야 한다. 직장에서는 심정대화보다는 사리대화가 우선되어야 한다. 가정에서 사리대화를 우선하다 보니 화가 나는 경우가 많다. 화를 푸는 방법만 알면 누구나 인권상담사&심리상담사가 될 수 있다.

국내의 많은 국가 조직과 기업, 단체에서 화로 인해 파워해러스먼

트 대책을 고심하고 있고, 자신의 감정이 화로 이어지지 않게 하는 방법에 대한 해답은 검찰 출신 인권상담&심리상담 전문가인 저자에게서 찾을 수 있다.

우리는 오랫동안 화를 내지 않는 것을 미덕이라고 가정이나 학교에서 배워 왔고 마음의 화를 푸는 방법에 대해서는 특별히 공부를 한 기억이 없고 튀는 감정을 부정해 왔다. 그러나 화라는 감정이 중요한 역할을 한다고 이해해도 하루아침에 내 감정을 솔직하게 마주하기는 결코 쉽지 않다. 몸의 건강을 위해서 운동하고 좋은 음식을 먹고 보약도 먹는 것처럼 화를 푸는 방법도 노력해야 한다. 화가 많은 사람은 대개 카리스마가 있거나 머리가 좋은 사람으로 사회적으로 지도자가 될 능력을 갖고 있는 경우가 많은데 그 능력을 발휘하는 데 방해를 받을 때 화가 나게 된다. 그 화를 푸는 방법만 알게 되면 사회적으로 위대한 지도자가 될 수 있다고 확신한다. 화를 제대로 마주 대하고 잘 푸는 방법을 알려주는 『화병을 다스려야 100세가 보인다』를 읽어야 하는 이유이다. 듣기와 말하기, 발달 과정과 문화를 이해할 때 통찰이 된다. 너를 이해해야 내가 통찰된다.

목차

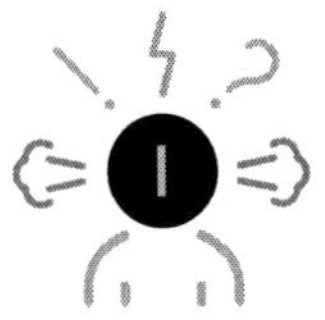

마음의 화(火)병, 어떻게 풀 것인가?

내가 진짜 하고 싶은 것은 무엇인가?

내 마음을 어떻게 알 수 있을 것인가?

어떻게 살고 어떻게 죽을 것인가?

문화, 삶에 어떤 영향을 주는가?

火

I

마음의 화(火)병,
어떻게 풀 것인가?

나는 왜 화가 나는가,
무엇이 문제인가

여러분은 어떨 때 화가 나는가? 스트레스나 짜증이 쌓여서 화가 된다. 나 혼자 화가 나는 경우도 있으나 누군가와 관계에서 화가 많이 난다. 화나는 이유는 다양하겠지만, 대개는 내 뜻대로 되지 않거나 무시당할 때 화가 난다. 서로가 다름을 인정하지 않는 것이다. 우리의 등에 무거운 돌이 있으면 멀리 못 가듯이 마음의 화가 있으면 삶이 불안정해진다. 우리는 불안을 해소하기 위해 나름대로 노력을 하고 있지만 한계가 있어 종교도 믿게 된다. 육체의 건강에는 많은 시간과 돈을 투자하고 있으나 마음의 건강을 위해서는 배운 기억도 없고 별로 관심 없이 살아가고 있다

유독 마음의 화가 많은 국민이 한국인인데 마음이 아플 때 어떻게 해야 할지 막막하고 어디를 찾아가야 할지도 잘 모른다. 좁은 땅에서 극심한 경쟁으로 살다 보니 나타나는 화는 자연스러운 현상인데 터놓고 하소연할 데가 마땅치 않고 그렇다고 상담을 받거나 정신과에 찾아가고 싶어도 상담과 정신과 진료에 대한 편견뿐만 아

니라 남들이 알까 봐 걱정도 된다. 문제 있는 사람으로 낙인(烙印)이 찍혀 사회생활에 불이익이 생길까 봐 두렵기도 하다.

그러다 보니 그때그때 풀지 못하고 점점 쌓이는 마음의 화(火)가 되어 자신의 마음을 폭력하여 우울증이 되기도 하고 심하면 화병(炎, 불탈 염)으로 폭언이나 신체적 폭력을 가하기도 하고 더 심해지면 분노조절장애(焱, 불꽃 염)이 되어 자살로 이어지고 나아가 직장 내 성희롱, 괴롭힘, 타살로까지 심화되어 자신과 타인의 인권을 침해하게 된다. 일상에서 생기는 화를 그때그때 쉽게 푸는 방법을 알고 있어야 한다.

우리는 가족끼리, 연인끼리, 직장동료끼리, 친구끼리 상담원이 되어 나의 화를 풀기도 하고 상대의 화를 풀어주면 좋다. 누구나 화풀이 처방사가 될 수 있다.

유태인들이 사랑하는 지혜의 교본인 『탈무드』에는 건강과 관련하여 이런 문구가 있다. "돈을 잃은 것은 조금 잃은 것이고, 명예를 잃은 것은 많은 것을 잃은 것이고, 건강을 잃은 것은 전부 잃은 것"이라고 했다.

오랜만에 친구를 만나거나 가족을 만나면 심심풀이로 화투나 고스톱을 치다가 돈을 잃었다고 열받고 화가 나서 그 다음날 아파하는 어리석은 사람들이 많다. 저자도 젊은 시절에 토요일 오후에 고

스톱을 시작하여 월요일 새벽까지 2박 3일 을 치다가 돈을 잃고 허리도 아프고 화가 나서 직장을 못 간 적도 있는데, 우리의 관심은 건강하면 피부로 탁 느껴지는 육체적인 건강에만 집중되어 있다.

건강하면 생각나는 것은 몸의 건강이다. 몸의 건강을 위해서 운동을 하는 사람도 있고 어떤 사람은 1주일에 3회 헬스도 하고, 좋은 물을 마시고, 등산도 하고, 보약도 먹고, 정기 검진도 받고, 비타민도 먹는 사람은 그나마 다행스러운 일이고 하지 않는 사람보다 훨씬 낫다. 저자도 건강을 위해서 새벽에 일어나면 물을 1ℓ 마시고, 하루 2~3시간 등산을 하는데 그러면 저절로 몸도 건강하고 마음도 건강할 것이라는 믿음을 갖고 있다. 몸의 건강 못지않게 중요한 마음의 건강에 대해서는 소홀히 하는 경향이 있다.

여러분은 마음의 건강을 지키기 위해서 어떤 노력을 하고 있는가? 몸이 아프면 통증이 오니까 바로 신경을 쓰는데 마음이 아플 때는 어떻게 신경써야 할지 모르기도 하여, 조용히 독서를 하기도 하고, 신앙생활을 하기도 하고, 조용히 음악을 듣기도 하고, 쇼핑을 하기도 하여 각자 나름대로 다양한 방법으로 마음의 건강을 지키기 위한 노력을 하는 경우는 그나마 다행이다. 그런 노력조차 하지 않고 골방에서 혼자 고독과 즐기는 것이 현실이라면 서글픈 일이다.

아마 마음의 건강에 대한 질문을 받아본 적이 없어 질문 자체가 어색할 수 있다. 그러다 보니 딱히 마음의 건강에 대한 생각을 깊이 해본 적이 없게 된다. 기껏해야 친구들을 만나면 건강을 지키기 위해서 어떤 운동을 하니? 정도로 덕담 비슷하게 물어보게 되는 게 전부다. 마음의 건강을 지키기 위해서 무얼 하느냐고 물어보기 생소할 정도로 마음의 건강을 지키기 위해서 어떤 노력도 하지 않고 있다.

나의 건강뿐만 아니라 사랑하는 나의 남편, 나의 아내, 나의 자녀의 마음 건강을 지키기 위해서 어떻게 하고 있느냐고 질문을 하면 대답하기가 더욱 어려워진다. 마음의 건강도 매일매일 지키려고 노력을 해야 유지되는 것이지 저절로 건강이 유지되는 것이 아닌데도, 몸이 건강해지면 마음도 저절로 건강해지는 것으로 착각하고 살고 있다.

한국 사람이 가지고 있는 대표적인 마음의 병은 무슨 병일까? 누구나 쉽게 바로 대답할 수 있을 정도로 우리나라 사람에게는 화(火)병이 많다. 세계적으로 통용되는 정신질환의 진단 및 통계편람(DSM -5)에도 화병이라는 병명이 있고 세계에서 우리나라 사람에게 유독 많은 병이 화병이다. 왜 유독 우리나라 사람에게 화병이 많을까? 자주 받는 질문이 아니라서 답하기가 어려울 수 있어서 "화병은 여자가 많을까, 남자가 많을까?"라고 다르게 질문을 하면 망설임이 없이 바로 여자라고 한다. 여자와 남성의 화병의 비율이

7:3이고 옛날에는 여성들이 이보다도 더 많았으나 최근에는 화병 걸리는 남성도 점점 증가하고 있다.

왜 여성들에게 화병이 많을까. 여성이 남성보다 참고 살아서 그렇고, 우리 사회는 살인도 세 번 참으면 막을 수 있다고 할 정도로 참는 것을 강요하고 이를 미덕으로 생각하고 있다. '참는다'의 한자는 인(忍)이고 인은 칼 도(刀)에 마음 심(心)의 복합어이며, 인(忍)을 확대해서 해석하면 '화를 내지 않으려고 화가 마음에서 올라오면 칼로 마음을 쿡 찌른다는 뜻이 된다.

옛날에 혼자 사는 과부 며느리가 동지 긴긴밤에 잠이 오지 않고 다른 생각이 나면 그 생각을 억제하기 위해 바늘로 허벅지를 쿡 찔러서 참았고 화가 날 때 '화를 내면 안 돼' 하고 참기 위해 칼로 가슴을 쿡 찔렀다.

사실 화병에 걸린 사람들의 마음을 열어보면 칼자국이 여기저기 무수히 많은데, 아문 칼자국도 있고 아직도 아물지 않아 피가 흐르고 있는 상처도 있으니 참으라고 하는 것이 썩 좋은 것만은 아니다.

지금까지는 화가 날 때 남성보다 여성에게 더 많이 참으라고 요구하였다. 여성들이 결혼해서 화가 나도 네가 참아야 가정이 편안하다고 하니 여성들이 표현하고 싶은 감정이 있어도 참다 보니 화가 많은 것이다.

마음의 건강은 화를 잘 다루는 것에 달려 있다. 화를 내는 것이 자연스러운가, 내지 않는 것이 자연스러운가? 화를 내는 것이 자연스러운 것이고 화를 내지 않는 삶은 있을 수가 없다. 내가 잘못한 것이 없어서 화를 내고 싶지가 않지만 주위에서 안 도와주고 오히려 더 화나게 해서 화를 내는 경우가 많다. 마음의 건강을 지키기 위해서는 화를 푸는 방법을 알아야 하는데 그러기 위해서는 화의 정체성부터 알아야 한다.

그럼 화(火)란 무엇인가? 몸의 건강에 이상이 생기면 제일 먼저 나타나는 증상은 몸에서 열이 난다. 자녀들이 "엄마, 몸이 아파" 하면 엄마는 먼저 아이의 이마에 손을 대고 열이 있나 없나 체크를 하게 된다. 병원도 마찬가지다. 어디가 아파서 병원에 가더라도 의사는 먼저 몸의 열을 체크하고 열이 나면 어딘가 문제가 있구나 판단하여 치료를 하게 된다.

열이라고 하는 것은 우리 몸 어딘가에 이상이 있어 비정상적이라는 것을 알려주는 일종의 사인이고 그런 측면에서 보면 열은 참으로 고마운 증상이다. 몸이 아픈데도 열이 나지 않으면 병을 키운 다음 병원에 가게 되어 치료하기가 늦은 경우가 생길 것이다. 암은 열 없이 몸속에서 독버섯처럼 성장하다가 뒤늦게 발견되어 고치기가 어렵다.

그렇다면 마음이 정상적으로 돌아가지 않을 때 어떤 사인이 올까? 마음이 정상적으로 돌아가지 않으면 제일 먼저 화가 난다. 몸이 정상적으로 돌아가지 않으면 몸에서 열이 나고 마음이 아프면 화부터 나는데, 그렇게 놓고 보면 화는 지금 마음의 기능이 잘 되지 않고 있다는 사인이고 마음이 아픈 데가 있으니 치료를 받아서 정상적으로 돌아가고 싶다는 사인이다. 우리는 화를 나쁜 것으로 보고 화를 내지 말라고 하는 것은 애들이 몸에서 열날 때 "야 이놈아 열나지 마" 하는 것과 같다. 열이라는 것은 내가 나고 싶다고 나고 나기 싫으면 안 나는 것이 아니고 몸의 기능이 정상적으로 돌아가지 않을 때 나듯이 화도 뭔가 마음이 정상적으로 돌아가지 않을 때 자연스럽게 나타나는 사인이다. 화는 마음이 불편하니 편하게 살고 싶다는 사인을 보내고 있는 것이다.

그럼 왜 화를 내지 말라고 할까? 화가 나서 하는 행동은 보통 바람직하지 못하다. 폭행, 욕, 물건 던지기, 소리 지르기, 괴롭힘, 심하면 살인까지 하게 되는데 그 행동들이 바람직하지 않기 때문에 화를 내지 말라고 하지만, 사실 화 자체는 마음의 건강에 이상이 있다는 중요한 사인이다. 가정폭력 상담을 하면서 화가 바람직하지 못한 행동으로 이어진 사례다.

남편은 장애인이고 아내는 비장애인인데, 아내가 외출이 잦자 왠지 이상한 느낌이 있는 남편은 불안하여 외출을 하지 말라고 여러 번 경고하였다. 아내가 아랑곳하지 않고 계속해서 외출을 하는 것을 보고 화가 난 남편은 어느 날 집으로 귀가한 아내를 도끼로 찍으려고 하였다. 아내는 놀라서 집을 도망나와 경찰에 신고하고 저자가 소장으로 있던 노인학대 보호쉼터기관에서 일시 보호한 경험이 있는데, 화가 쌓이면 폭발하여 상식을 뛰어넘은 행동을 할 수 있다.

화는 바람직한 방향으로 내리면 되고 어디서 화가 왔는지 원인을 찾아서 없애 버리면 화는 나지 않는데 우리는 화를 해결하는 방법을 모르니까 행동으로 옮겨가고 그 행동은 대개 바람직하지 않은 행동이기 때문에 화를 내지 말라고 한다.

화가 날 때 화를 내야 건강한 사람이고 화를 내야 할 상황에서 화를 못 내면 오히려 문제가 있는 것이다. 이런 사람은 화를 마음속에 쌓아두게 되고 그러다가 어느 정도 쌓여서 터지면, 저수지에서 둑이 터지듯 걷잡을 수 없이 물이 내려 오는 것처럼, 화가 터지면 평소 모습과 전혀 다른 행동이 터져 나오게 된다. 상식으로는 이해하기 힘든 '묻지마 살인' 사건은 화가 폭발한 것이다. 화는 그때그때 바로 풀어야 한다.

여러분은 화를 푸는 방법을 배운 적이 있는가? 아쉬운 것은 가정이나 학교에서 화를 참으라고만 하지 화를 효율적으로 푸는 방법은 알려주는 데가 없다 보니 화를 푸는 방법을 잘 모른다.

그러다 보니 부모님이 화내는 것을 보고 학습이 되어 나도 그대로 따라하는 대물림까지 하게 되고 화는 상대를 비난하는 것이고 그 비난의 대표적인 것이 가정폭력이다.

'나는 엄마처럼 화를 내지 않을 거야' 하다가 엄마처럼 똑같이 화를 내는 것은 엄마한테 배웠거나 독학을 한 것이고 내 안에 엄마가 있는 것이다. 화났다는 것은 마음에 불이 생긴 것이고 열불난다고 하는 것은 마음에 뜨거운 불이 생긴 것인데, 애들이 말썽을 부리면 "니가 속을 썩여서 엄마 속이 타들어 간다"고 할 때 마음속에 불이 있으니까 그 불이 타 들어 가는 것이다. "당신이 내 속을 썩여서 내 속을 보여 줄 수만 있다면 내 속은 숯검댕"이라고 하는 건 우리 주위에서 할머니들한테 많이 들어 본 이야기이다. 내 속은 타서 없다는 건 내 마음속에 불이 있는 것이고 마음의 불에 대한 대표적인 표현이 '애간장이 타들어 간다'는 말이다.

마음속의 불도 밖에 있는 불과 똑같이 타들어 간다. 화날 때마다 제때 풀지 않으면 하나 더 생겨서 화(火火, 같은 한자를 두 번 쓰면 양이 더 많아지는 것을 의미) 화가 두 개 있으면 평소에도 화가 나있는 상태고 이 사람은 평소에도 화가 타들어 가는 상태에 있다. 이런 사람들의 특징은 대개 폭력적이거나 욕을 하고 인권 침해로 나타나게 되고 심하면 살인을 하게 된다.

우리 주위에서 보면 별거 아닌데 유독 화내는 사람이 있고 "야, 너 별거 아닌데 화를 내냐" 하게 되는데, 그 사람은 그것 때문에 화가 난 것이 아니고 평소에도 화가 나 있기 때문이고 누가 살짝 건드리면 확 올라오게 된 것이다. 혹시 주위에 별거 아닌데 화를 확 내는 사람을 보면 질책하기보다는 평소에 화를 풀지 못하고 화가 나 있는 것이 아닌가, 하고 되돌아봐야 한다. 화를 빨리 풀어주어야 한다.

우리는 평소 화가 나 있는 상태가 많고 애를 키우기가 즐겁고 보람있다고 하지만 다른 한편으로는 화도 나고 짜증도 난다. 그렇다고 화난다고 하면 어떻게 엄마가 돼 가지고 애를 키우면서 화난다고 할 수 있나 이상한 사람으로 볼까 봐, 화난다는 말조차 할 수가 없으니 속으로 화가 타 들어간다. 회사 생활도 상사와의 관계에서 화나는 경우가 많지만 화내면 인사상 불이익이 있을까 봐 화를 내지 못하고 참는 경우가 많고 공직 사회도 민원인의 인권을 강조하다 보니 화가 나도 참아야 하는 경우가 많은데, 이런 현실의 어려움을 극복하기 위해서는 화를 푸는 방법을 알아야 한다.

여러분은 화를 어떻게 풀고 있는가? 화는 쌓아 놓지 말고 그때그때 풀어야 하고 화 푸는 방법은 다양한데, 선조들은談(말씀 담) 즉 화가 났을 때 쌓아두지 말고 말로 풀라는 것이고 길에서 애들이 싸우면 "애들아, 싸우지 말로 하거라" 했다. 애가 화가 나서 방에 들어가 문을 걸어 잠그고 안 나오면 대개 엄마들은 노크를 하고 "나와서 속 시원하게 말로 해 봐라" 하고 또한 남편이 말을 하지 않고 있으면 "무슨 일인지 말로 해 봐"라고 한다. 화를 푸는 방법은 쇼핑, 여행, 술 등 다양하지만 제일 좋은 것은 말로 푸는 것이 시원하다. 화가 날 때마다 말로 풀어야 한다.

우리는 정말 화가 날 때는 혼자서라도 중얼중얼하기도 하는데 그렇게라도 해야 답답한 속이 시원해진다. 저자는 산행을 좋아하는데, 화가 나면 겨울에 하얀 눈에 덮인 산을 혼자 뛰어가면서 중얼거리고 소리도 지르면서 내 안에 있던 화가 없어지는 것을 경험했다. 나 혼자의 말로 "야호" 하고 소리를 내는 순간에 화가 날아가는 느낌을 받으면서 소리는 화를 푸는 좋은 방법임을 깨닫게 되었다.

혼자 화를 푼다고 울다가 웃기도 하고 심해지면 머리에 꽃을 꼽는다. 얼마전에 대검찰청을 우연히 지나가다가 누군가 화려한 붉은 옷을 입고 머리에 꽃을 꽂고 ㅇㅇ검사는 죽여야 한다며 욕을 하고 울다가 웃다가 하는 모습을 보면서 저렇게 혼자 화를 풀려고 애를 쓰고 있다는 생각에 씁쓸했다.

급하면 혼자 푸는 것도 좋지만 그보다는 누구와 같이 푸는 것이 더 효과적이고 서로 마음속에 있는 화를 말로 풀어주는 것이 상담(相 서로 상, 談 말씀 담)이다. 화는 자연스러운 것이니 그때그때 풀어

주면 되며, 화를 제일 효율적으로 풀어 주는 것은 말로 풀어야 하고 화를 풀면 건강하게 살아갈 수 있다.

여러분은 지금 상담을 하고 있는가? 친구가 화가 나서 나한테 오면 그 화를 풀어주려고 노력을 한다. 우리는 '상담을 한다'라는 의식은 하지 않았지만 일상에서 매일매일 상담을 해왔고 앞으로도 상담을 해야 한다.

가족들이 마음이 아플 때 화를 풀어줄 수 있으면 상담해주어야 한다. 가족이 화가 나서 화를 풀어주려고 말을 시작하고 나면 많은 경우에는 화가 더 나서 불난 집에 부채질 하게 되고 내 속에 불이 나서 좀 꺼달라고 왔는데, 같이 얘기하다 보니까 불이 더 나 다른 표현으로 염장 지른다. 얘기하다 화가 더 나면 "너하고 얘기하느니 차라리 벽 보고 얘기하겠다"라는 말이 나온다. 벽보고 얘기하면 대답이 없으니까 답답은 하지만 염장은 안 지른다. "다시는 (엄마, 남편, 아내,직장동료, 친구 등과) 말을 하지 않을래" 하고 말문을 닫는다. 말하면 더 화가 나니까 말을 하지 않는다.

우리 사회는 상담을 부정적으로 바라보니까 상담을 받지 않고 화를 쌓아두게 된다. 감기는 바로 치료하면 낫지만 치료하지 않고 방치하면 자칫 폐렴이 되어 목숨까지도 잃을 수 있고 우울도 그때 그때 풀면 되는데 남이 알까 봐 쉬쉬하다가 쌓이게 되면 자살을 하거나 남을 해치는 살인 등 바람직하지 않은 행동도 할 수 있다. 자살은 거의 우울증을 동반하게 되고 우울이 우리의 목숨을 앗아가는 것처럼 마음의 불도 우리의 목숨을 앗아갈 수 있다.

마음의 불로 유흥비 탕진에 변호사 아버지 명의 채무, 30대 아들의 '패륜'이라는 기사를 봤다. 30대 남성 A씨의 근무지는 서초법조타운이다. 변호사인 아버지의 사무실에서 일하는 그는 거액의 빚에 시달리고 있었다. 40억 원이나 되는 그 빚은 아버지 사무실 명의의 차용증을 위조해 지인들에게서 빌린 돈이다. 유흥비와 생활비 등으로 호사스럽게 탕진하던 A씨는 그 빚을 '돌려막기'로 갚아나갔으나 한계가 있었다. 빚에 쪼들린던 A씨는 해서는 안 될 생각을 하기에 이른다. 채무 명의자인 아버지를 숨지게 해 빚을 털어버리기로 한 것이다. A씨는 지난해 6월 휴대전화에서 '둔기로 내려치면' 같은 문장과 단어를 검색했다. 그렇게 둔기를 구입해 차량에 보관은 했으나 맨정신으로 아버지에게 범행할 엄두는 나지 않았다. A씨는 신경정신과 의료기관을 찾아 불면증 약을 처방받았다. 그는 서초동으로 향했다. 그곳에서 아버지를 태운 A씨는 지하철역 근처에서 함께 내렸다가 "일이 생겨 다른 곳으로 가야겠다"라고 먼저 차에 오른 다음 조금 뒤에 차에 올라탄 부친을 향해 둔기를 휘둘렀다. 그런데 아버지는 머리를 뭔가에 부딪힌 것으로 착각하고 "피가 난다"라며 아들에게 병원으로 가자고 했다. 병원 주차장에 도착한 A씨는 둔기를 마구 휘둘렀다. 아들은 아버지가 위기를 벗어나기 위해 '신고하지 않겠다'라고 자신을 안심시키자 도로 인근에 내려주고 도주했다. 아들의 패륜에 몸과 마음을 다친 아버지는 그래도 법정에서 처벌하지 않겠다고 했다.

여러분은 이 기사에서 어떤 느낌이 드는가? "어떻게 자녀가 부모를 저렇게 할 수 있어" 하고 분노를 할 것이다. 상식적으로 이해하기가 어려운 사건이다. 자식이 부모를 죽이고 싶은 사람이 있을까? 아마도 세상에 한 명도 없을 것이다. 그럼 왜 저런 범행을 했을까? 스스로 살아갈 능력이 없는 것이다. 독립성이 부족한 것이다. 성장과정에서 과잉보호를 하게 되면 사회에서 나가서 관계가 어렵고 스스로 헤쳐 나가야 할 능력이 부족하다 보니 부모에게 의존하게 된다. 간섭이 많거나 비난을 많이 당해도 어떤 일을 했을 때 혼나니까 스스로 무엇인가를 하려고 하지 않고 소극적인 사람으로 변하게 된다. 사회생활에 적응이 어려운 것이다.

극히 예외적인 사건이다. 이런 사건이 나에게는 없을 것이라고 생각할 수 있다. 물론 있어서도 안 된다. 그래도 한 번쯤은 나는 지금 자녀를 어떻게 키우고 있는지에 대한 생각을 해 볼 필요가 있다. 자녀를 키울 때 해야 할 일과 해서는 안 되는 윤리의식을 분명하게 가르쳤더라면 이런 비극적인 사건이 발생하지 않았을 것이다. 자녀에게 무조건 잘해주는 것을 사랑으로 착각하는 것이 어쩌면 부모의 마음일 수 있다. 아무리 미워도 사랑으로 받아주는 것이 사랑이라고 생각한다. 법정에서 처벌을 원치 않는다는 대목에서 우리는 부모의 마음을 읽을 수가 있다. 요즘에 자녀가 1명이나 2명밖에 되지 않으니까 이런 현상이 일어나고 앞으로는 더욱 심해질 것으로 예상이 된다. 부모들도 생각이 변해야 한다. 지금까지 우리 사회는 돈의 만능주의, 권력을 갖는 데만 집중하고 있고, 어떻게 하는 것이 진정한 교육인가? 어떻게 하는 것이 마음의 건강인지에 대한 생각은 거의 하지 않고 살아왔다.

이제는 마음의 건강에 대해서도 돈 버는 문제, 사회적 지위 문제, 육체적인 건강 못지않게 신경을 써야 되지 않을까?

운동은 아플 때 하는 것이 아니고 건강할 때 해야 한다. 건강은 건강할 때 지켜야 하고 건강을 유지하기 위하여 건강검진도 받고 헬스도 하고 발레도 하고 등산도 하는 것은 아주 바람직한 일이지만, 운동이나 보약이 효과가 있으려면 건강할 때 해야 한다.

마찬가지로 마음의 건강을 지키기 위해서는 건강할 때 상담받는 것이 더 효과적이다. 그런데 마음이 아플 때 상담을 받는다. 화가 날 때까지 내버려두면 쌓여서 마음의 화상을 입게 되는데, 화상이 날 때까지 기다릴 이유가 없고 그때그때 풀어야 하고 화상을 입기 전에 필요한 조치를 취하는 것이 중요하다. 상담이라는 것이 마음의 병이 있거나 힘들 때 어쩔 수 없이 받아야 한다는 생각을 버려야 한다. 병원에서도 중환자가 되면 고치기 어렵고 비용도 많이 드는 것과 같이, 화가 났을 때 그때그때 화를 푼다고 생각을 하면 된다. 주위에 있는 사람들이 화가 나 있을 때 상담을 해주어서 마음 속에 있는 화를 풀어주면 가족, 직장, 친구 등 조금씩 건강해져서 건강한 사회 속에서 살아 갈 수 있다.

내가 화가 날때 누구와 풀어야 할까?

제일 좋은 것은 당사자이다. 화는 잘 받아 주어야 풀리는 것인데 당사자는 내 화를 받아 줄 준비가 되어있지 않다. 내 화를 잘 받아 주지 못하면 오히려 더 화가 나기 때문에 내 화를 잘 받아줄 제3자와 화를 푸는 것이 더 안전하다.

화가 상대방인지 제3자인지 따지는 것은 머리가 하는 짓이고 화는 풀리느냐 풀리지 않느냐가 중요하기 때문에 상대방이 누구인지는 중요하지 않다. 집에서 부모한테 혼나고 학교에서 다른 학생을 때려도 화는 풀리는 것이 학교 폭력이고 직장 상사가 부부싸움하고 직원에게 화내도 풀리는 것이 우리의 마음이다. 마음은 옳고 그름을 판단하지 않고 그냥 느낌이다. 화는 대개 옳고 그름을 판단하는 뇌(腦, Brain, 중추신경계 관장)인 머리를 많이 쓰거나 지식이나 정보가 많은 사람이 많다.

화는 풀리고 안 풀리는 것이 중요하기 때문에 나를 화나게 한 당사자에게 화를 풀려고 집착할 필요가 없고 내 화를 받아주는 누군가에게 풀면 된다.

상대의 말을 **들어 주는 기술**

한국 사람에게 유독 많이 나타나는 것이 화병이다. 화병의 원인과 이유만 알고 화를 푸는 방법이 없으면 화가 더 날 수 있다. 화를 풀어 주는 가장 좋은 방법은 상담(相談)이다. 상담은 마음속에 있는 화(火)를 서로 말을 통해서 풀어주는 것이고, 화가 나 있거나 화난 표정을 하는 사람에게 궁극적으로 웃게 만드는 장소를 상담소(相談笑)라고 한다. 일상에서 상담소를 친근하게 이용해야 한다.

화를 푸는 것은 대화를 하는 것이고 어떻게 하는 것이 화를 풀고 웃을 수 있는지가 중요한데 대화는 기본적으로 '너'와 '내'가 하는 것이다. 대화는 말이 오고가고 하거나 말을 주거니 받거니 하는 것이다. 무엇보다 중요한 것이 말인데 말과 관련된 속담은 무엇이 있을까?

"가는 말이 고와야 오는 말이 곱다." "말 한마디에 천 냥 빚을 갚는다" 말 한마디에 천 냥 빚을 갚을 수 있지만 말 한마디에 천 냥 빚을 얻을 수도 있다.

누구나 말의 중요성을 말하고 있는데 어떻게 말을 해야 하는지에 대한 구체적인 방법을 제시하지 않고 있다. 학교에서 천 냥 빚을 갚는 방법을 배운 적이 있는가? 대개 배운 적이 없고 저자의 개인적인 경험으로도 어디서 말에 대한 것을 배운 적이 없다.

그럼 어떻게 하면 천 냥 빚을 갚을 수 있을까?

어떻게 이야기를 하고 어떻게 말을 하느냐에 따라서 천 냥 빚을 갚을 수 있고 천 냥 빚을 얻을 수 있다. 대화의 기본은 상대가 말을 하면 내가 듣고 있다가 내 차례가 되면 내가 말을 하는 것이다. 다시 상대가 말을 하면 내가 듣고 내 차례가 되면 내가 말을 한다. 상대방이 말을 할 때는 듣기를 잘 해야 되고 내가 말을 할 때는 말을 잘 해야 한다. 결국 대화는 두 가지로 듣기와 말하기다.

대화를 잘 하는 사람은 듣기와 말하기를 잘한다. 국가 대표급 선수들이 탁구를 하는 것을 보면 공이 왔다갔다 여러 번 지속되니까 구경하는 사람들도 굉장히 즐거운데, 이제 막 배운 초보자들이 하는 것을 옆에서 보면 어떨까? 한 번 쳤다가 딴 데로 가면 공을 주으러 다니다가 시간을 다 보내게 된다. "야, 너하고는 탁구를 못 하겠다" 하게 된다.

대화도 탁구치는 것과 똑같다. 대화를 잘하는 사람을 보면 끊임없이 오고가고 계속 진행이 되는데 대화를 잘 못하는 사람을 옆에서 보면 한두 번 하다가 한 사람이 욱하고 나 "너하고 대화를 더 이상 못 하겠다" 하고 벌떡 일어나 자리를 박차고 나가버린다. 대화는 오가야 한다. 어떤 목적으로 대화를 하느냐에 따라서 대화의 양식이 달라진다.

대화를 하기 위한 가장 기본적인 목적은 무엇일까?

탁구를 할 때 공이 오간다. 마찬가지로 대화에서도 무엇이 오고 가야 하는데 지식이나 정보다. 우리는 삶에서 모르는 것이 너무 많은데 아는 것을 상대에게 알려주고 "내가 독감으로 아파서 오래 고생했는데 이 병원에 가서 약을 먹고 바로 치료되었어" 하고 서로 지식과 정보를 교환하게 된다. 지식과 정보는 머리로 하는 것이고 정확성이 요구되며 이런 머리로 하는 대화를 '사리대화'라고 한다.

사리대화를 하려면, 듣기와 말하기 중 어느 것을 더 잘해야 할까? 듣기·말하기 둘 다 중요하지만 말하기가 더 중요하다. 법률문제가 있어서 변호사를 만났고 변호사는 어떤 문제로 왔느냐고 물었을 때 말을 하지 않고 변호사의 얼굴을 쳐다보고만 있으면 어떻게 될까? 왜 내가 변호사를 만나러 왔는지 알아서 맞춰 보라고 하면 어떻게 될까? 변호사가 법률 상담을 해줄 수가 없다.

처음 가는 길에 택시 기사가 "어디로 갈까요?" 물어 봤을 때 가만히 있거나 "가고 싶은 대로 가세요" 하면 택시 기사는 어디도 갈 수가 없다. 법률 상담을 하거나 택시를 탈 때는 분명하게 말을 해야 하는데 내가 어떤 법률 문제가 있어서 왔는지 택시의 목적지가 어딘지를 정확하게 말을 해야 한다. 대답 또한 상대의 질문에 맞는 내용을 분명하게 말을 해주어야 한다.

사리대화는 듣기와 말하기 중 무엇이 중요할까?

말하기가 중요하다. 21세기는 정보화 사회라고 한다. 정보화 사회일수록 말하기가 중요하고 내가 알고 있는 지식을 조리있고 설득력 있게 전달하는 것이 중요하다. 학교에서도 학생들이 말하는 시간이 있을까? 자녀 중에서 가족들과 편하게 있을 때는 자기 생각을 잘 말하는데 친구들이나 많은 사람 앞에서 말을 하라고 하면 잘 못하는 친구들이 많이 있다. 대개 부모님은 걱정과 염려가 되서 자신의 생각을 잘 말하게 하는 스피치 학원을 보낸다.

저자도 말하는 것이 부족해서 스피치 학원을 3년이나 다녔다. 말을 배우는 것에 흥미가 있어서 열심히 하였더니 학원 원장으로부터 대기업에 강의를 제안받기도 했고 그 학원에서 말을 가르치는 스피치 강의를 하다가 우연한 기회에 전국남녀 웅변대회에 출연하여 문교부 장관상(전)을 수상했다. 이것이 계기가 되어 대학에서 교수까지 하게 된 동기가 되었다. 내 생각을 표현하는 '말하기 훈련'을 배우는 것은 아무리 강조해도 지나치지 않는다.

우리 주위에 말하기 학원이 있을까? 부모들이 자기 생각을 분명하게 말하게 하는 학원을 보내서 훈련도 시키고 있다. 칠판도 내 생각을 보다 정확하게 전달하기 위해서 사용하는 말하기의 보조기구이고 파워포인트, 동영상, 그림, 통계자료, 마이크 등도 말을 효율적으로 하기 위한 보조수단이 발달되었다. 그만큼 우리 사회는 말하기가 중요한 시대다.

대화는 지식과 정보만이 오고 가는 것이 아니라 그 밑바탕에는 감정이 흐르고 있다. 작가의 생각을 효율적으로 전달하기 위해서는 디자인, 그림, 음악, 음향 등이 어우러져야 하나의 영화가 나오고 그 영화가 울림이 있을 때 좋은 평가를 받게 된다.

대화에서 지식과 정보 외에 오고 가는 중요한 것은 무엇일까? 감정은 이야기하는 데 중요한 내용이 될 수 있고 내 감정이 오고 가는 것을 '심정대화'라 한다. 대화에는 두 가지가 있다. 직장을 실직한 사람에게 그에 적합한 직장이 있다는 정보를 알려주는 것은 '사리대화'이고 직장을 실직했다는 정보를 듣고 실직자의 마음을 헤아려 주는 "걱정되고 속상하겠다"라고 하는 이런 대화는 '심정대화'라고 한다. 사리대화가 일상에서 많이 사용되지만 그 이야기 속에는 항상 마음이 들어가 있다.그 마음을 헤아려 줄 때 "아, 저 사람이 내 마음을 알아주는구나" 하고 훨씬 더 가깝게 느껴진다. 심정대화는 감정을 얘기하는 것이다.

상담은 상대방의 마음속에 있는 화를 풀어주려는 것이다. 화가 난 사람은 '너'다. 화는 지식일까, 감정일까. 화는 감정이다. 대화에서 특히 상담에서 듣기와 말하기 중 무엇이 중요할까? 듣기다. 화가 난 상대의 마음을 풀어 주어야 하니까.

상대가 무엇 때문에 화가 났는지를 먼저 알아야 하고 심정대화를 할 때는 듣기가 제일 중요하다. 상담에서 상(相, 木; 나무; 目, 눈; 目)은 어린 나무를 심어 놓고 잘 자라는지 눈으로 관찰하는 것이다. 서로 이야기하고 들으면서 상대방의 마음속에는 어떤 감정을 가지고 나에게 이런 이야기를 하는지를 잘 살펴가지고 그 화를 대화로 풀어주는 것이다. 심정대화는 듣기가 중요하고 상담은 상대의 말을 들어 주는 것이다.

학교에서 듣기를 배운적이 있는가?

학교에서 말하기는 배웠지만 듣기는 배운 적이 없다. 영어 듣기는 여기서 말하는 듣기와는 다르고 학교에서는 영어 듣기는 가르쳐 주는데 상대방 마음의 소리를 듣는 것은 안 가르쳐 준다. 주위에 듣기 학원은 있을까? 칠판, 파워포인트 같은 듣기를 도와 주는 보조 수단도 없다. 보청기는 있으나 여기서 말하는 듣기와는 다르다. 우리가 보청기가 없어서 못 듣는 것은 아니다.

우리 사회가 어려움이 많은 것은 여러 이유가 있겠지만 자기 생각을 말하는 사람은 많이 있으나 듣기를 잘하는 사람은 거의 없어 좋은 의미의 대화가 잘 일어나지 않아 갈등이 많다. "나는 저 사람과 머리가 잘 통해서 좋아" "나는 남편 마음이 잘 통해서 좋다" 하고 표현하는 것을 들어 본 적이 있는가? 어떤 사람과 가까워지거나 친밀한 관계일수록 사리대화보다는 심정대화를 많이하고 심정대화를 하는 것을 더 좋아한다.

우리 모두 결혼하기 전에 연애할 때, 그때는 몇 시간을 이야기해도 헤어지기 너무 아쉬웠는데 결혼하고 몇 년 지나게 되면 만나서 부부가 할 얘기가 없어진다.

왜 그럴까?

결혼 후에 왜 말이 적어질까? 말할 이야기가 없을까? 남편이 퇴근 후 집에 와서 "애들은?" "저녁은?" "자자" 등 세 마디만 한다는 웃지 못할 말이 있다. 연구에서 결혼 후에 왜 말이 적어지는지 이유를 물어보면 내가 말을 하지 않아도 안다는 것이다. 얘기를 하지 않아도 다 알고 있는데 굳이 입 아프게 말을 할 필요가 없다는 것이다.

무엇을 안다는 것은 지식일까? 감정일까?

무엇을 안다는 것은 지식의 문제다. 남편 생일, 아내 생일을 알고 있고, 좋아하는 음식이나 드라마를 알고 있다. 결혼생활이 길어질

수록 사리대화 중심 대화가 된다. 사리대화를 잘하려면 내가 모르는 지식이나 정보가 교환되어야 하는데, 다 알고 있으니 할 얘기가 없다. 본인이 궁금한 것 "애들 학원 갔다왔는지" "저녁은 먹었는지" 등 공식적인 것만 확인하면 할 얘기가 없다.

연애할 때는 어떤 대화를 많이 했나. 내가 어떤 일을 했을 때 그때의 감정에 대한 얘기로 주로 계속해서 하게 되는 심정대화를 하게 된다. 소재나 주제는 아주 단순하고 별거 아닌데 그 소재에서 느끼는 감정을 얘기하기 시작하면 대화는 끊임없이 이어진다.

드라마에서 감정의 대화를 보거나 부부가 감정 위주의 대화를 해보면 대화가 계속 진행된다. 대개 남자와 여자는 대화가 잘 안되어서 남자와 여자의 통역이 필요한 시대라고 하는 웃지 못할 얘기도 있고 어떤 사람은 '금성에서 온 여자와 화성에서 온 남자'라고 하는 말도 있는 것이다.

남성과 여성이 왜 통역이 필요할까?

남자는 주로 사리대화를 하는 경향이 있고 여자가 어떤 말을 하면 끝까지 듣지 않고 중간에 말을 끊으면서 "결론이 뭔데, 그래서 어떻게 된거야? 여행을 가겠다는 거야, 가지 않겠다는 거야?" 남자는 여행을 가는지의 정보를 알고 싶은 것이다. 여자는 가고 안 가는 것이 중요한 것이 아니라 그 과정 속에서 느꼈던 감정이나 정서를 나누는 것이 중요하다. 사리대화와 심정대화가 항상 부딪친다.

부부 중 누가 더 상처를 많이 받을까?

심정대화를 하려던 사람이 더 상처를 받는다. 감정이 상처를 받지 머리는 상처를 받지 않는다. 여성은 "이 사람과 대화를 해봤자 상처를 받으니까 말을 하지 않는 것이 낫겠다"라고 생각하니 갈수록 이야기가 점점 줄어들고 공적인 대화만 한다. 관청에 가서 서류 뗄 때의 대화처럼 "어떻게 오셨나요?" "가족관계 증명요." "수수료는 얼마요" 서로 주고받고 "고맙습니다" 하고 끝나는 대화를 하고 있다.

여러분은 집에서 보통 대화를 어떻게 하는가?

가까워지거나 속이 시원해지는 대화는 심정대화다. 그러기 위해서는 내가 먼저 들어 주는 훈련을 해야 한다. 심정대화는 듣기와 말하기에서 '듣기'다. 듣기는 어렵게 생각하지 말고 요즘 코로나 때문에 집에 있는 마스크(× 표시)를 하고 가족들과 대화를 시작한다. 그동안 내가 너무 말만 많이 하고 듣지를 않아서 답답했을 테니 오늘은 내 이야기는 하나도 하지 않고 들고만 있겠다. 한번 하고 싶은 얘기를 마음껏 해보라고 하면 가족들이나 만나는 사람들이 기다렸다는 듯이 자신의 말을 할까?

그렇치 않다. 평소에는 자기 이야기만 하던 사람이 어느 날 갑자기 "나는 말을 하지 않을 테니까 마음껏 해봐" 하면 "이게 뭐야, 무슨 상황이야. 어디서 무엇을 듣고 온거야?"라며 처음에는 의아하게 생각하다가 상황이 어색하니 평소 하던 대로 하라고 눈빛으로 말한다.

대화는 두 사람이 같이 하는 것이다. '나는 하지 않을테니 너 혼자 해'. 이것은 대화가 아니고 독백이다. 혼자 계속 이야기하는 사람은 차라리 머리에 꽃을 꽂아라. 대화는 내 차례가 되었을 때 말해야 한다. 들을 때는 내 이야기를 해서는 안 된다.

대화를 잘하는 사람, 듣기를 잘하는 사람은 본인 생각을 말하지 않는다. 진짜 듣기를 잘하는 것이다. 이것을 많은 사람들이 모르고 있다. 내 얘기를 열심히 하다가 갑자기 멈추고 "너 한번 마음껏 말을 해봐" 해놓고 상대방의 얼굴을 뻔히 쳐다보는 것은 듣기도 말하기도 아니다. 상대방은 말을 못 한다. 내 차례가 되면 나도 이야기를 하기는 해야 되는데, 하지만 내 생각은 이야기하지 않는다. '너'만 계속 얘기하게 한다.

듣기는 '너'만 얘기하게 한다. '너'가 마음속에 있는 화가 풀릴 때까지 계속 말을 하게 된다. 한참 이야기하다 보면 어느 순간 화가 풀린다. 내가 화를 풀려고 말을 하고 있는데 상대방이 자신의 얘기를 하면, 이를 '염장지른다'라고 한다. 내 얘기를 하고 싶어서 말을 꺼냈는데 상대방은 내 얘기는 안 듣고 자기의 생각을 얘기하게 되면 나는 '뭐야. 화가 더 난다' 생각이 든다. 화를 풀려고 말을 시작했는데 상대방이 자기 얘기를 나한테 자꾸 하니까. 나는 화가 더 난다. 이런 것을 불난 데 부채질한다고 하는 것이다. 당신과 같이 얘기 하느니 차라니 벽 보고 얘기하겠다. 벽은 자기 얘기를 하지 않는다. 답이 없으니 답답하기는 하지만.

벽은 자기 얘기를 하지 않으니까 계속 내 얘기를 할 수는 있다. '내 앞에 있는 이 사람과는 말을 할 수가 없어. 계속 염장을 지르니까 내가 말을 할 수가 없다' 상담에서 말을 못해 화병이 있는 사람에게 쓰는 기법이 있다. 공간에 빈 의자를 놓고 평소에 상대방에게 말을 못 해서 답답했던 것을 마음껏 하게 한다. 듣기를 잘하는 것은 가만히 상대방을 바라보는 것이 아니라, 상대방이 끊임없이 자기 이야기를 하도록 만들어 주는 것이다. 이것이 듣기를 잘하는 사람이다.

그럼 어떻게 하면 듣기를 잘하게 할 수 있을까?

상대방은 주어가 '나는'으로 시작한다. 나는 오늘 직장에서 이런 일이 있었다, 내 애가 아프다 등. 듣기의 주어는 '너는'이다. 상대방 입장에서 보면 주어가 '나는'이 된다.

심정대화를 할 때는 나의 모든 관심이 '너는'으로 가 있어야 한다. 상대방이 "이런 마음으로 이야기를 하고 있구나"라고 느껴야 한다.

상대방 이야기가 끝나면 "너는" 하고 상대방의 마음을 돌려주어야 한다. 심정대화는 너는 "이렇게 느끼는구나, 이런 마음이구나" 하고 감정을 알아주는 것이다. 심정대화는 간단하게 한 문장으로 하면 된다. 심정대화는 너로 해야 한다. 내 생각을 말하면 심정대화가 아니고 사리대화다.심정대화는 나를 말하지 않는다.

- 나는 → 말하기
- 너는 → 듣기
- 나는 → 말하기
- 너는 → 듣기

심정대화는 말하는 사람이 중심이 되야 하고 듣는 사람은 말은 하되 '너는'으로 시작한다. '나는'으로 시작하면 안 된다.

어떤 말이든 간에 그 말 속에 감정이 숨어 있다. 듣는 사람은 너의 그 감정을 알아주는 것이다. 직장을 실직한 사람이 오늘 친구 모임이 중요한 것 같아 참석했다. 그 사람의 마음은 어떨까? 너무 속상하고 앞으로 어떻게 살아야 하나 걱정도 되고 자존심도 상할 것이다. 그 감정을 알아주어야 한다. "참 많이 속상하겠다. 많이 걱정되겠다" 누가? '너'가. 이것이 심정대화다. 사리대화는 "직장을 다니다 보면 잘릴 수도 있는 거지" 하고 염장지른다. 이것은 내 생각을 말하는 것이다. 상대방은 직장이 잘릴 수 있다는 것을 알까, 모를까. 모든 직장인은 다 안다. 알아도 속상하다. 대개 위로를 해준다고 잘릴 수 있다고 한 것이다.

그러나 그 얘기를 듣고 위로가 될까?

"직장을 다니다 보면 언젠가 잘릴 수 있는 거야" 하고 위로를 해준다고 한 것이다. 직장을 짤린 사람이 그 말을 듣고 위로가 될까? 마음속으로는 이 사람이 내 마음을 너무 모르고 있구나, 하고 섭섭한 느낌이 든다. 한편으로는 아무래도 내가 그 정도도 모르겠니, 훅 올라온다. 염장 지르는 것이다.

내 생각을 말할 때는 상대방이 모르는 지식이나 정보를 말하는 것은 좋은데 상대방이 이미 알고 있는 것은 "얼마나 걱정되니, 화가 나니" 해야 한다. "그래, 오늘 모임에 와야 하나 말아야 하나 발걸음이 안 떨어졌어" 자신의 얘기를 시작한다. "그렇지, 힘들었지?" 이런 식으로 하는 것이 듣기의 대화다. 조금 더 하면 눈물이 날지도 모른다.

듣기 대화를 하면 가까워지고 상대방이 내 마음을 알아주니까 천 냥 빚도 갚는다. 이 중요한 듣기를 가정이나 학교 어디서도 가르쳐주지를 않는다. 우리 나름으로는 상대방을 도와준다고 조언, 충고를 하나 알고 보면 상대방의 마음에는 안 들어가고 오히려 화만 더 난다. 30년 정신과를 한 의사의 말을 빌리면 대개 부모나 직장, 주위에서 조언, 충고, 평가, 판단을 많이 받아 정신적 스트레스가 화가 된 것이라고 한다.

상담을 하다보면 부모와 자녀, 선생과 학생, 상사와 직원, 친구와 친구 간의 갈등은 대개 조언, 충고, 평가, 판단의 사리대화에서 나타나고 그것이 심해지면 가정폭력, 학교폭력, 직장 내 괴롭힘으로 확대된다. 이런 갈등을 줄이려면 듣는 심정대화를 많이 해야 한다.

맞장구 쳐주는 **대화의 기술**

우리는 대화의 중요성을 깨닫고 쉽게 잘 할 수 있을 것 같아 대화를 하려고 시도를 하지만, 대화를 하는 중간에 나도 모르게 욱하고 화가 올라오는 것을 경험하게 된다. 대화는 훈련 없이도 저절로 잘할 수 있다고 착각하고 있는 경우가 많은데, 대화를 잘하기 위해서는 평소에 지속적인 노력이 필요하다.

지금까지 익숙하게 해오던 사리대화에서 심정대화로 변화되기가 하루아침에 되는 것이 아니다. 다리골절로 한 달 동안 했던 깁스를 풀어도 예전 같이 걷기 위해서는 일정한 시간이 지나야 굳어졌던 다리가 펴지게 되지 바로 펴지는 경우는 없다. 아이들도 수만 번 넘어지고 일어나고 한 다음에 걷기 시작하지 태어나자마자 걷지는 못한다. 아침에 출근을 위해서 오른쪽에 맞춰 놓은 시계를 왼쪽으로 옮겨 놓아도 계속 고개는 오른쪽으로 갔다가 24일이 지나야 비로소 고개가 왼쪽으로 돌아간다고 한다. 지금까지 해오던 대화의 패턴이 하루아침에 변하지 않고 많은 노력을 할 때 변화가 일어나게 된다.

부부갈등으로 저자를 찾아 오는 경우가 있다. 처음에는 경제문제, 자녀의 문제, 직장문제 등으로 살기가 힘들다고 여러가지 이유를 대는데, 같이 이야기를 쭉 하다보면 마지막에는 똑같이 이 사람하고는 말이 안 통해서 못 살겠다고 한다. 말만 통하면 경제적 어려움도 극복하고 살아갈 수 있는데, 말이 안 통하니까 같이 살기가 너무나 어렵다고 한다.

그 얘기를 듣던 옆에 있던 남편은 "그래도 나니까 꾹 참고 30년을 살아주었다"라고 한다. 여기까지 와서도 통하지 않아 싸움이 붙는다.

심정대화는 듣기가 중심인데 상대가 계속 말할 수 있도록 나의 관심이 상대를 향해 있어야 한다. 심정대화를 하고 싶은데도, 사리대화를 하게 되는 것은 상대방의 내용에 관심을 갖고 듣다보니 지식과 정보에 대해 내 생각을 말하게 된다. 심정대화는 지식이나 정보에 관심을 두지말고 그 밑에 깔려 있는 감정에 관심을 두어야 한다. 지방에 강의가 있어 처음 길이라서 택시를 탔다. 강의 시각이 촉박해서 걱정이 되어 택시기사한테 도착지까지 걸리는 시간을 물어보니 25분쯤 걸린다고 했다. 가다보니 길이 막히는 것 같아서 또 물었고 15뿐쯤 걸린다고 했다. 이런 식으로 세 번이나 물어봤다.

이때 택시기사의 반응은 어떨까?

기사는 짜증이 나는지 “남은 시간은 10분쯤 걸릴까요?” 하고 짜증스럽게 대답한다. 어떤 기사는 “약속 시간에 늦을까봐 초초하지요? 그 시간에 충분히 도착 가능합니다.”라고 답한다. 택시 기사 한 분은 사리대화를 했고 다른 한 분은 심정대화를 했다.

다음에 택시를 내 마음대로 선택할 수 있다면, 어느 기사의 택시를 탈까? 심정대화는 누구와 가까워지거나 친해지고 싶을 때 지름길이다. 우리는 누구와 친해지고 싶으면 잘난 척하기 위해 내가 가지고 있는 지식이나 정보를 주고 싶어한다. 지식을 전달하는 것은 누구에게 감동을 주지 못하고, 아무리 많이 안다고 해도 네이버의 지식인을 따라갈 수 없다. 지식을 얻는 것은 간단하다. 내게 진정 필요한 것은 내 마음을 받아주고 내가 어떤 말을 해도 내 편에서 들어 주는 사람이다.

감정은 “너는 이런 감정을 느끼는구나!” 하면 된다. 심정대화는 우스운 소리로 ‘구나!’ 타령만 잘 하면 된다. 힘들구나. 피곤하구나. 걱정되는구나. 화났구나. 섭섭했구나. 슬펐구나. 많은 말이 필요없다. 내 감정을 한 문장으로 하면 된다. 상대의 감정을 알아준 것이다. 세월이 지나도 기억이 남는다. 보고 또 보고 싶어진다. 인간관계를 잘하기 위해서는 ‘구나’만 잘하면 된다.

전통 음악 중에 유네스코에 등재된 장르가 무엇일까?

가장 대표적인 것이 판소리다. 판소리가 세계적으로 왜 인정받을까? 고수의 추임새다. 명창의 힘은 잘 들어 주는 사람이 있어서다. 판소리의 중요도 순서는 첫째는 귀명창, 둘째는 고수, 셋째는 명창이다.

귀명창은 그냥 잘 듣는 사람이다. 이 사람은 입으로 하는 것이 아니고, 귀로 듣는 것으로 귀명창이고 남쪽 지방에 가면 귀명창 대회도 있다. 전세계에서 귀명창 대회는 우리나라 밖에 없다. 서양의 오페라는 잘 들어야 하고 관람 요금도 비싸다. 오페라와 판소리는 잘 듣는 표현의 방식이 사뭇 다르다. 오페라를 비롯한 서양의 음악은 내가 조용히 듣는 표시를 해야 한다. 청중이 소리를 내면 무대에서 연주하는 사람이 상당히 힘들어한다. 청중이 조용해야 연주자가 연주에 몰두한다.

우리나라 판소리는 어떻게 하는 것이 잘 듣는 것일까?

마당극 같은 것을 들을 때는 '하이고' 같은 직접적인 추임세를 넣어주면서 연주자와 호흡을 같이 해야 한다. 중요한 시점에 '좋다'가 들어가야 잘 듣는 것이고 이것이 귀명창이다. 연주자가 하는 감정에 청중이 '좋다'로 표시를 해주어야 저 분들이 내 소리를 잘 듣고 있구나, 하고 연주자와 청중의 소통이 이루어진다. 이것이 한국 음악의 특징이다. 강의할 때 중간중간에 박수를 치는 것도 추임새의 일종이다.

모든 청중을 대표해서 잘 들어주는 사람이 고수다. 고수는 무대 한쪽에서 명창과 같이 올라가서 간단한 악기나 북 하나로 추임새로 박자도 맞추고 '얼쑤'도 하면서 소리꾼의 소리를 잘 띄워준다. 고수의 역할이 소리의 길을 닦아준다. 명창은 고수가 닦은 길을 따라가면서 편하게 소리를 내면 된다. 음악에서는 반주가 중요하다. 명창이 고수를 믿으면 고수를 따라서 편하게 소리를 낼 수 있다. 과거에는 반주를 중요시하지 않았는데 요즘에는 반주가 중요하다. 추임새는 어느 시점에 넣어야 할까?

추임새는 넣어야 할 타이밍이 있고 소리꾼을 고수의 추임새에 따라가면 소리를 내기가 훨씬 쉬워진다. 소리를 할 때 고수가 나와 타이밍이 안 맞으면 굉장히 신경 쓰이고 힘들어 진다. 배우도 상대 배우와 호흡이 잘 맞으면 연기하기 쉬운데 호흡이 맞지 않으면 힘들다. 내 감정과 상대의 감정이 조금이라도 어긋나면 어색하고 연기에 몰두하기가 어려워진다. 대화도 마찬가지다. 내가 얘기할 때 상대방이 적절한 대목에 추임새를 넣어주면, 내 이야기를 계속해서 할 수 있다. 상대가 이야기할 때 그 바탕에 깔려 있는 감정이 추임새와 같다.

춘향전의 앞 부분에서 이몽룡과 성춘향이 신분을 뛰어넘어 사랑하는 장면은 리듬도 중요하지만 젊은 사람들이 사랑의 감정을 나타내는 추임새를 탁탁 쳐주어야한다. 후반에 가서는 하이라이트의 하나가 옥중에서 이몽룡을 기다리는 달밤의 소리는 슬픈 추임새를 넣어야 한다. 후반부에서 전반부처럼 사랑의 감정이 있는 추임새를 넣으면 안 된다. 추임새를 잘 넣으려면 시간과 감정을 적절한 타이밍에 탁탁 잘 넣어야 한다. 그래야 소리꾼이 소리를 잘 낼 수 있다.

마찬가지로 대화에서 듣기는 딱 한문장 "힘들었구나" "걱정했구나" "속상했구나" 딱딱 정확하게 쳐주기만 하면 눈물이 울컥하고 쏟아진다.

듣는 것 중에서 추임새가 제일 중요하고 듣기는 '예술'이라서 나는 많은 얘기를 할 필요가 없고, 상대방의 얘기를 잘 듣고 있다가 감정만 '딱' 잡아주면 된다.

상대방은 내 얘기를 잘 듣고 내 마음을 알아주고 있구나, 하는 믿음이 생기면 그때부터 더 신이 나서 계속 말을 한다. 이런 것을 잘하는 사람과 얘기를 하다보면 '어, 오늘 내가 이 사람과 이런 얘기까지 하려고 한 건 아닌데' 하면서 속에 있는 얘기가 막 나온다. 상대방이 내 말을 안 받아주면 하려고 했던 얘기도 "에이, 관두자" 하고 만다. 이게 기술이고 이 이야기를 잘하는 사람이 천 냥 빚을 갚는 사람이다.

에이, 너랑 애기했더니 답답했던 속이 다 풀렸다. 빌려준 돈 갚지 않아도 된다. 술값도 내가 지불한다. 두 사람은 감정을 알아주는 심정대화를 한 것이다.

어느 드라마에서 나오는 평범한 가정의 부부 이야기다. 남편은 평범한 회사원이고 월급을 받아오면 그것을 가지고 부인은 알뜰살뜰 살림을 한다. 어느 날 남편이 회사를 갔다오더니 화가 난 듯한 표정으로 서류가방을 거실에 집어 던지면서 "에이, 나 내일부터 회사 안 간다." 하였다.

이때 부인은 무슨 말을 해야 할까? 왜? 갑자기 왜 그래. 무슨 일 힘들었어? 다양한 반응이 나올 수 있다. 드라마에서 부인은 "우리 집은 뭐 먹고살아" 라고 물었다. 부인의 말은 사리적으로 볼 때 맞은 말이다. 회사를 다시 잡을 때까지 어려우니까 맞는 말을 한 것이다. 부인이 맞는 말을 하니까 가만히 듣고 있던 남편이 "맞다. 내가 회사를 안 다니면 우리집은 힘들구나. 알려줘서 고마워" 하고 내일부터 회사 갈까?

남편은 화가 더 났다. 대표적인 남자들의 멘트가 나온다. 내가 돈 버는 기계야? 부인은 아직까지 못 깨달으니 얼마나 답답할까! "당신 혼자서 회사 다녀?" 부인이 한 말은 옳다. 말씀만 하면 진리다. 앞뒤의 사리가 딱딱 맞는 말이다. 처음에는 못 알아들었는데 두 번이나 얘기하는 것을 듣고 보니 "어, 나 혼자 회사를 다니는 게 아니네. 그러고 보니 옆집도, 앞집도 다들 회사를 힘들게 다니고 있네. 내가 미처 몰랐다. 알려줘서 고마워. 앞으로 내가 모르고 잘못된 결정을 내릴 때는 계속 지도 편달을 해줘." 부인의 손을 꼭 잡고 고마운 마음을 표시하고 회사에 갈까?

부인의 이야기를 듣더니 남편은 벌떡 일어나서 당신하고 얘기하느니 벽보고 얘기하는 것이 낫다고 하면서 방으로 들어간다. 부인이 따라 들어가면서 걱정되니까 "결론을 내야지, 방으로 도망가? 당신은 항상 그래" "내가 언제 항상 그래" 하면서 처음 주제가 바뀌어서 부부싸움이 시작된다. 이 상황에서 부인의 말은 하나도 틀린 얘기가 없다.

왜 남편은 화가 났을까?

부인은 남편의 감정을 전혀 알아주지 않았다. 남편은 부인과 심정대화를 원했고 부인은 사리대화로 받아주었다. 가까운 사람이 대화를 하다가 관계가 소원해지는 것은 대화 소재를 무엇으로 시작하든지 간에 똑같다. 한편은 심정대화를 하고 싶은데 상대방은 사리대화로 받아줄 때 말문이 닫힌다. 됐어. 됐어. 당신과 더 이상 얘기를 하지 않는 것이 낫다는 느낌이 든다. 벽하고 얘기하는 것이 낫다. 부인은 남편이 회사를 안 간다는 것에 대한 반응만 하고 있지 현재 남편의 감정은 전혀 고려하고 있지 않다.

부인은 남편이 어떤 마음이길래 저런 말을 할까? 하는 마음으로 받아 주려면 뭐라고 하면 좋을까? 회사를 다니다가 때려치운다는 것은 한마디로 기분 나쁜 일이 있는 것이다. 기분 좋은데 회사를 안 갈 사람은 없다. 오늘 "회사에서 기분 나쁜 일이 있는 모양이지, 화나는 일이 있는 모양이지, 힘든 일이 있었던 모양이지, 속상한 일이 있는 모양이지…." 하고 남편의 감정을 받아주어야 한다.

감정을 받아주면 남편은 어떤 반응이 나올까?

내가 힘들었는데 당신이 보태준 거 있어? 라고 할까? 심정대화를 해주면 "그래, 예" 하고 긍정의 대화가 나온다.

그런 감정을 갖게 된 이유를 말하게 되고, 사람은 마음속에 갖고 있는 부정적 감정을 이야기로 빨리 풀어버리고 싶어한다. 내가 부정적 감정을 갖고 있으면 내 자신이 더 힘들어서 풀고 싶다.

오늘 "회사에서 힘들었던 모양이지?" 하면 "그래, 당신도 잘 알잖아. 김 부장. 오늘도 열불나게 했어" 하면 부인은 "그래서 힘들었구나!" 하고 맞장구만 쳐주면 된다. 그 부장이 뭐라고 했는데, 이유는 아무런 소용이 없다. 억울했겠네. 감정만 딱 잡아주면 된다. 힘든 감정을 다 받아주어 감정이 풀리고 나면, 본인 입으로 다들 회사를 어렵게 다닌다고 한다.

내일 아침에 회사에 갈까, 안 갈까?

물론 부인은 걱정이 되니까 왜, 무슨 일인지 물으면서 회사를 가고 싶지 않은 정보를 알고 싶다. 정보를 줘봐. 내가 판단을 해줄게. 부인은 사리대화를 끌고 가고 있고 남편은 심정대화를 하고 싶은 것이다.

심정대화를 할 때는 '왜'라는 단어는 머리속에서 없애버려야 한다. '왜'는 사리대화할 때 필요하고 이에 대해서 설명을 해주어야 한다. 회사 가고 싶지 않은 상황을 말해야 한다. 자녀가 학원이나 학교에 가기 싫어하면 엄마는 '왜'가 궁금하고 상황을 듣고 판단하고 싶어 한다. 가족 간에 대화가 안 되는 핵심 사유다. 사리대화하는 사람은 "내 얘기 중에 틀린 것 있으면 얘기해봐" 하는 것이 특징이다. 사리대화는 '옳고그름'과 '왜'가 중요하고 판단을 해야 하니까. 그 판단은 누구의 입장에서 내리는 것일까? 내 입장에서 내리는 것이다. 상대방은 옳고 그름을 떠나서 공감받았다는 느낌이 들지 않는다. 내가 얘기한 것은 그 얘기를 듣고 싶었던 것이 아니다.

사실 부인들이 속상할 때가 더 많다. 남편이 출근하고 난 후에 우연히 복도에서 옆집 아주머니를 만나서 얘기를 하다가 화가 났다. 뭐, 그럴 수 있다. 하루종일 기분이 찜찜해 있다가 남편이 퇴근 후에 이야기해서 풀고 싶으니까 말을 꺼냈다. "당신, 옆집 여편네는 이상하지 않아?" 말투가 그렇다. "그래, 퇴근해서 보니까 당신 얼굴이 화난 표정 같았어. 무슨일이 있었어?" 이렇게 물어본다.

얘기를 시작한다. 당신이 출근 후에 옆집 여편네를 만났는데 글쎄 이러구 저러구 얘기를 해서 화가 났어. 자초지정 얘기를 하려는 발동이 걸렸다. 얘기를 듣던 남편이 갑자기 "잠깐만, 내가 객관적으로 제3자 입장에서 볼때 당신이 조금 더 잘못했네."라고 이야기하면 그 얘기를 들은 부인은 "당신이 객관적으로 볼 때 그래? 알려줘서 고마워" 할까? "내일 가서 사과할게" 하는 생각이 들까?

부인은 무슨 생각이 들까?

말로만 듣던 '남'의 '편'이네. 속으로 스쳐가는 생각이 '이 남자와 살아야 하나, 말아야 하나' 생각이 들면서 화가 더 난다. "당신 누구 편이야? 내가 어디 재판해달라고 했어, 내 편들어 달라고 했지?" 화가 머리 끝까지 오른 부인은 심할 경우 "오늘 저녁은 그 집에 가서 먹어. 아예, 그 집 가서 살아" 하고 본인은 안방에 들어가서 머리에 하얀 띠를 두르고 이불 덮어쓰고 눕는다. 우리 주위에서 자주 듣는 얘기다. 남편은 자기가 무슨 잘못을 했는지조차 모른다. 남편의 입장에서는 옳은 얘기를 해주었는데 내가 뭐가 잘못이야, 하고 억울해 한다.

부인이 옆집 여편네가 이러구 저러구 할 때, "당신 진짜 화났겠다. 그 여편네 이상하네" 맞장구만 딱딱 쳐주면 계속 얘기한다. "이번이 한 번이 아냐. 그동안 당신 듣기가 힘들까봐 얘기를 하지 않았을 뿐이지." "정말 화났겠다" 하고 감정을 딱딱 쳐주면, 마지막에 꼭 하는 말이 "내가 다 잘 했다는 것은 아냐. 나도 조금은 잘못이 있어"이다. 기분이 풀린 것이다. "당신, 오늘 저녁은 뭐 먹고 싶어? 오랜만에 외식이나 할까?" 화목해진다.

그 다음날 아침 남편이 출근한 다음에 복도에서 옆집 여자를 만나면, 화가 풀려서 마음의 여유가 생겼으니까 "어제 내가 좀 심했지?" 하고 사과할 여유도 생기고 속으로는 '남편도 당신이 이상한 사람이래' 하며 자신의 생각이 옳고 당신의 생각이 틀렸다는 뿌듯함이 생긴 것이다.

심정대화로 옆집과 사이가 좋아지고 남편과도 사이가 돈독해진다. 사람은 양심이 있어서 감정을 알아주면 자신의 잘못을 돌아보게 된다. 갈등에 일방적인 것은 없고 입장 차이가 있을 뿐이다. 잘못의 비율은 70:30 또는 51:49일 뿐이다. 스스로 느끼게 하는 것은 감정을 알아주는 심정대화다.

가까운 사람과의 대화는 검사가 될 필요도 없고, 판사가 될 필요도 없고, 교사가 될 필요도 없다. 상대방은 그것을 바라는 게 아니고 단지 내 편이 되어서 내 얘기를 들어달라고 하는 것이다. 예수, 부처, 공자, 맹자, 소크라테스 등 성인들의 말은 내 삶을 자유롭고 편하게 하니 내 삶의 진리다. 반면 내 가정의 진리는 나를 질리게 할 뿐이다.

정말로 친한 사람의 마음속 화를 풀어주려면, 머리는 잠시 정지해야 한다. 머리는 항상 판단해야 하고 답을 해야 하는데, 상대방은 답을 원하는 것이 아니라 내 마음과 상대의 마음이 만나면 된다. 머리로 답을 내려고 하면 사람 만나는 것 자체가 어려워진다. 내가 인생을 여러 번 산 것도 아니고 정답을 아는 것도 아닌데, 누가 얘기를 하면 그때그때 답을 준다는 것은 힘든 일이다.

심정대화는 아주 간단하다. 감정은 옳고 그름의 판단의 대상이 아니고, 그냥 내가 느끼는 것이다. 그냥 내 느낌을 돌려주기만 하면 된다. 마치 고수가 명창의 소리를 들으면서 적당한 시기에 추임새를 잘 넣어 주기만 하면, 내 앞에 누가 있든지 간에 누구나 명창이 된다.

나는 책을 보고 강의도 듣고 해서 심정대화의 중요성도 알고 그렇게 하고 싶은데, 상대방이 사리대화를 할 때 어떻게 해야 할까? 나는 참으로 화가 나는 상황이다. 상대를 이끌어 내야 화목해진다. 내가 답답하니까, 나의 답답함을 상대에게 알려주어야 한다. 심정대화에서 듣기는 상대방의 감정을 알아주는 것이고 나도 "답답하다, 섭섭하다" 이야기해야 한다. 내 감정도 이야기를 해야 나도 시원해진다. 이것은 말하기에 해당된다.

사실 심정대화는 어려서부터 가정이나 학교에서 가르쳐주어야 대화가 원만한데, 이런 것을 모르고 결혼하면 서로 본의 아니게 배우자에게 상처를 주고 자녀가 태어나면 자녀에게도 상처를 준다. 원래 속마음은 그것이 아닌데. 선행학습보다 심정대화 과목이 필요하지 않을까? 심정대화의 스킬이 토론에도 적용될까? 토론에도 3단계의 공식이 있다. 상대 주장을 요약하고 심정을 공감해주고 내 심정을 말하라. 이런 말씀을 하신 거지요, 요약 20%. 상대방의 심정을 알아주는 대화 오죽했으면 그런 말씀을 하시겠어요, 60%. 그 얘기를 듣고 내가 느낀 감정 20%를 말한다. 이렇게 하면 타협이 쉽고 관계가 좋아진다. 현실은 내 얘기를 60~80%, 80~90%하고 상대방의 얘기는 거의 듣지 않는다. 대화를 시작한 상대방은 '나는 뭐야, 내가 없다'라고 느끼게 된다. 그러니까 타협의 실마리를 찾기 어렵다. 내 감정을 전혀 몰라주니까.

이것이 진짜
화(火)를 푸는 기술

누구를 가르치려고 하면 받아들여지지 않아 대화하기가 어려워진다. 대화는 상대방도 모르게 감정만 탁탁 받아주면 이슬에 옷이 젖듯이 스며들게 하는 심정대화를 해야 한다. 상대의 말을 듣다보면 나도 말을 하고 싶을 때가 있으니 대화는 듣기만 하는 것이 아니라 주고받는 것이 되어야 하는데 그것은 우리가 목석이 아니기 때문이다. 대화를 하다 보면 즐겁기도 하고 어느 때는 좀 짜증나기도 하지만 이때 내 마음을 상대방이 불편하지 않게 전달하는 것이 말하기다.

사실 듣기를 잘하는 사람은 말하기는 저절로 잘할 수 있고 말하기는 듣기의 반대다. 대화는 "듣고 말하고, 듣고 말하고"가 물 흐르듯 진행이 되면 대화를 잘 하는 것이다. 듣기에서는 상대방이 말을 계속하도록 해야 하는데, 그러기 위해서는 상대방의 말을 듣다가 내 차례가 되어도 내 생각을 말하지 말고 '너, 섭섭했구나' 하고 상대의 마음만 딱딱 받아 주면 된다. 듣기는 '너는'으로 시작해야 한다. '나는'으로 시작이 아니다.

듣기는 상대가 화난 이유보다는 마음의 감정을 잡아주어야 한다. 듣기의 기본 공식은 "너는 ~하구나"이다. 예컨대 "너는 지금 짜증나 있구나. 지금 지루하구나. 지금 화나 있구나. 지급 답답하구나" 등이다. '너'는 어떤 감정을 느끼는구나. 주어는 '너'로 하고 마지막은 '구나' 한다.

말하기는 나의 감정을 말하는 것인데, 주어는 무엇으로 해야할까? 주어는 '나'로 해야 한다. 나는 ~ 감정을 느낀다. "나는 화가 난다" "나는 ~힘들다" "나는 ~답답하다". 주어는 '나'로 하고 마지막은 '~한다'로 한다. 듣기는 주어가 '너'하고 마지막은 '구나'로 하고, 말하기는 주어가 '나'로 하고 마지막은 '한다'로 끝낸다.

막연하게 그냥 화가 난다고 하면 안 된다. 상대가 무엇 때문에 화가 났는지 모른다. 이유를 말해야 한다. 너의 어떠한 행동 때문에 나는 화가 난다. 대개는 이유는 말하지 않고, "나 짜증난다, 화난다, 싫증난다"라고 이야기한다. 짜증나는 이유는 수없이 많다. 짜증의 이유를 분명하게 말해야 한다.상대방도 짜증내는 이유를 모르니까 "왜 짜증내는 거야" 하고 짜증스럽게 말을 한다. 저 사람은 내 마음을 모르니 차라리 말을 하지 말자, 하고 말문을 닫는다.

네가 어떤 행동을 했기 때문에 나는 이런 감정을 느낀다"로 해야 한다. 상대가 왜 내 말을 이해하지 못하고 화내는지도 모른다.

대학생을 상담하다 보면 귀가 문제로 부모와 갈등이 많이 있다. 딸이 늦게 들어오면 걱정이 된다. 평소 귀가 시간이 늦는 딸이 집에 있다가 친구를 만나러 간다고 한다. 걱정이 되어서 오늘 일찍 들어오라고 했다. "그래요, 네, 일찍 들어올게요" 하고 밤 12시가 되어도 들어오지 않다가, 12시 30분이 되어야 들어 왔다. 아빠가 생각한 시간보다 한참 늦게 들어왔다. 오늘 늦을 일이 있나 보다 하고 그냥 넘어갔다. 얼마 후 또 외출한다. 일찍 들어오라고 했다. "네, 일찍 들어올게요." 하고 또 12시 30분에 들어온다. 이런 일이 여러 번 되풀이된다. 딸이 일찍 들어온다고 해놓고 계속 늦게 들어온다. 아버지의 마음이 어떨까?

이때 아빠들은 어떤 말을 할까?

왜 늦었어. 몇 번을 얘기해야 돼. 아빠가 우습게 보이니. 아빠 말이 말 같지 않냐. 지금 몇시냐.

아버지가 진짜 알고 싶은 것은 지금 몇 시일까? 시계는 우리집밖에 없을까? 잘 시간인가 안타까워서 시간을 물어 봤을까. 반가워서 딸이 들어오자마자 시간을 물어 봤을까. 아버지가 딸에게 전하고 싶은 것은 몇 시가 아니다. 몇 번인지 알고 싶은 것은 아니다.

주어가 '너'다. 너 몇 번 얘기했니. 너 몇 시야. 너 왜 늦었어. 너 왜 지금 들어오니. 주어가 '너'는 대개 비난이다. 말하기는 주어가 '나'로 시작해야 한다.

우리는 평소에 화가 난 자신의 감정을 이야기할 때 자신의 감정은 숨기고 상대에게 물어본다. 마음은 숨기고, "왜 늦었어. 몇 시냐" 이런 식으로 물어 본다. 심정대화가 아니라 사리대화다. 내 마음을 전해야 한다.

사리대화를 하는 데 대표적인 말이 '왜'다. 사리대화를 많이 하는 사람은 항상 왜를 물어본다. 왜 이렇게 공부를 하지 않니. 왜 이렇게 늦게 다니니. 왜 게임만 하니. 왜? 왜? 왜? 하고 상대방에게 항상 질문을 한다. 상대는 그것에 대해 대답하기보다는 내 마음을 몰라주니까 화가 나고 짜증이 나기 시작한다.

딸을 기다리는 아버지는 어떤 감정일까? 걱정. 불안. 화. 실망. 나는 지금 ~감정을 말한다. 나는 지금 화가 났다. 나는 지금 걱정이 된다. 늦게 들어 오는 딸을 보고 왜 지금 늦게 오니, 하지 말고 네가 늦게 와서 지금 화가 났다. 내 감정을 이야기해야 한다. 내 감정이 표현돼야 화가 풀리거나 염려하는 마음이 전달된다.

그냥 화가 났다 하면 안 된다. 화가 난 이유는 여러 가지다. 화가 난 이유는 구체적으로 말을 한다. 그래야 상대방은 화가 난 이유를 알게 된다. 네가 늦게 들어와서 "내가 걱정도 되고, 화도 난다"

내가 늦게 오는데 아빠가 왜 걱정하지. 이런 집은 부녀관계가 어떨까, 이건 관계를 끊자는 것이다. 이런 딸은 없다. 오히려 늦게까지 기다려 준 아버지가 고맙고 든든하게 생각한다. 늦게 오거나 말거나 관심도 없이 잠을 자고 있는 아버지보다 훨씬 낫다. 딸은 걱정하고 화가 났다는 아버지의 말을 듣고 아빠를 더 신뢰하게 된다. 딸은 "미안하구나. 아, 내가 늦게 들어오면 아버지는 (   ) 감정이 드는구나" 하는 것을 알기 때문에 가능하면 일찍 들어와야겠다고 생각한다. 늦게 갈 때는 미리 연락을 한다든가, 아버지가 걱정하지 않도록 뭔가 해야겠구나 생각이 든다.

우리는 왜 내 감정을 감추고 '너'로 말을 시작할까?

감정을 드러내는 것은 나쁜 것이라는 선입견이 있다. 특히 여자보다 남자들은 감정을 드러내는 것은 남자답지 못하다는 잘못된 교육을 어렸을 때부터 받아왔다. 아마 어렸을 때 아버지와 대화를 나눈 경험을 돌이켜보면, 감정을 표현하지 않고 밖에서 힘든 일이 있어도 근엄하고 믿음직스러운 자세를 취하는 것이 아버지의 역할이라고 생각했다. 내 감정을 드러내기보다는 가르쳐 주려고 하거나 상대방이 깨닫게 하는 것이 바람직하게 생각했다. 더군다나 부정적인 감정이 전달되면 관계가 더 악화되는 경험을 많이했다. 그럴 바에야 차라리 내가 말을 하지 않는 것이 낫다고 생각하다 보니 감정을 자꾸 억제하게 된다.

크리스마스 캐롤 중에 "울면 안 돼"라는 가사가 있고, 일제시대에는 아이들이 울면 어머니는 순사(경찰관, 순경)가 온다고 해서 울지 못하게 했다. 왜 울지 못하게 할까? 눈물이 나면 울어야 된다. 기뻐서도 울고, 슬퍼서도 울고, 몸이 아파서 울 수도 있다. 내 감정을 가장 순수하게 표현하던 시절은 어린 시절이다. 어린아이로 갈수록 울음으로 자신의 감정을 표현한다. 어머니들은 애가 우는 것만 봐도 왜 우는지를 안다. 배가 고파서 그런 건지 졸리다고 그런 건지 안다. 울음은 가장 순수하고 정확한 감정표현이고 의사표현이다.

운다고 하는 것은 많은 감정을 포함하고 있다. 나이가 들면 울지 않는 것, 참는 것, 입을 꼭 다무는 것이 어른스러워 지는 것이라고 생각한다. 그러다 보니 감정을 억제하고 표현하지 않고 살게 되는데 그렇게 해서 얻는 것은 무엇일까? 화병과 우울증과 사는 게 재미가 없다.

감정을 드러내면 오버하지 말라고 하고, 울면 약한 사람 같고, 울지 않으면 강한 사람 같고, 남자는 더욱 그러하다. 세상과 관계를 맺는 방식이 머리로 하는 것이 있고 마음으로 하는 방식이 있다. 삶에는 이성으로 하는 방식이 있고 감성으로 하는 방식이 있다. 어린아이들은 주로 이성보다는 감성으로 표현하고 성인은 감성보다는 이성으로 표현한다. 그러나 보니 무슨 편견이 있느냐 하면, 어린아이다운 것은 미성숙한 것이라고 생각한다. 어린아이들은 조리있게 의사를 표현하는 것이 아니라 울거나 웃거나 감정으로 표현하니까. 자연히 그런 것은 어린아이다운 것이고 미성숙한 것이라고 생각하고 감정 표현을 자꾸 눌렀다. 그러다보니 인간관계가 메말라있는 것이 씁쓸한 현실이다.

말이라는 것은 얼마든지 거짓말을 할 수 있다. 그것에 비교하면 감정은 순수하다. 학교에서 발표를 하다가 울컥해서 울면 잘못하는 것으로 바라본다. 논리 있게 또박또박 말하는 교육을 받는다. 물론 장소와 상황에 따라서는 감성을 좀 억제하고 자신의 생각을 논리적으로 표현하는 것도 중요하다. 그러나 우리의 가장 기본적인 인간관계는 감정으로 엮인 것이지 머리로 엮인 것은 아니다.

나는 "우리 남편하고 머리 잘 통해서 좋아. 내 아이와 머리가 잘 통해서 좋아" 하는 경우는 없다. 나는 내 남편과 마음이 잘 통해서 좋아. 이런 경우는 기분이 좋다. 마음은 느낌이나 감정이다. 언제부터인가 우리는 감정표현은 하지 않는다. 오래 살면 살수록 부부간에 대화 횟수가 줄어든다. 왜 안 하느냐 하면 말하지 않아도 다 안다고 생각한다. 저자도 결혼한 지 35년 되었다. 35년 살면 얘기할 것이 없을까? 다 알기 때문에 그럴까. 사실은 더 많아야 한다. 같이 한 경험도 많고 살아온 것이 많으니까 할 얘기가 더 많아야 한다.

부부가 정말 서로에 대해 잘 알고 있을까? 정말 안다는 것은 상대방의 느낌과 감정을 아는 것이다. 남편의 생일은 언제인가? 부인의 종교는 무엇인가? 이런 객관적인 정보는 아는 것이 아니다. 남편과 부인을 각각 다른 방에 놓고 남편에게 "어떠한 일을 당했을 때 당신은 어떤 느낌이 듭니까?" 하고 질문한다. 옆방에 있는 부인에게도 똑같은 질문을 한다. 서로 대답한 것을 맞춰보면 어떤 대답이 나올까? 서로 상당히 다른 대답이 나온다. 이런 일을 당했을 때 서로의 마음을 모른다. 서로 마음에 대한 이야기는 하지 않고 공적인 이야기만 했기 때문이다.

최근에 상담하면서 가슴이 아팠다. 이 분은 회사의 사정으로 4개월 전에 회사를 그만 다니게 되었다. 요즘 경제가 어렵다 보니 주변에 이런 일들이 많다. "가족들은 아나요?" 모른다고 했다. "어떻게 생활하나요." 일자리도 알아보고 게임방에서 게임도 하고 공원에도 있다가, 퇴근 시간에 맞춰서 집에 들어간다. "왜 가족에게 말을 하지 않나요?" 이 분 얘기가 "내가 그래도 가장인데 실직했다는 얘기를 가족에게 어떻게 합니까" 눈물이 글썽글썽한다. "가족들이 실직한 사실을 알면 어떤 반응을 보일 것 같나요?" 한참을 가만히 있다.

한번도 그런 생각을 해본 적이 없다. 남자는 강해야 한다는 교육을 받았기 때문에 그런 것 같다. 취업이 되면 없었던 일로 하고 그냥 넘어가려고 한다. 한번 집에 가서 가족에게 이야기를 해보면 어떨까. 아마 가족들이 나를 무시할 것이다. 일을 못해서 직장에서 쫓겨났다고 생각할 것 같아서 걱정되고 불안이 있어 말을 못 한다. 저자도 지방에 있는 대학에 잠시 있다가 학교 사정으로 퇴직한 경험이 있는데, 가족에게 말을 도저히 할 수가 없었다. 이유는 무능해서 짤렸구나 하고 무시할 것 같은 막연한 생각이 들었다. 저자의 힘들었던 과거 생각이 떠오르면서 이분의 심정이 충분히 공감되고 또 되었다.

"한번 가족을 믿고 말을 해보면 어떨까요?" 가족이 어떤 반응을 할까? 그 다음에 보니 얼굴이 더 훤해졌다. 가족에게 회사가 이러이러해서 문을 닫게 되었다. 가족들이 걱정할 것도 같고 너희들이 아빠를 무시할 것 같아 숨겼다. 회사에 나가는 것처럼 했는데 오늘 사실대로 말을 한다. 아빠도 많이 괴롭고 힘들었다.

가족들이 생각 외로 아빠의 손목을 잡고 눈물을 흘렸다. "지금까지 아빠 힘들었겠네." 하면서 "아빠 힘내세요, 우리가 있잖아요. 우리가 알바를 하면 돼요, 걱정하지 마요" 이런 것이 가족의 힘이라는 걸 깨닫게 되었다.

가족에게 말하기 힘든 이유가 또 있다. 회사를 그만둔 이유를 설명해야 하는 것이 부담스럽다. 회사에서 실직이라는 충격을 받았는데 가족한테 이중으로 충격받고 싶지 않은 것이다.

실직한 이유를 설명하려고 한다. 가족들은 그것을 듣고 싶은 것이 아니다. 이유를 얘기하다 보면 가족들이 "그만해" 할 때 자존심 상하고 상처받는다. 가족은 이유에 관심이 없다. 애들이 내 말을 듣고 싶지 않다는 것으로 오해한다. 화가 나서 가족이 도움이 안 된다고 생각한다. 가족은 말을 듣고 싶지 않은 것이 아니라 그 마음을 느끼고 싶다. 주어는 '나'로 한다. 나는 ~ 이유로 힘들다. 실직으로 힘들다. 아빠의 마음으로 전해야 한다.

애들이 공부하는 것을 보고 맛있는 음식을 해주려고 "엄마 시장 갔다 올 테니 공부하고 있어" 했다. 돌아와 보니 애들은 TV를 보고 있다. 엄마는 화가 난다. 애들한테 뭐라고 할까? "너는 그 사이를 못 참고 또 TV를 보니. 맨날 TV만 보니" 주어가 '너'다. "너 맨날 TV 보니" 하면, "엄마, 나 TV가 좋아요" 하는 애들이 있을까. 대개는 "내가 언제 맨날 TV 봤는데"라고 하고 엄마도 "너는 엄마가 시장 갔다 올 때마다 TV 보잖아"라고 답한다. 애들도 지지 않고 "엄마는 내가 TV 볼 때만 보잖아." 한다.

소재는 조금씩 다르더라도 이야기의 틀은 대개 비슷하다. 각자

방에 들어가서 감정을 가라앉히고 생각해 보니 애들과 이러려고 한 것은 아니다. 애들이 열심히 공부해서 좋은 성적을 받고 미래에 잘 되기를 바라고 걱정하는 마음인데, 애들이 TV보는 것이 그렇게 싫은 것은 아니다. 서로 속마음은 하나도 전달이 안 되고 말다툼으로 머리로만 왔다갔다 다툰 것이다. 차라리 말을 하지 않는 것이 낫다고 생각한다.

남편이 실직했을 때, 아내가 힘들어 할 때, 애들이 공부하기 싫어할 때, 학교 가기 싫어할 때 머리로 하는 '왜'나 '상황'같은 눈에 보이는 외적인 것을 파악하여 조언, 판단을 하고 싶어 한다. 이런 것은 상대가 원하는 것이 아니니 묻지 말고, 그보다는 상대가 "현재 어떤 마음이길래 저런 말을 할까"에 관심을 두어야 한다. 가정에서는 가급적 왜 TV 봐. 공부하지 않고 TV 보냐. 왜 늦게 와. 왜 안 와 등 '너'로 상대를 비난하는 사리대화보다는 내가 느끼는 감정을 하나 또는 둘 정도로 표현하는 심정대화를 해야 한다.

가정이 소중하다고 하는 것은 힘들 때 서로가 마음을 전달하면서 위로와 공감을 받고 힘을 얻을 수 있는 곳이 가정이다. 그래서 가정이 소중한 것이다. 우리는 말로만 소중하다고 하는 경우가 많은데, 심정대화가 이루어져야 하는 곳이 바로 가정이다. 밖에 나가서 열심히 일할 수 있는 에너지를 얻을 수 있는 곳이 가정이 되어야 한다. "가는 말이 고와야 오는 말이 곱다"가 바로 이런 의미다.

II

내가 진짜 하고 싶은 것은 무엇인가?

사는 게 힘들 때
힘들다고 말하기

우리는 대개 가정에서 내가 말을 하지 않아도 상대가 알아서 해주기를 바란다. 상대가 내 마음을 알 것 같지만 내가 생각한 만큼 알지를 못한다. 내가 어떤 것을 원한다고 표현을 해야 하는데, 그런 표현을 하는 사람은 그리 많지 않다. 남성들은 지식과 정보에 대한 사리대화를 많이 하고, 여성들은 이야기를 하는 과정에서 감정이 풀리는 심정대화를 주로 한다. 남자들은 그래서 어쨌다는 거야? 결론이 뭐야? 자꾸 이런 식으로 이야기를 하다보니 잘 안 맞는 경우가 많다.

강의를 하거나 상담을 하다 보면 여성들에게 이런 말을 종종 듣는다. "사모님은 참 좋으시겠어요." 깜짝 놀란 내가 "왜 그렇게 생각하나요?" 하고 물으면 "이렇게 사람의 마음을 잘 알아주니 말이지요"라고 답한다. 그 말을 집에 와서 하면, "어떤 여자가 그래? 그 여자 우리 집에 와서 한 달만 살아 보라구 하지"라는 소리를 듣는다. "사실 집에 못 하니까 다른 사람들이라도 잘 하라고 상담도 하고 강의를 하고 있습니다" 이런 말을 하면 대개 믿기지 않는다는 듯 의아한 표정을 짓는다.

내가 아무리 노력해도 상대의 마음을 100% 알 수 없고 조금씩 간격을 좁혀가는 것이 중요하다. 힘들 때는 힘들다고 얘기한다. 섭섭할 때는 섭섭하다고 얘기한다. 기쁠 때는 기쁘다고 얘기한다.

말은 진솔하게 해야 한다. 거짓말을 하지 않는다가 아니다. 내가 느끼는 감정과 내가 표현하는 감정이 맞아야 한다.상담을 하다보면 말하는 것은 화나는 내용인데, 얼굴 표정은 웃는 사람이 있다. 이런 사람이 의외로 많이 있다. "말하는 내용은 화가 나 있는 것이고, 표정은 웃고 있는데, 어느 것이 진짜 감정인지 혼란스럽네요" 이것은 지적이고 심리학에서는 직면이라고 한다. 본인도 그런 것을 모르고 하고 있다. 당황스러워 하면서 "제가 그런가요?" 그 다음부터는 본인의 감정과 표현방식 조금씩 동일해지기 시작한다.

우리는 감정과 표정이 일치하는 사람과 대화를 할 때 "아,저 사람은 진솔한 사람이구나" 생각한다. 가정에서 어머니는 한 인간으로서의 어머니와 역할로서의 어머니가 있다. 인간으로서의 어머니로 감정을 솔직하게 드러낼 때 진솔한 순간이 된다. 역할로서의 어머니는 조언, 자문, 판단, 평가를 하게 되어 진솔하지 못한 경우가 많다.

어머니가 한 인간으로서 자녀를 대하다가 어느 순간 어머니의 역할로 가게 되면 이것은 진솔되지 않는 것이 되고 자녀는 금방 알아차린다. 대개 어머니들은 애들이 나하고는 얘기를 잘 안한다고 하는데, 그 이유는 인간으로서 자녀를 대하는 것이 아니고 어머니로서 자녀를 대하기 때문이다. 자녀들은 어머니와 대화를 하기 싫어한다.

어머니의 역할로 대하면 상대는 저 사람이 무슨 이야기를 할지 미리 안다. 선생님이 학생과 상담할 때 한 인간으로서다가가는 것이 아니라 선생님의 모습으로 다가가면 학생들은 당연히 이런 이야기를 할 것이라고 예상하게 된다. 인간이 아니라 선생님으로서 얘기를 하게 되고 그 얘기는 하나마나 한 얘기다. 야단맞거나 성적과 관련되는 것이다.

종교인들이 신앙심이 있는 개인과 좀 속에 있는 얘기도 하고 친해지고 싶은데 쉽지 않다고 한다. 왜 그럴까? 인간으로 대하는 것이 아니고 종교인으로서 대하기 때문이다. 신앙 생활을 좀 한 사람은 종교인들은 이런 이야기를 할 것이라고 대충 짐작이 된다. 잘못한다고 야단을 맞는다. 칭찬받을 내용은 누구와 의논을 하지 않는다.

부모는 나에게 강요할 것이다. 선생님은 나에게 야단칠 것이다. 종교인은 나에 충고할 것이다. 검사는 나를 구속할 것이다. 상사는 나를 지적할 것이다. 미리 예상되는 것이고 굳이 만나거나 얘기를 하고 싶지 않다. 제일 좋은 것은 내 속에 있는 감정을 그대로 표현하는 것이다.

왜 잘 안 될까?

말로 표현하는 방법을 잘 모르고 그냥 탁 던져만 놓으니까. 상대방은 당황하고 오히려 관계가 틀어진다. 내 얘기를 할 때는 상대가 내 얘기를 들을 준비가 되도록 한다. 상대방의 얘기를 쭉 듣다 보면 내 얘기를 하고 싶을 때가 있다. 이제부터는 내 얘기를 해도 될까? 가족들하고 얘기할때, 엄마가 얘기를 할까? 그러면 안 된다. 엄마의 역할로 시작하면 거부감이 있다. 언제부터 내가 이야기를 할까? 상대방이 내 얘기를 들을 준비가 되어 있을 때 "나는 ~하다" 이렇게 얘기를 하는 것이 좋다. 대개 가정에서는 아빠가 보기에는 이렇다. 엄마가 보기에는 이렇다. 이런 식으로 얘기를 하면 상대방은 아빠의 역할로 받아들인다. 계급장을 떼고 말해야 한다.

어린 자녀들은 아빠라는 말을 먼저 하면, 자녀가 속에 말을 하기가 어려워진다. 저분은 어른이고 아는 것이 많으니 모든 면에서 나를 통제할 수 있다는 생각이 깔려 있다. 아빠라고 안 해도 애들은 아빠인지 다 안다. 내 감정을 있는 그대로 솔직하게 표현해야 한다. 다만 상대가 내 말을 받아들일 준비는 되어야 한다. 상대로 인해 느끼는 내 감정을 솔직하게 전달한다.

우리는 약할 때 약하다고 말하는 것이 진짜 강한 사람이다. 힘든 것을 얘기하면 나를 무시할까 봐 괜히 이런 생각이 든다. 강한 척 하는 데, 불필요한 에너지가 소비된다. 내가 진솔하게 약함을 표현하면 상대방으로부터 도움이 온다.

우리 아이가 시험 기간에 TV를 보고 있다. 어머니는 어떤 마음일까? 답답하고 화도 날 것이다. 애도 공부를 해야 되는데, 공부가 되지 않아서 TV를 보고 있다. 애도 TV를 안 보고 공부해야 좋다는 것을 알고 있을까? 애는 두 마음이 있다. 애가 행동으로 TV를 보고 있다. 어머니가 "너는 맨날 TV만 보느냐" 하니까 애는 마음에 상처를 받았다. TV를 조금만 보다가 공부하고 싶은 마음이 있는데, 엄마가 내 마음을 몰라주니까 확 올라온다. 화제를 잠시 돌려서 신앙 생활을 하는 사람 중에는 진솔하게 믿는 사람도 있지만, 내가 열심히 신앙생활을 하고 있다고 보여주고 싶어 하는 사람도 있지 않을까.

"언제 맨날 TV를 봐" 하면서 화를 내며 TV를 끄고 방으로 가버린다. 공부가 될까? 엄마는 진솔하게 말을 해야 한다. 시험 기간에 TV 보니 걱정이 되고 화가 난다. 말은 진솔할 때 울림이 있다. 그 다음에 공부를 하고 안 하고는 애의 마음이다. 애도 어머니가 원하는 것이 뭔지 알고 있다.

자존감이 약하거나 열등감이 강한 사람은 다른 사람의 도움을 기쁘게 받아들이지 못한다. "야, 혼자 일하는 것이 힘들어 보이는데 내가 도와줄까?" 했을 때 어떤 사람은 "그래, 내가 지금 힘들어. 도와줘, 고마워" 흔쾌히 도움을 받는 사람이 있다. 어떤 사람은 "왜? 네가 보기에 내가 혼자 못할 것 같이 보여?" 도움을 튕겨 내는 사람이 있다.

누가 더 강한 사람일까?

기꺼이 도움을 받아 들이는 것도 강한 표현이기 때문에 진솔되게 말을 해야 효과가 있다. 내가 말을 하지 않아도 엄마는 어떨 때 약한지 알고 있다. 다만 그 부분을 내가 말을 하면 상대가 상처를 받을까봐 말을 하지 않을 뿐이다.

엄마는 어려울 때 힘들다고 하고 약한 감정을 진솔되게 얘기를 해야 한다. 자녀들도 힘은 별로 없지만 부모를 돕고 싶은 것이 인간의 자연스런 마음이다.

사람과 사람의 만남, 종교와의 만남이 우리의 삶에 있어 둘 다 필요하다. 사람과 사람의 만남, 사람과 종교와의 만남은 의사소통이라는 공통점이 있다. 둘의 관계가 조화를 이루어야 한다.

사람과 사람의 만남은 대화, 사람과 종교의 만남은 기도다. 기도도 사람과의 의사소통처럼 듣기와 말하기의 원칙을 잘 지켜야 하고, 내 현재의 어려움을 있는 그대로 해야지 머리로 하면 안 된다.

내가 지금 정말 힘들어요. 어떻게 할지 모르겠어요. 죽을 것 같아요. 현재의 고통을 말하지 않고 그냥 힘만 달라고 하는 기도를 하기 쉽다. 이것은 머리로 하는 것이지 마음으로 하는 기도가 아니다. 힘은 내가 마음대로 좌지우지할 수 있는 것이 아니고 외부 세계에서 와야 하는 것이다. 사람이나 신에게 진솔할 때 힘이 생긴다.

대화나 기도할 때 힘들면 힘들다고, 속상하면 속상하다고,진솔하게 말하는 것이 중요하다. 기도는 사람과 대화하는 것처럼 답을 들어야 하는데, 기도만 하고 가버리면 듣기를 못 한 것이다. "신이 나를 볼 때 참 힘들어 보이는 구나" 하는 느낌을 받아야 한다. 신앙이 깊다는 것은 나와 종교가 통하는 느낌이 있을 때다. 종교와의 만남은 머리가 아닌 마음으로 만나야 한다. 신앙은 마음으로 통해야 한다.

현재의 상태를 기도해야 한다. 결과를 기도하면 안 된다. 애들처럼 순수하고 진솔하게 기도해야 한다. 대중 앞에서 기도할 때는 사리대화로 하고, 골방에서 혼자 기도할 때는 심정대화로 하면 된다.

문제가 풀리지 않을 때
상담을 받기

우리는 화를 풀기 위해 대화를 하거나 나름대로 화를 푸는 방법을 동원해 보지만, 화가 쉽게 풀리지는 않는다. 화가 났을 때 말을 좀 들어 주고 속에 있는 얘기를 한다고 해서 과연 화가 풀릴까, 하는 의문을 제기하기도 한다. 이런 의문을 풀기 위해서는 사람의 마음을 이해하고 감정을 주고받는 상담을 받게 되면, 커다란 변화가 일어난다.

우리는 '상담'이란 말을 많이 쓰이는데, 과연 그것이 진짜 상담일까? 상담과 구분되는 것이 있다. 상담하면 제일 먼저 떠오는 상담은 무엇일까. 진로 상담이 떠오른다. 몸이 아플 때는 의료 상담, 법적인 문제가 걸리면 법률 상담, 세금 문제가 있으면 세무 상담, 노동 문제가 있으면 노무 상담, 신앙 문제가 있으면 종교 상담이 있다. 우리 주위에는 상담이라고 부르는 종류가 너무 많아서 어떤 상담을 받아야 할지 모를 때가 많다. 경우에 따라서 상담의 종합판 같은 인생 상담이 있다. 이런 것들이 상담이 되기 위해서는 일정한 형식이 있어야 한다.

상담을 해주는 사람을 상담자라 하고, 상담을 받으러 오는 사람은 보통 내담자라 부른다. 과거에 심리치료할 때는 환자라고 했다. 요즘에는 상담이라 부르고 가능하면 환자라고 생각하지 않고 내담자라 한다.

내담자는 어떤 사람일까. 문제를 갖고 있는 사람이다. 문제 없는 사람이 공연히 상담을 받으러 올 일이 없다. 문제가 있으면 상담을 해주는 전문가를 찾아가야 한다. 전문가는 "문제의 원인이 무엇인가? 어떻게 해결할 것인가?" 알려 주는 것을 일반적으로 상담이라고 부른다.

진로, 의료, 법률, 노무, 세무, 종교 상담은 전문적인 지식, 훈련, 자격을 갖고 있는 사람이 도와줄 수 있는 영역이다. 진학이나 진로 상담은 누가 할까? 진로 상담은 교사가 한다. 의료 상담은 의사가, 법률 상담은 변호사가, 노무 상담은 노무사가, 세무 상담은 세무사가, 신앙 상담은 종교인이 해준다. 이런 사람의 특징은 '사'자가 붙는다. 오랫동안 전문적인 훈련을 받은 사람으로 흔히 전문가라고 부른다.

일상에서 상담을 많이 해주고 있는데, 무엇인가 전문 영역이 있어야 되지 않을까, 하는 생각이 든다. 이런 전문적인 지식 없이 상식적인 수준에서 공부를 해도 상담을 할 수 있을까? 인생 상담은 해줄 수 있다.

어떻게 인생 상담을 해줄 수 있을까? 지금까지 '상담' 하면 내담자의 문제를 상담자가 문제의 원인과 해결을 제시하는 것이었다. 이런 것은 명확하게 말을 하면 상담이라고 할 수 없다. 이것은 상담이 아니라 자문이라고 부른다. 상담자가 주도적인 역할을 하는 것이 특징이고 컨설팅(Consulting)이라 부른다. 기업체를 운영하다 보면 여러 가지 법적인 문제가 있을 수 있다. 기업체에서 변호사를 쓸 수 있다. 이때 무슨 변호사라고 할까? 자문 변호라고 한다. 기업에 자문을 해주는 변호사이지, 기업에 상담을 해주는 변호사가 아니다.

선생님한테는 진로에 대한 것을 의뢰할 때는 진로 상담이 아니라 진로 자문이다. 몸에 이상이 있어 의사한테 진료를 받는 것은 의료 상담이 아니라 의료 자문이다. 신앙과 관련된 것일 때는 신앙 상담이 아니라 신앙 자문이다. 우리 사회는 자문 활동과 상담 활동의 구별이 안 되고 혼용하고 있다.자문을 해주고 있으면서 본인은 상담을 해주고 있다고 착각한다.

그렇다면 상담은 무엇일까?

상담은 자문과 유사한 것이 많다. 상담자와 내담자가 있고, 문제를 가지고 있는 것은 마찬가지고 그리고 해결책을 본인이 모르고 있어 괴로워하는 것도 마찬가지다. 근본적으로 상담은 내담자의 문제를 내담자 자신이 주도적으로 해결하는 것이고, 자문은 내담자의 문제를 자문가가 주도적으로 해결해 주는 것이다.

상담은 사람을 변화시킨다. 상담은 카운슬링(Counseling)이다. Counsel(동사)+ing(현재 진행형)=명사형이다. 상담은 우리의 삶 가운데 지속적으로 받고 있다는 의미로 현재 진행형이다. 삶을 살아가면서 한편으로는 지식이나 정보가 부족할 때 자문인 컨설팅(Consulting)을 받고, 다른 한편으로는 상담이 필요할 때 카운슬링(Counseling), 즉 두 가지를 잘 받아야 문제가 잘 해결되어 윤택하고 행복한 삶을 살 수 있다.

자문은 어떨 때 필요할까?

그 분야에 대하여 지식이나 정보가 부족한 경우에 자문을 받는다. 선생님을 만나서 내 자녀의 진로나 진학에 대한 자문을 구하는 것은 나는 그 분야에 대해서는 지식이나 정보가 부족해서 선생님한테 자문을 구하게 된다. 사리대화를 하는 것이다. 자문을 해주는 사람들의 특징은 말을 잘하고, 자신이 가지고 있는 지식과 정보를 가장 정확하고 효율적으로 전달하는 능력이 아주 중요하다. 학교 다닐 때 돌아보면 저 선생님은 아시는 것은 참으로 많은데, 표현하는 능력이 부족해서 답답했던 경험이 있다. 사실 이런 분들은 교사가 되어서는 안 될 분들이다. 수업시간에 선생님 몰래 소설책을 보는 경우도 있다. 선생님이 싫으면 과목 자체가 싫어진다. 교대나 사대에서 말하는 훈련을 많이 한다.

그럼 왜 인생은 상담이 필요할까?

인생 상담은 상담을 해야 할 중요한 영역이다. 의대, 로스쿨, 경영은 전문적으로 공부하는 대학이 있다. 인생을 가르치는 대학이나 학과는 없고 역술가나 무속인이 있다. 우아하게 말하면 철학관이다. 흰머리가 좀 나고 머리를 길게 묶고 하는 분들이 세상을 다 아는 것처럼 상담을 한다. 사실 철학은 그런 의미는 아니고 철학을 공부하면 인생을 알 것 같지만 그런 것은 아니다. 인생은 어디서 가르쳐 주는 데가 없다. 인생에 대해서는 전문가가 없다.

누가 개인의 문제를 가지고 오면 나는 바로 그 자리에서 정답을 알려주고 싶어 한다. 의사나 변호사처럼 인생의 문제를 가져 오면 해답을 줄 수 있는 자격이 있을까? 어느 누구도 없다.

우리 모두는 한 번밖에 살 수 없는 인생이고 '그때 그걸 잘못했구나, 고쳐야 겠구나' 시행착오를 겪고 살아가는 것이 인생이지, 내가 인생을 다 알고 있기 때문에 누구든지 어려운 문제가 있으면 나한테 와라, 내가 다 해결해 줄게 하는 사람은 아무도 없다.

놀라운 일은 남의 인생에 너무 쉽게 관여한다는 거다. 자신의 인생도 몰라서 헤매면서 얘기를 좀 듣고서 "이렇게 해라. 저렇게 해라" 인생에 대한 전문가인 것처럼 남의 인생에 자문을 많이 한다. 주위에서 너무 많이 본다. 상담을 하다보면 "결혼생활 15년인데 이혼할까 말까 고민 중에 있다. 어떻게 해야 할까요?" 하는 질문을 받는다. 나도 결혼한 지 35년이 되었는데 살아야 될까 말아야 될까 고민 중이다. 견디기가 힘들면 이혼하고, 견딜 만하면 살라고 한다. 남의 인생에 대해서 내가 어떻게 이혼 하라, 마라 할 수 있을까? 어떤 자문은 해줄 수 있다. 상담이 아니다. 우리는 너무 쉽게 남의 인생에 관여를 한다.

가정에서는 더욱 심하게 개입한다. 부모가 자녀의 삶에 대해 개입한다. 본인도 한 번밖에 못 살면서 자녀의 삶을 다 아는 것처럼 자녀 일에 개입하는 것이 우리들의 고민이다. 애들에게 개입하고 나서 표정이 밝지 않으면 약간 미안하니까 "내가 너를 사랑해서 그런 거지, 너 친구 철수 같으면 이런 얘기를 하지 않는다"라고 덧붙인다. "나를 철수 같이 취급해주세요. 내 인생은 내가 알아서 할 것이니까. 나를 내버려 두세요." 이런 얘기를 많이 한다. 나의 삶에 대해서 제발 간섭을 하지 말아 달라는 것이다. 나도 내 나름대로 살아 가려고 노력 중이어요. 말은 하지 않지만 속으로 '엄마 인생이나 잘하세요'라고 한다.

부모들은 자녀를 세상에서 제일 많이 알고 있다고 생각한다. 애들은 엄마가 "뭘 알아?" 한다. 엄마는 제일 섭섭하다. 과거를 돌이켜보면 우리는 누구에게 제일 거짓말을 많이 했을까? 엄마다. 애들도 나에게 거짓말을 당연히 많이 한다. 엄마는 그것을 모르고 산다. 부모가 자녀를 아는 것은 부모와 함께 있을 때의 모습만을 아는 것이다. 애가 다른 애들과 같이 있을 때 무엇을 하는지를 어떻게 알 수 있을까? 그런데도 가족들의 인생에 모든 것을 아는 것처럼 개입을 해서 인생 전문가인 것처럼 인생 설계를 많이 해준다. 그것이 우리의 삶을 힘들게 하고 관계에서 상처를 주는 가장 기본적인 이유다.

학생 상담을 해보면 학생들이 부모에게 거짓말을 많이 한다. 이성친구를 못 만나게 하니까 동성 친구를 만난다고 하고 이성 친구를 만난다. 시험기간에 친구들과 놀면서 도서관에서 공부한다고 한다. 어느 여학생은 외동딸인데 초등학생 때는 공부를 잘했는데, 대학에 와서는 거의 공부를 포기했다. 엄마가 일일이 간섭하고 야단치니까 생활이 거의 거짓말이다. 부모, 하면 고개를 절레절레한다. 집에 들어가기 싫다. 최근에는 장애인 판정을 받았다. 엄마가 자녀의 인생에 깊숙이 관여한 결과이고 엄마는 이런 사실조차 느끼지 못하는 것이 문제다.

사랑은 하다보면 그 사람이 내가 원하는 대로 해주어야 한다고 생각한다. 알게 모르게 알려고 하고 정답을 주려고 하는데, 우리 인생은 정답이 없다. 어느 누구도 공부한 사람이 없고 자격증을 딴 사람이 없다. 그러기 때문에 살다가 힘들면 결국은 자신이 풀어나가야 한다. 누가 옆에서 도와줄 수가 없다. 내 인생 혼자도 버겁다. 남편, 아내는, 자녀는 각자가 알아서 살아가야 한다. 그러려면 간섭을 하면 안 된다.

엄마들의 쇼크가 있다. 집에서 볼 때는 애가 불안해 보이는데, 밖에서는 유능한 경우가 많다. 두 얼굴이라고 생각한다. 저자의 아들도 순진하고 착해서 아무것도 못 하는 줄 알았는데, 중학교 때 전교 학생들이 모인 장소에서 7명의 그룹 리더 역할을 하면서 노래하고 춤 췄다는 소식을 접하고 놀란 적이 있다.

내담자가 스스로 문제를 풀어야 된다면 상담자가 왜 필요한가? 내담자 혼자는 문제를 풀지 못해서 괴롭다. 누구도 그 원인을 알 수 없다. 상담자는 내담자가 갖고 있는 문제의 원인과 해결 방법을 스스로 찾도록 옆에서 도와주는 전문가다. 상담자가 도와주면 내담자는 문제의 원인이 어디서 왔구나, 깨달아가기 시작한다. 이것을 해주는 것이 상담자이다.

상담자와 자문가는 뭐가 다를까? 자문가는 자신이 알고 있는 전문 영역이 아니면 일반인과 똑같다. 자기가 도와줄 수 있는 영역이 한정되어 있다. 상담가는 내가 풀어 주는 것이 아니기 때문에 영역이 한정되어 있지 않다. 상담자는 인생의 모든 분야에서 상담을 할 수 있다. 부모자녀 관계, 부부 관계, 대인 관계, 직장 관계, 자신의 문제 등을 풀 수 있도록 도와줄 수 있다. 오랜 전문 지식이 필요하지 않다. 우리 모두는 좋은 상담가가 될 수 있다. 상담자가 못 되는 이유는 개입을 하려고 하기 때문이고, 개입을 마치 상담이라고 착각을 한다. 상담은 내가 풀어 주는 것이 아니기 때문에 문제 풀어 주는 방법은 동일하다. 부부 문제나 자녀 문제나 문제를 푸는 방법은 동일하다. 방법만 알고 있으면 어떤 문제든지 간에 풀 수 있도록 도와줄 수 있다.

부부 문제는 개인의 문제이기 때문에 자문보다는 상담을 받아야 할 경우가 많다. 상담과 자문의 차이점이다. 자문은 필요없고 상담이 필요하다는 얘기는 아니다. 지식과 정보가 필요한 경우가 많다. 문제 중에서 지식이나 정보가 부족해서 힘들 때가 있다. 그 분야에 지식과 정보를 갖고 있는 분한테 얼마든지 자문을 구하고 문제를 해결하면 된다. 우리들의 문제가 자문을 통해서 해결이 안 되는 것도 많다.

상담을 받아야 할 분야는 본인도 그 원인을 모르는데, 그것은 감정의 문제이기 때문이다. 부부간의 싸움은 이래서 이렇고 저래서 저렇고 논리적으로 설명이 될 것 같지만, 그 논리의 밑바탕에 있는 감정의 문제가 내가 어떤 감정을 갖고 있는지 본인도 모른다. 심리학에서는 무의식이라고 한다. 내가 왜 그때 그런 행동을 했는지 모른다. 아무리 안 하려고 노력해도 나도 모르게 그 행동이 나온다

무의식으로 행동을 하기 때문에 문제라는 것도 모른다. 의식적으로 아무리 노력해도 그것이 진짜 문제가 아닐 경우가 많다. 술을 먹지 않겠다고 각서를 써도 소용이 없다. 머리로 한 것이니까. 인생의 문제는 마음의 문제다. 무의식 속에 감춰진 마음을 깨달아야 한다. "아, 그래서 그랬구나" 하는 순간에 문제에서 벗어날 수 있다. 그것은 혼자서는 못 깨닫는다.

왜 그럼 감정을 무의식에 누를까?

우리는 옳고 그름을 따지는 세상에 살고 있다. 감정은 옳고 그름의 문제가 아니라 그냥 느낌이다.

대개 부모를 공경하라고 하는데, 아버지를 보면 좋아하는 점도 있고 싫어하고 미워하는 점도 있다. 아버지의 이런 점이 좋다고 하면 칭찬을 받고, 싫어하는 점을 얘기하면 어떻게 자녀가 돼 가지고 아버지를 미워할 수 있느냐고 야단을 맞는다. 야단을 안 맞으려면 말을 안 해야 한다. 나 스스로도 나쁜 감정을 갖고 있다는 것에 죄책감이 든다. 그런 감정 자체를 느끼지 못하도록 만든다. 그것은 무의식으로 내려보낸다. 아버지를 미워하는 감정 자체를 못 느끼고

아버지를 좋아하는 착한 자녀라 생각하고 살아가고 있다. 나쁜 감정은 무의식에 눌렀다고 해서 없어진 것은 아니다. 단지 모르는 것뿐이다.

이 감정은 아버지와 있을 때 행동으로 나타난다. 그 행동의 원인을 모르니까 다른 이유를 하나 갖다 대는데, 사실은 그 이유가 진짜가 아닐 경우가 많다. 무의식이라서 본인도 모른다. 깨달으면 죄책감을 느끼니까. 그 행동에서 벗어나려고 하면 진짜 원인이 무엇인지를 알아야 한다. 혼자는 못 깨닫는다. 무의식이니까. 무의식 속에 숨겨진 감정을 스스로 깨닫도록 옆에서 도와주는 것이 상담이다. 지금까지 내가 "왜 그런 행동을 했을까" 아니면 잘못 알았던 행동의 원인에서 진짜 원인을 알게 된다. 그러면 무의식에 있는 부정적 감정에서 벗어나게 된다. 이렇게 도와주는 것을 상담이라고 한다.

자문은 답이 정해져 있으나 해석상 차이가 있는 것은 안타까운 일이다. 의사마다 병명이 다르게 나오면 어떻게 될까? 나도 모르게 자문을 너무 많이 하며 살고 있다.

상담은 내게는 옳은 방법일지라도 다른 사람에게는 맞지 않는 경우가 많다. 내가 해결한 방안을 옆 사람에게 알려 주고 싶어한다. 아끼기 때문이다. 정말 아낀다면 "그냥 들어 주고 자신도 모르는 속에 있는 답답한 게 무엇일까" 하고 내담자 스스로 찾아가도록 도와주는 것이 상담이다. 우울증과 공황장애가 있었는데, 그냥 들어주기만 했다. 그 다음날 문자가 와서 사실은 자살까지 생각을 했는데 삶에 용기가 생겼다. 우울증 약을 모두 끊었다고 한다. 이야기를 들어 주고 스스로 깨닫도록 하는 것이 상담이다.

자문과 상담의 차이가 있고, 상담이 삶을 변화시키는 것을 알아봤다. 우리의 마음속을 좀 들어가봤다. 속담에 열 길 물속은 알아도 한 길 마음은 모른다는 말이 있다. 그만큼 사람의 마음은 알기 어려운 것이지만 조금씩 조금씩 깊이 들어갈 수는 있다.

내가 누구인지 **모를 때**

우리 사회는 자문과 상담을 섞어서 사용하고 있으나 구분을 해야 한다. 상담을 해주면서 나도 모르게 자문을 해주는 경우가 허다하다. 상담을 하면서 자문을 하면 안 된다. 권유, 조언, 충고, 평가, 판단은 자문 활동이다. "철수하고는 놀지 마라. 게임하지 말고 공부해라. TV 보지 말고 공부해라" 자문 활동이다. 내 생각대로 하지 않으면 섭섭하고 화도 난다. 그것 때문에 싸운다. 싸우지 말자고 하고 싸운다. 나는 왜 이러지 후회도 한다. 안 되는 것은 아니고 그 방법을 잘 몰라서 그런 것이다. 그 방법을 하나하나 깨달아가다 보면 가랑비에 옷 젖듯이 의사소통도 잘할 수 있고 좋은 상담사가 될 수 있다. 걱정할 필요는 없다.

사람의 마음이 어떻게 되어 있을까?

사람의 마음을 공부한다는 것은 너무 어렵다. 눈에 보이지 않으니까 마음이 있는 것 같은데 모르겠다. 과학적으로 아홉 물길은 알 수 있으나, 한 길의 마음은 알 수가 없다. 사실 마음이 있는지조차 알 수 없다. 혹시 마음을 본 사람이 있을까? 현대 상담 심리학의 초석을 놓아 현재 심리학의 아버지라고 불리는 칼 로저스(Carl Rogers)가 있다. 이 사람은 사람의 마음을 어떻게 보았을까? 로저스의 이론을 이해하면 사람에 대한 마음을 어느 정도 이해를 할 수 있다.

이 사람은 유기체라는 말을 사용하고 있다. 생물과목 시간에 배웠던 내용이다. 살아 있는 모든 생명체를 유기체라고 부른다. 심리학에서는 유기체는 "우리들의 경험이 일어나는 곳"이라고 한다. 모든 생명체는 유기체이고, 사람은 살아 있는 동안은 경험이 일어난다.

유기체의 특징은 자신이 갖고 있는 잠재력을 실현하려는 경향을 가지고 있다. 모든 생명체는 잠재력을 가지고 태어나는데, 그 잠재력을 실질적으로 실현하고 싶어 한다. 요즈음에는 철과 관계없이 맛있는 과일을 1년 내내 먹을 수 있다. 사과를 칼로 자르면 사과 안에 사과 씨가 들어있다. 사과 씨를 면도칼로 자르면 그 씨 안에 사과가 있을까? 사과 씨 안에는 사과는 없다. 사과 씨를 흙에 심어서 물도 주고 잘 키우면 거기서 뿌리가 나오고 싹이 나고 그 싹이 점점 커져서 사과나무가 되고 다시 사과라는 열매를 맺게 된다.

사과 씨에는 무엇이 들어 있을까?

사과 씨에는 사과가 없지만 자라서 사과라는 열매를 맺을 수 있는 잠재력을 가지고 있다. 사과가 될 수 있는 잠재력이 씨앗이다. 사과가 될 수 있는 잠재력이 그 안에 있어서 씨앗이 싹이 되고, 싹이 나무가 되고, 나무에서 열매를 맺는 것을 잠재력이 실현되어 가는 과정이라 부른다.

잠재력이 실현되지 않고 있으면 슬픈 일이라서 반드시 실현되어야 하고, 실현되는 과정이 중요하다. 집에서 음식할 때 많이 쓰는 계란 속에도 흰자와 노른자만 있지 닭은 없다. 삶은 계란 먹고 백숙 값 내지는 않는다. 어미 닭이 계란을 잘 품어서 병아리가 나오고 닭이 된다. 닭은 다시 알을 낳는다. 계란 속에는 닭이 될 수 있는 잠재력이 있는 것이다. 그렇다고 계란 후라이를 먹을 때마다 잠재력을 죽였으니 미안해할 필요까지는 없다. 너무 착하면 살기가 힘들다.

여러분의 자녀는 어떤 잠재력을 갖고 있을까?

한 번쯤은 깊이 고민을 해봐야 할 숙제다. 이런 고민 없이 자녀를 키우게 되면 어떤 일이 생길까? 살아 있다는 것은 잠재력을 실현해 나가는 과정이다. 잠재력의 실현이 멈추면, 죽은 것이다. 생물학적인 삶과 죽음은 잠재력의 실현 여부에 달려 있다. 정치인이 앞으로 성장할 수 있는 잠재력을 갖고 있었는데, 불미스러운 사건으로 더 이상 정치를 할 수 없게 되었을 때 우리는 보통 정치 생명이 끝났다고 한다. 생명이 끝났다는 것은 죽었다는 것이다. 정치가로서의 잠재력은 끝났다. 마찬가지로 신앙 생활도 계속하지 않으면 죽을 수 있다.

모든 경험은 유기체에서 이루어지는데, 경험에는 삶에 도움이 되는 것도 있고 오히려 방해가 되는 경험도 있고 별 영향이 없는 경험도 있다. 모든 살아 있는 유기체는 누구한테 배우지 않았더라도 잠재력이 실현하는 데 도움이 되는 경험은 반복해서 하고 싶어 하며, 도움이 되지 않는 경험은 회피하는 경향이 태어나서부터 있다. 누가 알려주는 것이 아니라 살아있는 생명체는 모두 가지고 있다. 모든 생명체는 자기가 있는 현재의 상태에서 잠재력을 잘 실현하고 살아가고 있다.

모든 생명체는 주어진 환경에서 잠재력의 실현을 위해 최선의 방법으로 살아가고 있다. 똑같은 종류의 콩이 있다. 옥토에 심은 콩, 자갈밭에 심은 콩, 어두컴컴한 광에서 키워 본다고 하자. 옥토에 있는 콩은 잘 자라고, 자갈밭은 있는 콩은 물기가 부족해서 구부러지게 자란다.

어두컴컴한 광에 있는 콩은 어떻게 자랄까?

물만 계속 주면 콩나물이 된다. 똑같은 잠재력을 가진 콩이라고 하더라도 어디서 자라느냐에 따라서 잠재력이 실현된 모습은 각각 다르다. 옥토에 있는 콩과 자갈밭에 있는 콩은 잠재력을 실현했고,

광에 있는 콩은 잠재력을 실현되지 않은 것일까? 모두 다 잠재력을 실현한 것이다. 환경에 따라 다르게 잠재력이 실현되지만, 주어진 환경 속에서 최선을 다하여 잠재력을 실현된 것이다. 자갈밭에 있는 콩한테 "야, 정신 차리고 옥토에 있는 콩처럼 자라"라고 한다고 그렇게 클까? 그래서 간섭이 별 의미가 없고 충고, 권고, 조언, 평가 같은 간섭을 해서는 안 된다.

가정에서 키우는 나무가 마당과 거실에 있을 때 똑같이 클까, 다르게 클까? 거실에 있는 나무는 거실에 있는 환경에 맞게 크는 것이 잘 크는 것이고, 마당에 있는 나무는 그렇게 크는 것이 제일 잘 크는 것이다. 거실에 있는 나무보고 "야, 너는 마당에 있는 나무는 큰데 왜 너는 작니" 할 필요가 없고 해서도 안 된다. 거실에서는 그렇게 크는 것이 잘 크는 것이다. 마당에 있는 나무처럼 크기를 원한다면, 재처럼 크라고 말로만 하지 말고 마당으로 옮겨심으면 된다. 모든 살아있는 생명체는 동일하다.

사람은 동물과 다른 점이 있다. '나는 누구인가' 할 때 '나'가 있다. 학문적으로는 자기(Self)개념이다. 다른 동물은 '나는 누구인가'에 대한 고민을 하지 않는다. 청소년 때 방황하는 것은 나를 찾아가는 과정에서 자아정체감을 확립하는 과정이다. 요즘 집에서 강아지를 많이 키운다. 외출 후 집에 와 보니 강아지가 한구석에서 심각하게 고민하는 것을 본 적 있는가? "나는 누구인가요? 나는 왜 강아지로 태어났어요?"라고 고민하는 것을 본 적 없다. 아마 강아지가 그러면 무서울 것이다.

조용하던 애가 어느 날 갑자기 "엄마 나는 누구야?" 하면 엄마는 당황한다. 얘가 왜 이러지. 인간만이 할 수 있는 인간다운 고민이다. 살아가면서 한 번도 나는 누구인가 고민을 하지 않았다면, 나는 인간이 아니라는 뜻이다. 나는 누구인가, 하면서 성장한다. 서양의 고대 철학은 인간에 대한 탐구다. 인간 탐구의 궁극적 목적은 한마디로 표현하면 뭘까? "너 자신을 알라" 철학자 소크라테스가 한 말이다. 너 자신을 알라는 말을 뒤집어 보면 나 자신을 모른다는 것이다. 나 자신을 알고 있다면 구태여 너 자신을 알라고 할 필요가 없다. 수사 기관에서 인권을 침해하지 말라는 말이 나온다. 인권 침해가 없으면 이런 말을 할 필요가 없다. 수사기관이 인권을 침해하고 있다는 뜻이다. 직장 내 괴롭힘을 하지 말라. 직장 내 괴롭힘이 있다는 것이다. 내가 알고 있는 나는 진짜 내가 아닐 수 있다. 진짜 내가 누구인지를 알아가는 것이 모든 학문의 철학적 핵심 목적이다.

내가 누구인지 알 수 있다. 어떻게 알수 있을까?

중요하고 인생이 어려워지는 것이 여기에 있다. 신체 중에서 나를 제일 잘 드러내는 부위는 어디일까?

얼굴이다. 취업할 때 이력서에 증명사진을 붙일 때 얼굴이라고 표시를 하지 않아도 얼굴인 것을 안다. 얼굴을 표시하지 않았다고 면접을 못 본 적은 없다. 얼굴이 나를 증명해 준다고 생각한다. 누구든 자신의 얼굴을 직접 본 사람은 있을까? 나를 잘 드러내는 부위가 얼굴인데 내 얼굴을 직접 본 사람이 없다. 내 얼굴을 직접 볼 수 없어 다행이다. 내 얼굴을 직접 볼 수 있다면, 우울한 사람도 있고 행복한 사람도 있다. 신은 이런 점까지 감안해서 직접 얼굴을 보지 못하게 했을 수도 있다.

내 얼굴을 아는 것은 거울을 보고 아는 것이다. 아, 이게 나구나. 사진을 보고 아, 이게 나구나. 거울이 내 얼굴을 정확하게 비춰주지 않고 잘못 비춰 준다면 어떨까.

내가 알고 있는 나는 어떻게 알았는가?

이것이 중요하다. 나는 이런 사람이야, 하는 것을 어떻게 알았지? 내 얼굴은 거울을 통해서 알아가듯이 나와 가까운 사람들이 나에 대해 너는 이런 사람이야, 얘기해주는 것으로 다른 사람에게 비쳐진 내 모습을 '나'라고 생각한다.

영자와 순자가 있다. 영어를 똑같이 70점 맞았다. 잘했을까? 못했을까? 잘했다는 사람은 학교 다닐때 공부를 못한 사람이다. 영자 엄마는 80점 맞기를 기대한다. 영자는 70점 맞았다. "야, 좀 열심히 해서 80점을 맞아야지" 했다. 다음에 시험을 봤는데 또 70점을 맞았다. "야, 공부를 좀 잘해야지" 야단쳤다. 이런 과정이 몇 번 되풀이되다 보니 "너는 아무래도 머리가 나쁜 모양이다. 노력은 하는 것 같은데 70점밖에 못 맞는 것을 보니까 너는 참 머리가 나쁜 것 같다." 이 과정을 되풀이하다 보면 영자는 어떤 생각을 갖게 될까? '나는 머리가 나쁜 사람이다'라는 자기개념을 갖게 된다. 그러다가 엄마는 속이 답답하니까 "아무래도 너는 아버지 닮았나봐"라고 한다. 하나하나 나는 이런 사람이구나를 만들어 간다. 학교에서 선생님이 영어 단어 아는 사람을 손 들라고 한다. 아는데도 손을 들지 않는다. 나는 못하는 사람이니까.

순자 어머니는 60점 맞으면 공부를 잘한다고 생각한다. 순자가 70점을 받아 왔다. "야, 너 어떻게 70점을 맞았니? 가문의 영광이다" 하면서 칭찬을 했다. 너는 진짜 공부 잘한다. 다음 시험에 또 70점을 맞았다. 너 진짜 머리가 좋다. 앞으로 무슨 일을 해도 잘할 수 있다. 공부를 잘하는 사람이라는 모습을 비춰준다. 순자는 점차적으로 '나는 공부를 잘하는 사람'이라 생각한다. 영자는 공부를 못하는 자기개념이고, 순자는 공부를 잘하는 자기개념이다. 공부를 잘하고 못하는 것은 내가 받은 점수가 결정하는 것이 아니라, 그 점수에 대하여 다른 사람이 어떻게 평가하느냐에 따라서 결정된다. 내가 공부를 잘하는 사람, 못하는 사람이 된다.

내가 어떤 사람인지 알아가는 것이 중요하다. 자기가 형성되면 자기를 실현하려는 경향이 있다. 자기실현이라는 말을 많이 한다. '자기'라는 스스로 인식한 모습대로 살아가려는 경향이 있다. 인간에게는 두 가지의 '나'가 있다. 유기체의 '나'와 주위 사람이 '너는 이런 사람이야' 하고 알려주고 평가한 또 다른 '나'가 존재한다. 2개의 나는 각각 자기의 모습대로 살아가고 싶어한다. 두 개의 나가 일치할 때는 마음이 편안하고 행복하다.

그런데 두 개의 모습이 달라지게 되면 이렇게도 못 하고 저렇게도 못 한다. 내 삶에 갈등과 고뇌가 일어난다. 유독 인간만이 삶의 고뇌를 느낀다. 동물은 이런 갈등이 없다. 스트레스, 우울증, 자살, 직장 내 괴롭힘, 성희롱, 인권 침해, 민원 갈등 등 다양한 모습이 있다.

인간의 고독을 다룬 동화책 『미운 오리 새끼』에 잘 알려주고 있다. 어린아이들이 많이 깨닫는다. 유기체가 백조인 알이 어떤 이유로 인해서 오리 둥지 속 알과 같이 있게 되었다. 백조 알의 비극이 시작된다. 어미 오리가 다른 오리 알과 같이 품어서 키웠다. 어느 날부터 유독 한 놈이 이상한 짓을 한다. 다른 놈들은 거무튀튀하고 자그마하게 크는데, 한 놈만은 덩치가 크고 흰색 깃털이 있다. 다른 형제 오리들이 야, 이녀석은 이상하게 생겼다고 놀리기 시작했다. 이 자식은 참 밉게 생겼다. 어느 날 나는 미운 오리가 된다. 물에 비친 자신을 봐도 다른 애들과는 다르다. 다른 애들은 야무진

데, 나는 허여멀건하게 뭔가가 잘못 생긴 것 같다. 상대적이다. 아, 나는 미운 오리구나 자기관을 갖게 되었다. 어미가 볼 때도 커 가면서 이상하다. 어떻게 저런 놈이 내 속에서 나왔지? 하면서 구박하기 시작했다. 다르니까. 미운 오리 새끼가 같이 놀자고 하니까 형제들이 야, 너는 밖에 나가 있어 했다. 미운 오리는 같이 노는게 아닌가 보다 하고 밖에서 기다리다가 애들이 쉬는 시간에 물도 떠다 주고 했다. 미운 오리로 본분을 지키기 위해서 살아가고 있다. 사회가 요구하는 대로 살아가야 하니까.

가만히 있었으면 그냥 미운 오리로 살아갔다. 근데 심심하면 오리들이 부리로 쪼기도 하고 못 살게 군다. 미운 오리는 참다 참다 죽을 것 같아 집을 떠난다. 이런저런 고생하다가 기진맥진했다. 어디를 갔는데, 저쪽을 보니까 허옇게 생긴 놈들이 무리를 지어 놀고 있다. 멀리서 바라보니까 신세가 처량하다. 내가 어떻게 미운 오리로 태어나서 가족들한테도 구박을 받다가 집을 나왔는데 재들은 허옇게 잘생겨 가지고 놀고 있을까, 하고 부럽게 생각하며 보고 있는데 저쪽에서 한 녀석이 "야, 너 이리 와 봐" 한다. 놀라서 떨리는 마음으로 간다. 지금까지 경험으로는 오라고 해서 갔다가 좋았던 적이 없다. 구박받거나 한 대 맞거나 했다. 자기를 보듬어준 적이 없기 때문에 '여기 와서도 저놈들한테 구박받는구나' 생각하고 떨리는 마음으로 갔다. "너 어디 갔다가 지금 오니?" 한다. 의외로 자기를 반갑게 맞아준다. 놀라서 조그마한 목소리로 "너 나 아냐?"

묻는다. "알지, 너 백조 아냐?" "난 백조가 아냐, 난 오리야" 자존심은 있어서 미운 오리라고는 않는다.

"넌 어디 갔다 와서 자꾸 오리라구 하냐. 너 물에 비친 내 모습과 네 모습을 봐라" 그러고 보니 오랫동안 물에 비친 모습을 보지 않고 살았다. "어머, 나와 너는 하얀 것이 같다. 어, 나하고 너는 같네!" "너 백조야. 왜 자꾸 오리라고 하니?" "너 백조니? 우리 같이 놀자"

그때부터 백조와 같이 놀게 되었다. 백조 대장이 호수가에서 이제 그만 놀고 섬으로 가자고 한다. 미운 오리한테도 "같이가자" 권유하고 "그래 알았어" 답했다. 다른 백조들은 훨훨 날아갔다. 오리는 날지를 못했다. 그동안 날려고 하다가 어미 오리한테 욕을 먹었다. 나는 것을 포기했다. 백조들이 가다가 오리가 오지 않아 뒤돌아보니 오리는 훨훨 날지 못하고 물에서 헤엄치듯 날개를 움직였다. "그렇게 날지 말고 최대한 조금씩 날아봐" 물에서 헤엄치듯 나는 것에서 백조처럼 조금 훨훨 날아 보았다. 시간이 지나면서 백조와 같이 날았다. 유기체는 백조인데, 내가 생각하는 나는 오리다. 미운 오리다. 우리 모두 백조다. 자기가 백조인 것을 모르고 미운 오리로 살아가는 사람이 너무 많다. 너는 백조라고 해도 믿지 않는다. 아냐, 나는 오리대로 살다가 죽을 거야, 하면서 매일매일 살아가는 사람도 많다.이 사람들에게 너는 "오리가 아니고 백조야"라고 깨닫게 해주는 작업이 상담사다.

너는 백조야, 하고 말해준 것이 효과가 있을까? 본인이 백조임을 깨달아야 한다. 옆에서 알려 줘도 소용이 없다. 우리 주위에 보면 재능과 잠재력이 많은데, 본인은 잠재력이 없다고 생각하며 살아가는 사람이 많다. 그런 사람에게 "너는 잠재력이 많은 사람이야" 해도 믿지 않는다. "너 지금 나 놀리는 거지" "불쌍하게 보는 거지" 이런식으로 부정적으로 받아들인다. 안 믿는다. 인생문제는 자문이 소용 없다. 본인이 깨달아야 한다.

그러기 위해서는 '니가 백조다'라는 사실을 알려주는 것이 아니라 이 사람의 모습을 정말 보여줄 수 있는 거울 역할을 해야 한다. 내담자는 왜곡이 없는 상담자의 거울을 보면서 점차적으로 자신이 백조라는 것을 알아간다. 이 과정이 상담이라는 과정이다.

칭찬을 하는 것이 좋은가?

칭찬은 고래도 춤추게 하니까 칭찬은 좋아할 것이다. 진짜 누구의 모습을 알려주는 것은 칭찬도 아니고 비난도 아니다. 그냥 너는 이런 모습이야 비춰주는 것이다. 거울은 평가를 하지 않고 있는 모습 그래로 보여준다. 예쁘다, 밉다 판단은 본인이 한다. 상담자는 거울의 역할을 하기 때문에 예쁘다. 밉다는 않는다. 잘 할 때 칭찬은, 잘못할 때 야단맞을 수 있다는 것이 깔려 있다. 진짜 자기를 알아가기 위해서는 칭찬도 아니고 야단을 치는 것도 아니고, 너는 이런 사람이야 비춰 주기만 하면 된다.

원래 유기체로 살고 싶어 하는 마음과 내가 오리로 살고 싶은 두 마음이 있다. 두 마음이 있으면 힘들다. 둘 중에 하나를 택하고 하나는 무의식으로 내려보낸다. 둘 중에 하나를 가지고 살아간다. 무의식에 들어간 부분을 끄집어 내준다. 너의 진짜 모습은 이런거야, 알려준다. 이것이 상담이다.

본래의 나와 **가면을 쓴 나**

이솝 우화에 나오는 욕심쟁이 개가 있다. 개는 어느 날 우연히 운 좋게 고기 뼈 하나를 얻고 집에 가서 편하게 먹으려고 물고 가다가 무심코 다리 밑을 내려다 보니 어떤 개 한 마리가 고기 뼈 하나를 물고 있는 것을 발견했다. 저 개의 뼈까지 뺏어 가면 진짜 대박이다. 그 뼈를 뺏으려고 물에 뛰어 들어갔다가 입에 물었던 뼈까지도 놓쳤다. 하나도 못 먹고 모두 잃어버렸다. 개의 욕심이 많다는 것을 알려주고자 하는 것은 아니다

이 동화가 의미하는 것은 무엇일까?

개는 연못에 비친 모습이 자기라는 사실을 알까? 나는 누구라는 개념 자체가 없다. 집에서 강아지한테 거울을 비춰 보면 거울에 비친 모습이 자기라는 사실을 알까? 욕심쟁이 개가 우리에게 알려 주는 것이다. 나는 누구인가를 모른다. 나는 어떻게 살아야 할지도 모른다. 이런 사람을 우리는 개×× 놈이라고 한다. 고릴라 정도는 자신이 누구인지 약간 안다. 인간만이 '나는 누구인가' 하고 끊임없

이 알아가고 있다. 나는 누구인가. 알아가는 모습은 알아가는 방법은 무엇일까? 다른 사람에게 비춰진 모습이다. 잘 비춰지기 위해 공부를 한다. 끊임없이 공부한다. 인문학, 자연 과학, 사회 과학 다양한 방법으로 한다. 공부의 궁극적 목적은 나는 누구인가를 알아가는 과정이다. 예술 활동을 한다. 동물은 예술 활동을 못 한다. 예술을 통해서 나를 드러낸다. 종교 활동도 한다. 아무리 미개한 나라의 사람도 나름대로의 종교 활동을 한다.

아무리 고릴라가 인간과 유사해도 종교 활동은 하지는 않는다. '서당 개 삼 년에 풍월을 읊는다'는 말이 있다. 개가 삼 년 지나서 기도하는 것을 본 사람이 있을까. 결국 인간만이 나는 누구인가를 알아가려고 한다. 사람은 공부를 통해서, 예술을 통해서, 종교를 통해서 나는 누구인가를 알아가는 과정이다.

피카소의 그림에 나타난 유명한 여성은 실제로는 존재하지 않는다. 하지만 예술로 인정받는 이유는 피카소가 생각하는 여성의 모습이 그려 있고 그 여성의 그림을 통해서 피카소라는 사람을 알게 되기 때문이다. 예술이 된 것이다. 진(陳)은 학문이고, 선(善)은 종교 활동이고, 미(美)는 예술 활동이다. 종교를 믿는 것은 종교를 통해서 나를 알아가는 노력이다. 나는 이런 존재구나 하는 것을 알아가는 과정이다. 나를 안다는 것이 인간에게는 아주 중요하다. 나를 알기가 쉬운 것이 아니다. 알아가는 과정에서 행복과 불행이 싹트기도 한다.

인간에게는 두 가지의 '나'가 있다. 자신의 잠재력을 실현하고자 하는 유기체의 나와 다른 사람이 평가하는 것을 실현하고자 하는 자기(Self)로서의 나가 있다.

유기체가 진짜 '나'일까? 다른 사람이 평가한 나가 진짜 '나'일까? 이럴 때 필요한 것이 동화다. 백조가 진짜 나다. 미운 오리를 나로 알고 살아간다. 미운 오리를 진짜 나라고 생각하고 산다. 너는 오리야. 너는 오리야. 어렸을 때부터 듣다 보니 어느 순간부터 다른 사람이 평가한 '나'가 진짜 오리라고 착각한다.

그 이후부터는 오리답게 살아가려고 한다. 내가 백조인지 모르니까 이를 자기실현이라고 부른다. 자기실현이라는 말을 자주 사용한다. 자기실현을 좋은 용어로 사용하는데, 유기체를 반영한 자기실현은 참으로 좋으나, 유기체와는 동떨어진 오리로서 자기실현은 결코 좋은 것이 아니다. 다른 사람이 평가한 오리로서 자기실현을 하려고 하면 안 된다. 내가 백조라는 것을 알고 백조로서의 삶을 살아야 한다.

내가 알고 있는 나는 내가 아니다. 나는 매일매일 죽어야 하고 변해야 하고 버려야 한다. 그래야 정말 나의 모습을 알게 된다. 내가 알고 있는 나는 진짜 내가 아니다. 내 진짜 모습을 한 걸음씩 찾아야 한다. 혼자서는 안 된다. 누구의 거울 앞에 서야 한다. 인간은 한계가 있기에 종교 앞에 서야 진짜 내 모습을 찾을 수 있다. 혼자는 어려우니까 여러 사람이 모여서 하는 게 공동체다. 오리가 백조라고 생각하는 것도 문제이고, 백조가 오리라고 생각하는 것도 문제다. 오리는 오리답게, 백조는 백조답게 사는 것이 중요하다.

우리가 지금까지 받아 온 교육은 내가 누구인지 관계 없이 누구나 백조가 되라고 한다. 내가 진짜 즐겁게 살기보다는 남들이 만들어 놓은 기준이나 허상을 진짜 나로 알고 살다 보니까 힘은 드는데 삶에서 오는 깊은 즐거움 같은 것은 못 느끼고 살아왔다.

왜 사람은 백조로 살지 못하고 오리로 사는가?

주위 사람들이 자꾸만 오리로 사는 것이 옳다고 알려준다. 알려주는 대로 끝나는 것이 아니라 그렇게 살지 않으면 처벌을 하고, 본인이 알려준 대로 살아가면 칭찬을해준다.

어린아이들은 부모나 이웃의 칭찬을 받아야 클 수 있다.그러다 보니 내가 정말로 하고 싶은 것보다는 옆에서 하라고 하는 것을 하게 된다.

어떤 남자 아이는 인형 놀이가 재미있다. 재미있다 보니 대장이 됐다. 틈만 나면 다른 여자 아이들과 인형 놀이를 한다. 어느 날 엄마가 시장에 갔다 오다가 아들이 여자들과 인형 놀이를 하는 것을 보고 깜짝 놀랐다. 아들을 집에 데리고 와서 타이른다. “얘야, 너는 남자야. 남자는 밖에서 여자들과 같이 인형 놀이를 하는 것이 아냐. 남자는 용감하게 전쟁놀이를 하는 거야. 인형 놀이는 여자들이 하는 거란다. 앞으로는 남자답게 전쟁놀이를 해라” 하고 알려준다. 엄마 앞에서는 알았다고 했는데, 그 다음날 또 한다. 재미가 있으니까.

여자애들을 모아 놓고 인형 놀이를 한다. 엄마가 그 모습을 또 봤다. 엄마는 다시 집에 데리고 와서 “지난 번에 엄마가 얘기하지 않았니. 너는 남자야. 남자는 남자답게 해야지. 여자애들과 인형 놀이하는 것 아냐. 앞으로는 하지 말아라” 야단친다. 아빠한테 “당신은 아들을 저렇게 약하게 만들었어. 애가 여자애들과 같이 인형 놀이를 하고 있어. 그냥 놓아두면 안 되지. 애를 남자답게 키워야 되지 않을까?” 아빠도 애가 인형 놀이를 못 하게 한다. “너는 남자야. 남자는 인형 놀이 하는 것 아냐” 자꾸만 알려주기 시작한다. “엄마 아빠 말을 안 들으면 용돈도 안 줄 거야. 예뻐하지 않을 거야” 협박과 강요까지 하게 된다.

애를 남자답게 키우려고 노력한다. 애는 속으로 갈등이 일어나기 시작한다. 애의 유기체는 인형 놀이를 실현하는 것이다. 인형 놀이를 하면 된다. 그런데 너는 남자야. 남자는 강해야 된다. 남자는 전쟁놀이를 하는 거야. 알려주기 시작한다. 고민이 생긴다.

애는 인형 놀이를 할 것인지, 전쟁놀이를 할 것인지 둘 중에 하나를 선택해야 한다. 인형 놀이를 하면 욕을 먹는다. 전쟁놀이를 하면 칭찬받는다. 어린아이들은 부모의 칭찬이 절대적이다. 그 다음에는 뭘 해야 할까. 당연히 전쟁놀이다. 어느 날 친구들이 와서 "철수야 놀자" "난 놀지 않을래" 놀라서 "왜 안 노니?" "난 이제 인형 놀이가 싫어졌어" 애는 사실 인형 놀이를 하고 싶지만 야단을 맞으니까 친구들에게도 인형 놀이를 싫어한다고 한다. "재미없어졌어. 앞으로는 너희들끼리 놀아. 앞으로는 나한테 인형 놀이를 하자고 하지마" 그 다음부터는 하지 않는다. 속으로는 '나는 강한 남자가 되어야 하니까 부모 말을 들어야 한다' 하고 점차적으로 강한 남자 콤플렉스에 빠지게 되고 약하게 된다. 반대일 경우에는 여자 콤플렉스가 있고 이때는 화병이 생긴다.

마음을 이해한다는 것은 멀리 있는 것이 아니다. 주위에 있는데 유심히 관찰하면 보인다. 애가 진짜 하고 싶은 것을 하는 것이 아니고, 강한 남자로 살아가려고 노력을 한다. 하다가 잘 못하면 나는 부족한 사람이구나. 전쟁놀이하는 것이 썩 좋은 것이 아니고 어쩔 수 없이 하니까 정말 전쟁놀이를 좋아서 하는 사람보다 잘할 수가 없다.

'나는 전쟁놀이를 잘 못하는구나, 남자로서 부족하구나' 불필요한 열등감을 느낀다. '다른 것으로 남자답게 살아야 돼' 하면서 갑자기 태권도 학원을 다닌다. 다양한 방법으로 남성으로 잘 산다고 하는 것을 주위에 보여주려고 노력을 하면서 살아야 한다. 진짜 잘할 수 있는 것은 놓아두고 썩 잘하지도 못하는 것을 다른 사람들로부터 인정을 받아야 하니까.

우리에게 이런 모습은 없을까. 어느 공대생이 아나운서를 하고 싶은데, 부모님이 공대를 나왔으니 대기업에 가라고 해서 대기업에서 몇 년을 근무하다가 다시 본래 하고 싶었던 아나운서를 하고 있다. 지금은 남자들도 요리를 잘하고 유명한 남자 요리사도 많다. 과거에는 남자들은 부엌에 들어가면 안 된다고 교육받았다. 남자들은 전쟁놀이를 해야 한다. 자꾸만 밖으로 내몰았다. 이것도 잘못된 것이다. 남자도 인형 놀이를 할 수 있고, 여자도 전쟁놀이를 할 수 있다.

선진사회로 가는 것은 여자와 남자의 역할에 대한 고정관념이 없는 사회로 가는 것이다. 뭐든지 네가 원하는 것을 하는 쪽으로 변해가는 것은 참으로 좋은 것이다. 완전히 변한 것은 아니다. 아직도 남자는 의사, 여자는 간호사로 은연중에 성역할이 들어가 있다. 앞으로는 남자도 간호사, 여자도 의사가 될 수 있는 사회로 가야 한다. 이런 영역은 남자만, 여자만 구분하는 것은 바람직하지 않다. 여자, 남자, 나이가 많고 적음이 아니라 내가 진짜 하고 싶은 것이 무엇인지를 찾아서 하는 것이 제일 좋다.

내가 대학에서 학생들에게 이런 질문을 많이 한다. 장래에 어느 분야로 취업을 하고싶니? 대부분의 학생들은 아직 잘 모르겠다고 한다. 아니면 엄마한테 물어봐야 한다고 한다. 심한 경우에는 엄마가 이런 직업을 하고 있는데, 앞으로 취업이 잘 될 것 같다고 해서 대학에 왔다. 졸업 후에도 엄마가 취업을 하라는 대로 하겠다고 한다.

굳이 엄마가 아니더라도 사회가 요구하는 기준에 맞춰 살아가려고 한다. 내가 진짜 좋아하는 것을 하면서 살아가려고 하기보다는. 설사 좋아하는 것을 하려고 해도 인정을 받지 못 한다. 나는 그림을 그리고 싶다, 하면 그림 그려서는 밥먹고 못 산다. 그림은 취미로 하는 것이다. 요즘 제일 안타까운 친구들은 너는 무엇을 하고 싶니? 물어 봤을 때 "나는 무엇을 하고 싶은지를 모르겠어요" 하는 경우가 의외로 많다. 그 이유는 뻔하다. 어렸을 때 학교나 가정에서 선생님이나 부모가 "너 진짜 뭐하고 싶니?" 물어본 적이 없다. 너는 이것을 해야 한다고 미리 정답이 정해져 있다. 그리고 부모님이나 선생님들이 헌신적으로 그것을 하도록 도와 준다.

부모님들이 자신을 위해서 희생하니까 "사실은 내가 이것을 하고 싶어"라고 말하기가 미안하다. 실질적으로 내가 하고 싶은 것은 아니지만, 부모님이 하라는 대로 따라하게 된다. 이래저래 못 하는 처지니까 그럴 바에야 사회적으로 인정받는 것을 하게 된다. 소위 출세한다는 것을 하자. 그러다 보니 정말로 내가 하고 싶은 것을 찾야기보다는 시험 공부를 열심히 해서 자격증 따고 그걸 가지고 사회적으로 인정 받는, 편하게 살 수 있는 것이 내가 잘 사는 것이라고 생각하고 모두가 그곳으로 가고 있다.

우리는 누구나 큰길로 가려고 한다. 큰길은 경쟁이 심하다. 좁은 길을 가야 한다. 고생하라는 의미가 아니라 진정 자신이 원하는 길로 가야 한다.

회사를 경영하는 부모님이 두 자녀 중에 "누구에게 회사를 물려줄까" 고민을 하다가 번뜩 자녀의 능력을 테스트하는 아이디어가 떠올랐다.

부모님이 두 자녀에게 각각 1만 원씩 주고 1년 후에 가져오라고 했다고 가정하자. 한 자녀는 1만 원을 받아 갖은 고생을 하면서 장사를 해 2만 원을 만들었다. 고생을 한 자녀에게는 칭찬을 했다. 앞으로 더 큰 일을 시키고 싶다. 회사를 물려주고 싶다. 다른 자녀는 1만 원을 잃어버릴까 봐 금고에 보관하고 있다가 그대로 1만 원을 가져왔다. 게으르고 무능하다고 야단을 친다. 실패할까봐 불안과 두려움이 있어 장사를 못 한 것이다. 회사를 물려줄 수 없다고 생각한다.

1만원을 그대로 가져온 자녀는 무엇이 두려웠을까? 내가 하고 싶은 것이 아니다. 부모님이 하라고 하니까 그냥 한 것이다. 부모님이 시키는 것은 잘할 수 있다. 니가 한번 알아서 해봐. 이것을 가지고 어떻게 해야 할지는 모른다. 꼭 장사를 하지 않아도 된다. 다른 어떤 것을 통해서라도 자신이 가지고 있는 달란트를 발휘하면 되는데 그것을 못하는 것이다.

자기가 진짜 하고 싶은 것을 하는 것과 다른 사람이 하라고 해서 어쩔 수 없이 하는 것은 많은 차이가 있다. 두 사람 중에 어떤 일을 맡겼을 때나 내가 일을 해야 할 때 누가 더 열심히 하고 성공할까. 오늘부터라도 자녀들에게 공부 열심히 하라고 하기보다는 "정말 재미있는 게 뭐니? 잘하는 게 뭐니?" 물어봐야 한다. 축구를 하고 싶다고 한다. "축구를 하는데 너를 막고 있는 것이 뭐니? 그래, 엄마가 도와줄 테니 두려워하지 마라. 네가 진짜 원하는 것을 해라. 네가 국가대표 축구선수가 아니라도 좋다. 네가 진짜 하고 싶은 것을 해라" 앞으로 축구를 해도 영역이 넓다. 건강에 관심이 많아지니까. 축구선수가 아니어도 좋다. 얼마든지 할 수 있는 것이 많다. "너 혼자서는 두려울 테니 부모가 도와주겠다. 그것을 열심히 해봐라. 한 번밖에 없는 인생을 아주 즐겁게 살아라.부모가 너에게 바라는 거란다"

자녀의 반응은 어떨까? "거짓말 같은데" 라고 할까? 하도 많이 속아봐서. 애들은 하루라도 이런 부모 밑에서 살고 싶어 하지 않을까. 우리는 일반적으로 축구를 하라고 하고 최고가 되라고 한다.

최고에 대한 두려움이 있다. 최고가 되라고 하니까 경쟁에서 최고가 되지 않으면 괜히 열등감을 느낀다. 내 인생이 재미가 없어진다. 부모는 최고가 돼야 편안하게 살 수 있다고 한다. 자녀는 편하지만은 않다. 부모가 의견 정도는 제시할 수 있지만 자녀는 자신이 알아서 살아간다.

오리로 살면 얻는 것은 무엇일까? 남들로부터 인정받는 것이다. 남들이 원하는 대로 살아주니까.

그 대신 잃는 것은 무엇일까? 사는 데 재미가 없다. 하는 일이 없이 바쁘다. 이런 것들이 재미 없다는 것이다. 마음속 깊은 곳에서는 네가 하고 싶은 것이 아니잖아. 그 생각이 자꾸 올라온다. 그것을 눌러야 한다. 사회적인 성과를 즐겨야 한다. 다른 데 가서 과시하려고 하지만 사실 내 마음 깊은 속에서 원하는 것은 아니다. 내가 진짜 원하는 것을 하게 해야 한다.

III

내 마음을 **어떻게 알 수 있을 것인가?**

옳은 말만 해주면
불편한 인간관계

저자의 이종 사촌동생 조카가 부모님의 권유로 로스쿨에 들어가서 공부하기로 했다. 어머니로서 당연히 그럴 수 있다. 조카는 법률이 본인에게 맞지 않는 것 같다고 하여 로스쿨에 다니다가 중간에 포기하고 의학전문대학원에 들어가서 현재 의사를 하고 있다. 본인이 알게 된다. 법률을 공부하다가 의학을 공부해도 많이 도움이 된다. 얼마든지 변해 가는 것이다.

문제는 본인이 느끼게 해주어야 한다. 법률이 맞다, 안 맞다는 누가 제일 빨리 알 수 있을까? 어머니가 미래를 내다볼수는 있지만 본인이 그때그때 알아가니까 "너는 이렇게 하는 게 낫다"라고 미리 알려주는 것은 자문이지 상담이 아니다. 결국은 본인이 깨닫게 하기 위해서 대화를 하려고 한다. 많은 부모들은 자녀에게 좋은 것을 알려주려고 하는데, 내 말을 듣지 않는다, 나를 싫어한다고 이야기한다. 자녀가 원하는 정답이 아니고 오답이다. 시간이 지나면서 부모와 대화 하기를 꺼려한다. 나는 하나도 틀린 말을 한 적이 없다.

나는 자기를 위해서 한 것인데, 말을 듣지 않으니 너무나 답답하고 화도 난다. 이제는 부모가 변해야 한다.

내가 자기를 위해서 말을 했는데도 불구하고, 내 말을 안 들으니 섭섭하게 생각한다. 이제는 부모가 생각을 바꿔야 한다. 내가 정확하게 얘기를 해줬기 때문에 내 말을 안듣는다.과하거나 지나치게 말을 했다가 아니라 본인이 판단을 하게 해야 하는데 엄마가 먼저 말을 한 것이다.

이런 부모는 대개 머리 사용을 많이 하는 사람들이다. 지식과 정보도 많고 세상을 살아가는 이치를 많이 깨달았다. 자수성가한 부모의 자녀가 제일 힘들어한다. 나는 이렇게 힘든데도 이를 악물고 지금 여기까지 왔는데, 너는 뭐가 부족해서 공부를 하지 않느냐고 한다. 이럴 때 자녀들은 제일 좌절한다. 어떤 부모들은 내가 사회적으로 이룬 것도 없고 내세울 것도 없기 때문에 애들 보기에 부모로서 좀 부끄럽다. 이런 부모들은 좋은 부모다. 자녀들이 부모를 보면서 부족함이나 열등감을 안 느낀다. 자녀들은 부모의 부족함을 딛고 올라가야 한다. 완벽해서 유리알 같은 완벽한 부모 밑에서는 올라갈 수가 없다. 올라가다 미끄러진다. 잘난 부모 밑에서 자란 자녀들은 자신의 능력을 잘 발휘되기가 썩 쉽지 않다. 어떻게 저런 부모 밑에서 훌륭한 자녀가 나왔나 하는 것은 부모의 부족한 점을 밟고 올라갔기 때문에 그런 것이다.

우리는 가족과 주위 사람들에게 사랑하기 때문에 정답을 알려준다. 잘 되었으면 하니까. 게임을 하지 마라. TV를 보지 말고 공부해라.

애들은 그 말을 듣고 그대로 할까. 애들은 속으로 근심하게 된다. 방으로 들어가서 나오지 않는다. '나는 자녀들과 얘기를 하고 싶은데, 왜 나하고 말을 안 하지?' '나는 남편과 얘기를 하고 싶은데? 왜 나하고 말을 안하지?' 이런 고민하는 분들이 의외로 많다. 이 분의 마음속에는 '나는 한 번도 틀린 얘기를 하지 않았는데?'라는 의문이 있다. 틀린 얘기를 하지 않았는데도 자녀가 나하고 얘기를 하지 않으니까 섭섭하다. 앞으로 어떻게 하면 자녀와 말을 할 수 있을까. '틀린 얘기를 안 했으니까 나하고 얘기를 하기를 싫어한다'를 깨달아야 한다. 옳은 얘기는 불안해져서 말하기가 싫어진다.

우리는 왜 옳은 얘기를 하면 불안해질까?

사람의 마음이 어떻게 구성되어 있는지 설명한 이론이 있다. 나와 너의 관계에서 마음은 네 가지 모난 창으로 되어 있다. 미국의 심리학자인 Joseph Luft와 Harry Ingham 두 사람의 이름을 따서 조해리의 창(Jo-haari의 창)이라고 했다. I은 개방된 창이다. 나도 알고 너도 아는 것으로 공개된 부분이다.

교수와 학생 관계에서 저 사람이 교수다, 강의 잘한다, 키 크다. 교수도 학생도 모두 안다. 공개된 것이 클수록 공감대가 형성되어 상호작용이 활발한 인간관계가 된다.

조해리의 창(Johari의 창)

너도 나도 아는 개방된 창(건강) -I-	너는 알고 나는 모르는 숨겨진 창(갈등) -III-
나는 알고 너는 모르는 은폐된 창(불안) -II-	나도 너도 모르는 무지의 창(심리치료) - IV-

II는 은폐된 창이다. 나는 아는데 너는 모른다. 말을 하지 않았으니까. 숨기는 부분이다. 숨겨진 창이다. 나는 아는데 상대방은 모른다. 학생들이 볼 때 대학 교수라고 하면 학교 다닐 때 공부도 잘했을 것 생각한다. 내가 처음으로 공개하는데, 중학교 때 공부를 50명 중에 48등 했다. 내가 오늘 마음 먹고 공개한다. 그동안에는 나만 알고 너는 모른 것이다. 자신만의 비밀, 죄에 해당하는 내용을 숨기고 싶어한다. 타인에게 숨겨진 영역이 드러날 경우 처벌이나 상처, 공격을 받을 수 있다는 '불안'이 있다. 숨겨진 영역을 공개하도록 하는 것이 듣기이고 경청이다. 주로 완벽한 사람이 많다.

III는 숨겨진 창이다. 맹목 영역이다. 나는 내가 누구인지를 모르는데, 상대방은 나를 안다. 부부관계, 자녀관계, 친구관계 등. 직장 관계에서 본인은 모르는데, 다른 사람들은 나를 안다. 친구 중에 모임에서 모임이 끝날 때까지 본인이 혼자 말을 하고, 다른 사람에게는 말할 기회를 주지 않는다. 본인은 혼자 말하고 있다는 사실조차 모른다. 다른 친구들은 재가 말을 많이 한다는 것을 다 안다.

자신은 맹인과 같은데 모른다. 본인이 자신을 통찰하도록 알려주는 것이 말하기다. 대개는 본인도 싫어서 숨기고 있는 영역을 지적, 간섭, 조언, 평가, 판단을 하게 되면 갈등이다. 가정, 학교, 직장에서의 괴롭힘이나 왕따는 이런 경우다. 머리가 좋거나 카리스마가 있는 사람은 크게 저항한다. 내향적이거나 헌신적인 사람은 회피거나 상처를 많이 받는다.

여러분은 자신이 모르는 부분이 있는가. 이런 것은 눈치가 없거나 우둔한 사람이거나 잘난 척하는 사람으로 문제가 없는 듯이 행동하며, 자아도취적이다. 의사소통이 원활하지 못하고 갈등이 빈번하다.

Ⅳ는 알려지지 않은 창이다. 나도 모르고 너도 모르는 부분이다. 무지의 부분이다.

사람의 마음을 정리하면Ⅰ(공개), Ⅱ(은폐), Ⅲ(맹목), Ⅳ(무지) 등 4개의 영역으로 구분된다. 우리는 왜 은폐(Ⅱ)를 할까? 굳이 알리고 싶지 않다. 부끄럽고 창피하다. 중학교 때 공부 못한 것을 누구도 모른다. 대학원에서 박사할 때 올 에이 플러스 받은 것은 전 세계가 다 안다. 가는 데마다 말하고 다닌다. 은폐된 부분은 네가 알아서 나에게 도움이 되지 않는 부분이다. 이미지 관리, 자존심을 지켜야 한다. 알려주지 않고 감추고 있다.

맹목(Ⅲ), 무지(Ⅳ) 는 내가 모르는 창이다.

공개(Ⅰ)된 부분과 은폐(Ⅱ)된 부분은 내가 알고 있는 부분이고, 그 중에서 은폐(Ⅱ)된 부분은 '너'에게는 감추고 있다. 맹목(Ⅲ) 부분과 무지(Ⅳ) 부분은 '너'에게도 감추고, '나'에게도 감추는 부분이다. 무지(Ⅳ) 부분만을 심리학에서 무의식이라고 한다. '너'와 '나' 모두가 모르는 부분이다.

왜 그럴까?

인정하고 싶지 않다. 상대에게 감추는 것은 내게 불리하거나 처벌을 받거나 부끄러워서 감춘다. 나에게까지 감추는 것은 왜 그럴까. 내 스스로에게 창피하고 부끄럽다. 너는 왜 그렇게 사느냐고 죄책감이 든다. 그러기 때문에 나에게까지도 숨긴다. 나도 숨기는 사실을 모른다. 현재는 모르나 알 수는 있다.

우리는 상담을 하거나 그 사람이 온전하게 살아가게 하기 위해서는 무의식을 의식화시켜야 한다.

무의식을 쉽게 이해하기 위해서는 미운 오리 얘기를 생각해 보면 된다. 오리는 백조라는 사실을 모르는 것이 무의식이다. 내가 백조라는 사실을 모르는 이유가 뭘까. 내가 오리와 같이 살 때 내가 백조라는 사실을 깨닫게 되면 처벌이 온다. 오리가 왜 이렇게 행동하니. 내가 백조라는 생각이 들면 스스로에게 너는 잘못된 거야, 생각이 드니까. 백조라는 사실은 무의식에 눌러 버리고 백조라는 생각을 전혀 하지 않고 살아간다. 나는 오리라고 생각하고 살아간다. 내가 백조라는 사실을 아는데 일부러 감추는 것이 아니고, 내가 백조라는 사실 자체를 모른다. 내가 모른다고 해서 백조라는 사실이 없어지는 것은 아니다. 나는 백조인데 오리 흉내를 내면서 살아가려니 즐겁지가 않다. 내가 즐겁고 행복하고 보람있게 살기 위해서는 어떻게 해야할까? 백조라는 사실을 의식해야 한다.

어떤 모습으로 살아가는 것이 제일 좋을까?

공개된 부분이 넓어야 한다. 왜 그럴까? 감추는 데도 심리적 에너지가 들어간다. 감추는 것이 많을수록 더 많은 에너지가 들어간다. 사용할 수 있는 심리적 에너지가 100일 때 감추는 데 30이 들어가면 내가 자유롭게 쓸 수 있는 에너지는 70밖에 안 된다.

평소에 감추고 있던 것이 있었는데, 어느 날 친구와 술을 먹다가 아니면 분위기 때문에 나도 모르게 비밀을 얘기했다. 그 다음에 술이 깨서 생각해보니까 공연히 얘기했다. 후회를 하는 경우가 일상에서 있다. 창피하다는 것도 있지만 다른 측면에서는 속이 시원하다. 속이 시원하다는 부분은 감추느라 묶여 있던 에너지가 풀려서 자유로워진 것이다. 감추어진 부분이 없어진 것이 아니고 무의식에 있다. 감춰진 것이 살아가는 데 영향을 주지 않을까? 무의식은 없는 것이 아니고 있는 것이기 때문에 살아가는 데, 계속적으로 영향을 미친다. 트라우마 같은 상처가 삶을 힘들게 하는 이유이고, 이를 의식화해야 한다.

어느 40대 중반 여성이 상담을 받으러 왔다. 상담 받는 이유는 다음과 같다. 아버지가 돌아가셨는데, 생전에 내가 어렸을 때 오빠에게 수시로 폭력을 휘둘러 오빠는 현재 병으로 고생하고 있고 본인도 분노로 아버지를 되살려서 죽이고 싶다. 우울증과 암도 걸렸고 직장에서 인간관계도 원만하지 못하다. 오빠는 아무런 잘못을 한 것이 없는데, 폭력을 당한다. 이를 지켜보는 동생은 불안과 두려움으로 나날을 보냈다. 아빠는 오빠를 사랑한다고 하면서 폭력을 행사한다. 주위 사람들에는 좋은 사람으로 소문나 있는데, 집에만 오면 오빠를 폭행한다. 이런 사람이 상담을 받는 것이다. 아빠가 왜 그런지 나도 원인을 모르니까.

딸은 아빠의 과거 얘기를 풀었다. 결론은 아빠가 6·25 때 인민군 장교로 내려와 포로로 잡혀서 한국군에게 갖은 고문과 폭력을 당했다. 시도 때도 없이 폭력을 당했다. 한국군이 싫지만, 싫다고 하면 폭력을 당하니까 싫다는 말도 못 하고 참고 살아왔다. 한 번은 폭력이 너무 심해서 견디다 못해 한국군에게 대들었다. 더 강한 폭력을 당했다. 폭력을 당하기 싫어서 한국군이 좋은 것처럼 살아왔다. 그래야 폭력을 당하지 않으니까.

한국군을 미워하는 마음은 어디에 있을까? 무의식에 들어가 있다. 본인은 한국군을 미워한다는 사실을 모른다. 내가 한국군을 미워하는 것을 알게 되면 "너, 한국군한테 폭력을 당하고 싶어?" 하고 불안과 두려움이 무의식으로 내려보낸다. 의식에 올라오지 못하도록 꽉 막아 버렸다. 반대로 다른 사람들에게 잘해준다. 한국군을 실질적으로 미워하고 있다는 것을 다른 사람들이 모를 뿐만 아니라 자신도 모른다. 이런 사람들이 평상시 다른 사람들에게는 잘한다. 그래야 폭력을 당하지 않으니까. 한국군을 사랑한다고 생각한다.

그런데 왜 오빠한테 폭력을 행사할까? 마음속 깊은 곳에는 오빠가 누구일까? 한국군이다. 오빠는 내가 폭력해도 되는 사람이다. 한국군보다는 만만하다. 그동안 한국군에게 있었던 불만과 분노가 오빠에게 행하는 것이다. 본인은 그것을 알까? 모른다. 우리의 마음이 이런 것이다. 겉으로 착한 사람이 진짜 착하지 않을 수도 있다.

학생 때는 공부를 잘할 수도 있고 못할 수도 있다. 저자는 중학교 때 50명 중에 48등 했던 것도 공개해서 드러낸다. 그래도 학생들이 내 강의를 들을 것이니까.

다른 사람이 감추고 있는 것을 공개하게 만들려면, 그것 때문에 나는 너를 비난하지 않는다는 믿음을 주어야 한다. 그런 사람한테 속에 있는 얘기를 한다.

부부관계, 자녀관계, 직장관계에서 어떤 얘기를 해도 우리 부모는, 남편은, 상사는 나를 미워하지 않을 것이라는 신뢰를 주어야 한다. 이것은 말로 되는 것이 아니다. 너 무슨 얘기든 다 해 봐. 이해할 수 있어. 결혼하기 전에 모든 것을 얘기해 봐. 이해할 수 있어. 진짜로 믿고 얘기했다가 힘든 분들도 있다. 믿는다는 것은 말로 하는 것이 아니라 느껴야 한다. 상대가 어느 정도 감추고 있는 것을 말하는 정도는 믿음의 정도에 비례한다. 나를 많이 믿으면 많이 드러내고 조금 믿으면 조금 드러낸다.

부부관계에서 이런 얘기를 하는 사람이 있다. 당신 왜 못 믿어 속에 있는 것을 다 얘기해 봐. 상대방에게 내가 믿음을 못 준 것이다. 상대방이 내게 많은 것을 말하지 않는다고 비난하지 말고, 저 사람이 어떤 말을 해도 받아주었나, 비난하지 않는다는 믿음을 주었나 하는 것을 돌아봐야 한다.

어렸을 때 제일 많이 속이는 대상은 어머니다. 어머니를 사랑하지 않아서가 아니다. 어머니를 걱정시키지 않기 위해서라고 미화하지만, 실제로는 어머니가 '나를 미워하거나 혼낼까봐' 거짓말을 하는 것이다. 내가 어떤 말을 해도 들어 줄 거라고 믿으면 감추어진 말을 할 수 있다. 감추는 데 들어간 에너지가 풀린다. 자유스럽고 즐거우며, 잠재력을 긍정적으로 실현하는 데 사용한다.

자신까지 속이는 데는 에너지가 더 들어간다. 죽은 아버지를 미워하는 무의식의 감정은 생활에 영향을 준다. 직원들과의 관계가 좋지 않은 것도 이런 이유다.

은폐된 창 공개를 못 하는 사람이 있다. 자기 자신에 대하여 철저하고 까다로운 사람이 있다. 상대방의 잘못은 너그럽게 봐준다. 살다보면 그럴 수 있다. 자신의 잘못에 대해서는 자신을 비난한다. 이런 사람들은 많을 것을 감추고 살아야 한다. 내 자신에 대해서도 아픈 것이라서 인정하기가 어려운 부분이 있는데, 그것에 대해서 찌르면 저항하고 반발한다. 저 사람과 같이 있으면 내 아픈 곳을 찌른다. 나도 감추고 싶은데, 같이 있으면 근심되고 불안하고 두렵다. 나도 인정하고 싶지 않아서 무의식으로 누르고 있는데, 자꾸만 얘기를 하니까. 그 사람을 회피하고 마주보기 싫어 한다.

누구를 변화시키기 위해서는 나도 인정하기 어려운 부분을 알려주는 것보다는 어떤 이야기를 해도 나는 너를 이해 한다는 믿음을 줄 때 공개한다.

누가 제일 먼저 공개하고 싶을까?

본인이다. 왜? 감추는 데 사용되었던 에너지를 좀 더 자유스럽게 쓰고 싶기 때문이다. 나도 바람처럼 새처럼 자유롭게 살고 싶다. 나 훌훌 털고 자유롭게 살고 싶다. 가고 싶어 하는 것이 여행이다.

여행이 매력 있는 이유가 있다. 일상에서 어쩔 수 없이 해야만 했던 일, 인정받기 위해서나 생계를 위해서 했던 일에서 벗어나 본래의 모습으로 돌아가고 싶다.

남이 나를 모르는 곳으로 떠나고 싶다. 내가 무슨 짓을 모르는 곳으로 떠나고 싶다. 그러기 위해서는 혼자가 안 된다. 혼날 줄 알았는데, 야단을 안 친다. 그런 일이 있었어? 참으로 화가 났겠다. 마음을 받아준다. 미워했다는 사실을 감출 필요가 없다. 내가 한국군을 정말 미워했는데, 한국군이 나를 더 폭행할까봐 미워하지 못했다. 아빠는 그것을 오빠에게 한 것이다. 속에 있던 무의식을.

40대 여성은 죽은 아버지를 다시 살렸다가 죽이고 싶은 심정이었으나 지금은 이해가 된다. 그러면서 내가 당황할 정도로 크게 엉엉 운다. 그동안 얼마나 힘들었느냐고 위로했다. 그 원인을 알게 되니까 마음이 편해졌다고 했다. 그동안은 아버지가 왜 그런지를 몰랐는데, 아버지도 살기 위해서 오빠를 폭행했다는 사실을 알게 되니 아버지가 불쌍하고 측은한 생각이 든다. 이것이 무의식의 세계다.

스트레스가 얼마나 남아 있는 것 같으냐고 물었다. 10%라고 했다. 상담효과가 10%라는 것으로 알고 다시 물었다. 스트레스가 상담받기 전에는 100%라면 10%만 남았다는 것이다. 건강해진 것이다.

원래 자기의 모습을 알아가도록 해야 하는데, 이것을 서둘러서 미리 알려주면 될 거라고 생각한다. 왜냐하면 나는 아니까. 자꾸만 지적한다. "내가 전문가로서 잘 아는데 당신은 아버지를 미워하는 마음 때문에" 하면 인정할까, 아니라고 할까? 아니라고 한다. "잘 생각을 해보세요"라고 하면 다음부터는 상담받으러 오지 않는다.

가정에서, 직장에서, 친구관계에서 갈등이 있는 것은 틀린 얘기를 해서가 아니고 옳은 얘기를 해서 그렇다. 상대에게 옳은 얘기를 해주었는데 나하고 말하지 않는다고 하지 말고, 옳은 얘기를 해주기 때문에 나하고 말을 하지 않는다고 생각하면 된다.

부정적 감정은 **불필요한 에너지 소비**

우리는 '조해리의 창'에서 사실은 존재하는데, 나 자신도 모르게 숨기고 살아 가는 것이 많다는 것을 느꼈다. 자신은 신경을 쓰기 싫어서 개방한 것 같지만 숨긴 것이 많다. 나에게 불리하고 생각하고 싶지 않은 것은 무의식에 밀어넣고 차단하여 아예 의식을 못 하게 한다. 불안하고 두려운 부정적인 감정들이다. 이런 감정은 의식만 못 할 뿐 없어지는 것은 아니다. 부정적인 감정은 자신도 모르게 튀어 나오게 되는데, 갑자기 짜증을 내거나 화난 표정으로 할 수 있다. 부정적인 감정이 개방될수록 자유롭고 편안한데, 결코 쉽지만은 않다.

왜 부정적인 감정을 개방하기가 힘들까?

조해리의 창을 다시 정리하면, 공개(I) 창은 나도 알고 너도 아는 영역이다. 은폐된 (II)창은 나는 알고 너는 모르는 영역이다. 맹목(III) 창은 나는 내가 그런 사람인 줄 모르는데, 너는 나를 아는 영역이다. 결혼해서 남편이 싫은 부분이 있는데, 그 부분을 말했을 때 과잉반응하면 맞춘 것이다. 자신한테도 감추고 싶을 정도로 인정하고 싶지 않은 부분으로 그 얘기를 들으면 갑자기 화가 치밀어 올라 펄쩍 뛴다. "당신이 나에 대해서 뭘 그렇게 안다고!" 하면서 화를 낸다. 아, 내가 제대로 맞춘 것이다.

만일 당신이 "내가 이런 모습인 것을 알고 있어. 그래, 내가 그런가? 한번 생각해봐야겠네."라고 반응한다면 헛다리 짚은 것이다. 숨겨진(Ⅲ) 창을 상대에게 알려주는 것이 어려운 것이고, 이런 과정이 하나의 상담 과정이다. 무지(Ⅳ) 창은 나도 모르고 너도 모르는 미지의 영역이고, 이 부분은 얼마나 있는지 자체를 모른다.

성숙하고 건강하고 편안하게 살아가기 위해서는 개방된 창이 점점 넓어져야 하고, 은폐된 부분은 적어져야 한다. 은폐된 부분은 상대방이 알면 나에게 불리할 것 같아 감추고 있는 것이고, 이 은폐된 부분을 개방할 수 있도록 상대가 도와주어야 한다. 자기가 개방할 수 있도록 하는 것이다.

자기개방을 하게 하려면 어떻게 해야할까?

"네가 어떤 말을 해도 이해할 수 있어"라고, 말로 되는 것은 아니다. 인간관계에서 오해하는 것 중 하나가 말로 설명하면 상대가 알아들을 것이라고 생각한다. 상대가 마음으로 느껴야 한다. 저 사람은 어떤 말을 해도 나를 이해해주고, 비난하지 않을 것이라는 믿음을 주어야 한다. "무슨 말을 해도 받아줄 수 있어" 말하는 것은 의미가 없고 믿음을 주어야 한다. 자기개방의 밑에는 깔려 있는 믿음이 있어야 한다. 조그마한 것이라고 비난하지 않고 받아들이는 것이 바로 듣기다. 듣기가 중요한 것은 내 입장에서 판단을 하는 것이 아니라 "너, 그런 마음이 있었구나. 정말 힘들었겠다. 그 상황에서 얼마나 억울했니" 하고 상대방의 마음을 그냥 받아주는 것이다. 이런 식으로 되풀이되다 보면, 저 사람은 내가 어떤말을 드러내도 내 편에 서서 이해해 주는 사람이구나를 조금씩 느끼게 된다.

상대에 대한 믿음이 생기는 것이지 믿음을 가지라고 해서 신앙이 생기는 것은 아니다. 신앙에서도 종교인들이 믿으라고 한다고 해서 믿어지지 않고 느껴야 믿어진다. 눈에 보이지 않는 신의 세계를 믿게 하는 가장 좋은 방법은 눈에 보이는 사람과의 관계 속에서 느껴야 한다. 가까운 가족은 사랑하지 못하면서 어떻게 눈에 보이지 않는 신앙을 믿을 수 있을까.

가까운 가족, 친구, 직장동료를 사랑하지 않으면 어떤 누구도 사랑할 수가 없다. 사랑이 생활에 묻어나지 않으면 그냥 머리속에만 뱅뱅 돌거나 하나의 지식으로만 있는 것이다.생활에서 나타나지 않는 것은 느낌이 부족하기 때문이다. 가정이 중요한 것은 어떤 모습을 보여줘도 이해되고 마음이 놓이는 곳이기 때문이다. 가족의 특징은 흉·허물이 없기 때문에 내가 어떤 모습을 보여줘도 나를 미워하거나 싫어하지 않는다는 믿음이 있다.

가정은 믿음이 있기 때문에 중요하고, 신앙생활의 초석은 가정에서 사랑의 믿음에서 시작된다. 상대방의 개방하는 정도는 나를 얼마나 믿고 있느냐의 정도에 반비례한다. 나에 대해서 많이 믿은 만큼 개방하고 믿음이 적다면 적게 개방한다. 이것은 말로 되는 것이 아니고 관계 속에서 느껴야 한다. 개방을 많이 하면 은폐된 부분이 줄어든다. 감추고 있었던 부정적인 에너지가 줄어서 자유로워진다. 그러면 좋은 방향으로 쓸 수 있는 에너지의 양이 많아진다. 감추고 있는 것이 많은 사람은 들킬까봐 얼굴이 경직되어 있고, 그건 심리적 에너지가 많이 들어가 있다는 것이다. 부부, 자녀 등 가정에서 은폐 부분을 줄여야 경직되지 않고 자유로워진다. 은폐된 부분을 넓혀주는 것이 듣기의 핵심이고, 상대를 절대로 비판하면 안 된다. 상대 입장에서 감정을 들어 주는 것이 듣기고, 듣기를 잘하면 숨겨진 창도 개방하게 된다.

숨겨진(III) 창은 "너는 이런 사람이야" 하고 알려주는 부분으로 피드백이라 하고 이런 과정이 말하기에 해당된다. 말하기는 상대방이 모르는 부분을 알려주는 것이다. 나도 모르는 부분이 알려지면 상대방뿐만 아니라 나 스스로도 그런 사람이라는 것에 대하여 죄책감을 느낀다.

무의식에 들어간 것을 "너는 이런 사람이야" 하고 알려주면, 상대는 놀라서 화내고 관계가 끊어진다. 아주 조심스럽게 해야 한다. 내가 지금부터 이런저런 얘기를 할 텐데 받아들일 준비가 되어 있는 지, 미리 마음의 준비를 하도록 해야 한다. 피드백은 긍정적인 것보다는 부정적인 것이 많다. 상대방이 내가 하는 말을 받아들일 수 있게 하려면, 긍정적인 면을 먼저 말해야 되는데 누구에게나 긍정적인 면이 있다.

간섭과 자상함은 어떤 차이점이 있을까? 한끗 차이여서 다양하게 말할 수 있다. 연애할 때는 생일 챙겨주기, 처음 만난 날 기억, 집까지 바래다주고 알아서 척척 해준다. 결혼 후에도 잘해주겠다 생각하고 결혼한다. 결혼 후에는 반찬이 맛이 없고, 방이 지저분하고, 늦게 올 때 전화를 해야 한다고 하고 짜증이 난다. 간섭과 자상함의 차이점은 내가 호감을 가질 때는 자상하고 저 인간이 미울 때는 간섭이다. 상대방의 문제가 아니라 내가 그 사람에 대해서 느끼는 감정의 문제다. 좋은 때는 자상해서 좋고 싫을 때는 간섭이다.

마찬가지로 남자 친구가 돈을 쓰지 않을 때, 호감이 갈 때는 근면하고 싫을 때는 쫌팽이다. 상대방에게 대해 가지고 있는 부정적 감정은 내가 상대에게 가지고 있는 주관적인 감정의 영향을 많이 받는다. 아무리 부정적인 감정이 많은 배우자, 자녀, 친구, 직장동료라 할지라도 찾아보면 참 좋은 점이 많다. 그것을 보지 않거나 알면서도 나쁜 쪽으로 받아들기 때문에 상대방이 나쁜 사람이 되는 것이다.

아내가 남편에게 "이거 고쳐라" "저것도 고쳐라"라고 많이 한다. 너무 간섭하고 지적하니까 남편은 참다가 "내가 그렇게 훌륭한 사람이면, 당신과 결혼하지 않았다. 내가 부족한 것이 있기 때문에 당신과 결혼해서 살고 있는 것이고, 내가 훌륭하면 왜, 당신과 같은 사람과 살지 않는다" 라고 하였다. 남편이나 아내는 뭔가 아쉬운 점이 있어서 나하고 지금 있는 것이다. 내가 뭐가 부족해서 당신과 결혼했겠어. 내가 살아주는 것만으로도 다행이라고 생각하는 경우가 많은데, 이것이 갈등의 씨앗이다. 상대의 좋은 점을 몇 개 말을 해주고 이런 점은 내가 보기에는 좀 아쉽다, 라고 덧붙인다. 중요한 것은 '내가' 보기에를 꼭 넣어야 한다는 것이다. 다른 사람들은 그렇게 보지 않을 수 있으니까. 말하기는 '나' 전달 대화법이 중요하다. '너는 왜 그러니' 하면 안 된다. 내가 보기에 그런 것이다. 그래야 상대방이 상처를 받지 않는다. '저 사람이 보기에 그러니까 나는 아닐 수 있다'라는 여지를 주어야 한다. '너는 이래서 안 돼' '저래서 안 돼' 하는 판단을 해서는 안 된다.

'너'로 얘기를 하면 상대방은 강하게 저항한다. 상담하다 보면 엄마들이 자녀가 말을 잘 안 듣는데 좋은 방법 없냐고 질문한다. 좋은 방법은 당연히 없다. 굳이 방법이 있다면 말을 하지 않으면 되고 말을 하지 않으면 안 듣는 것도 없으니까.

이런 피드백을 주면 조금씩 생각을 하게 된다. 그 자리에서 바로 인정하는 것은 심각한 것이 아니다. 처음에는 아니라고 한다. 여기서 결판을 내려고 다그치면 안 된다. 그 자리에서는 아니라고 했지만, 혼자 있는 시간에는 자꾸만 '내가 진짜 그런 사람인가' 생각하게 된다. 숙성할 시간이 필요하다. 자녀가 부모를 싫어하는 것은 "너 잘못한 것 알았지. 너 어떻게 할래. 한번 방법을 얘기해봐" 하고 다그치기 때문이다. "네, 알았어요. 알아서 할게요"라고 하면 "너는 항상 알아서 한다고 해놓고 안 하더라. 오늘 여기서 한번 해보자"라고 한다. 자녀가 "이렇게 해볼래요" 하면 "거봐, 거봐. 이렇게 생각하니까 안 되는 거야" 한다. 거기서 뭔가 사생결단을 내려고 하면 다시는 말을 하지 않는다. 혼자서 숙성해가는 시간이 필요하다. 앞으로 몇십 년을 같이 살아야 되니까 갑자기 안 변해도 괜찮다. 조금씩 변해가면 된다. 너무 자주 하면 안 되고 무의식이고 몇십 년 몸에서 익숙한 것이라서 쉽지는 않음을 알아야 한다.

조금이라도 시도를 한다. 다음에 말할 때는 시도한 것을 먼저 얘기한다. 지난 번에 얘기할 때 말한 것이 참 기뻤어. 내가 변한 노력을 알고 상대방이 고맙게 생각하는 구체적인 피드백이 있어야 한다. 상대방이 잘하는 것은 인색하고 못하는 것만 지적한다. 잘하는 것은 당연하게 생각하고 칭찬을 하지 않는다. 못하는 것을 지적해서 고치게 하는 것이 부모의 역할이고, 배우자의 역할이라고 잘못 생각하는 경우가 많다.

부정적인 것을 고쳐주는 것이 중요한 것이 아니라 잘하는 것을 알려줘서 더 잘하게 하는 것이 훨씬 중요하다.

잘하는 것을 더 잘하게 하는 것이 쉬울까? 못하는 것을 잘하게 하는 것이 쉬울까? 잘하는 것을 더 잘하게 하는 것이 쉽다. 잘하게 하는 것에는 몇 가지 어려운 점을 넘겨야 한다. 너와 내가 대화를 하는데, '너'가 제3자에 대한 감정을 가지고 있는 것은 듣기는 쉽다. 어떤 부인이 와서 남편에 대한 부정적인 얘기를 할 때, "화가 나셨겠네요" 답하기 쉽다. 이런 경우는 듣기에 별로 어려운 점이 없다. 자기 자신에 대한 부정적인 감정을 표현할 때는 듣기가 어렵다. "나는 직장에서 능력이 없나 봐요. 내가 과연 살아 있을 가치가 있나요" 하고 자기 자신에 대한 부정적인 감정을 얘기할 때 부부나 부모들이 이 사람을 그냥 놔두면 심해질 것 같은 느낌이 들어서 빨리 막아주고 싶어한다. 위로를 한다고 "엄마가 보기에는 너는 능력이 있어. 여보, 당신 만한 사람 없어" 이런 식으로 위로한다. 부정적인 감정에서 빨리 벗어나게 도와주고 싶어 한다.

그 얘기를 듣고 위로가 될까?

생각만큼 효과가 없다. 우리는 언제 위로를 받을까? 내가 느낀 감정을 그대로 받아주는 사람이다. 저 사람이 나를 위로해주려는 느낌이 들면, 오히려 부정적인 효과가 난다. 저분의 얘기는 진실하지 못한 것이다. 자녀가 밤새워 1년 동안 공부했는데 공무원 시험에 떨어졌다. 위로해준다고 "내년에는 합격할 수 있어, 걱정하지마" 이런 식으로 얘기하는 것보다 "너도 열심히 해서 합격할 줄 알았는데, 얼마나 마음이 아프니" 하고 아픔을 공감해 주는 것이 훨씬 더 위로가 된다. 좋은 마음을 가지고 도와주려고 했다고 해서 꼭 좋은 결과가 나오는 것은 아니다. 같이 리듬을 맞춰주어야 한다. 즐거운 사람에게는 같이 즐겁게 하고 슬픈 사람에게는 같이 슬프게 대해 준다.

슬픈 사람에게 행진곡을 틀어주면 기쁠까?

더 우울하고 짜증난다. 슬픈 사람에게는 슬픈 음악을 틀어준다. '이 음악은 나의 현재와는 전혀 맞지 않는다. 세상는 이렇게 즐거운데 나 혼자만 슬픈가' 하고 비관할 수 있다. 음악과 내 감정이 따로 노는 것이다. 우울한 사람에게는 정말 우울한 음악이 좋다. 내 감정과 음악이 일치할 때 더 많은 위로를 받는다. 우리 삶이 이런 것이다.

자전거를 탈 때 초보자들이 넘어지는 이유는 넘어지려 할 때 넘어지는 쪽의 반대로 핸들을 틀어야 넘어지지 않는다고 생각하기 때문이다. 사실은 넘어지는 쪽으로 핸들을 틀어야 균형이 잡혀서 넘어지지 않는다. 그 원리가 우리 마음과 똑같다. 부정적 감정을 표현하거나 들어 주는 훈련이 안 되었다. 우리는 부정적 감정을 막으려고만 하는데, 부정적 감정이 충분히 표현되면 긍정적 감정이 나온다.

내가 먼저 그것을 가지라고 요구하기 때문에 그것을 갖지 못한다. 부정적 감정을 계속 들어주면 나중에는 긍정적 감정을 본인이 얘기하는데, 이때는 상담을 끝낼 때다. 정답은 무엇이 중요한 것이 아니고 본인이 내리는 것이다. 자신의 가치에 대하여 무가치하다고 하는 사람도 그 부정적 감정을 충분히 표현하게 되면, 자기 스스로 이것 하나는 다른 사람보다 잘 할 수 있다고 얘기를 한다. 기다려 주어야 한다. 우리는 부정적 생각을 들다 보면 한도 끝도 없다고 생각하기 쉬운데 어느 단계에서는 분명히 긍정적인 감정이 나온다.

부정적인 감정이 끝도 한도 없는 것은 아니고, 어느 단계를 지나면 분명 긍정적 감정이 나온다. 어느 친구가 너무 괴롭고 우울하다고 해서 그 친구에게 우리 커피나 한잔 하자고 했다. 만나서 이런 얘기 저런 얘기하는데 그냥 나는 들어만 주었는데도, 갈 때는 표정이 아주 밝았다. 다음 날 우울증 약을 6개월 먹었는데 오늘부로 끊었다고 하면서 고맙고 감사 하다는 문자가 왔다. 왜.이렇게 갑자기 변했을까. 부정적인 질문이나 말은 일절 하지 않고, 그냥 들어 주면서 많이 힘들었겠다고만 했다. 아무것도 하지 않고 들어 준 것이 전부다.

부정적 감정이 있는 사람은 위로해 주려고 하지 말고, 그 감정을 계속 따라가 주면 된다. 오죽하면 그런 생각을 했겠니. 중요한 것은 '오죽하면'이 들어가야 한다.

참을성이 없는 사람은 잘 들어 주는 척 하다가 마지막에 '그래도 그렇지'를 하게 된다. 중요한 것은 '그래도 그렇지'를 해서는 안 된다. 계속 따라서 듣다 보면 마음속 깊은 곳에는 긍정적인 감정이 있는데, 부정적인 감정이 막고 있다. 밑에는 비가 와서 비행기가 뜰까 했는데 비행기가 뜨고 어느 정도 올라가다 보면 햇볕이 있다. 우리 마음도 똑같다. 밑에 있을 때는 구름이 막고 있어 햇볕이 없는 줄 알았는데, 구름만 걷어 주면 된다. 부정적 감정을 걷어주기만 하면 된다. 부정적 감정을 없애는 방법은 그냥 들어 주면 된다.

상담사에게 부정적 감정을 표현할 때 어떻게 해야 할까?

나와 '너'가 대화하면서 제3자에 대한 부정적인 감정을 들어 주기는 비교적 쉽다. '나' 자신에 대한 부정적 감정을 받아줄 수 있다면 진짜 좋은 상담자다. 수련은 제대로 받으셨나요. 상담사 1급인가요. 상담을 몇 년 했어요. 상담사에게 불만이 있다는 얘기다. 가정에서도 배우자나 자녀가 부정적 감정을 표현하면 넘어가기가 어렵고, 거의 자동적으로 나는 그런 사람이 아니라고 방어하게 된다.

나의 입장에서는 방어인데 상대 입장에서 변명으로 들린다. 나는 잘 알려준다고 생각하는데, 상대방은 변명으로 들리기 때문에 이것이 제일 힘든 것이다.

상대가 나에게 갖고 있는 부정적인 감정이 표현되면 밑에 있는 긍정적인 감정이 올라온다는 것을 믿어야 한다. 상대가 나에게 긍정적인 감정을 갖게 하는 가장 빠른 방법은 나에 대한 부정적 감정이 표현되게 하는 것이다.

보통 부정적 감정이 나오면 "너는 나를 몰라서 그래"라고 한다. "너에게 해준 것이 얼마나 되는데, 니가 나한테 그럴 수가 있어" 하고 부정적인 감정을 막아 버린다. 다시는 그런 말은 하지 않는다. 하지만 그 감정이 없어진 것은 아니고, 더 각인이 된다. 저 사람한테는 얘기를 해서는 안 되겠구나, 하는 느낌만 준다. 저 사람에게는 부정적인 말을 하지 않는다고 맹세한다. 내가 그런 것이 아니고 그 사람이 나를 볼 때 그런 것이다.

그럼 나는 어떻게 반응을 해야 할까?

네가 "나를 볼 때는 내가 그렇게 보이는 모양이구나. 그렇게 보이나 보지" 이런 식으로 말을 하다 보면 어느 단계에서 긍정적인 감정이 나온다. 대개 오해를 하는 것은 감정은 부정이 100이고 긍정이 0인 경우는 없고, 대개는 49 대 51이다. 긍정적 감정이 49이고 부정적 감정이 51면, 한마디로 얘기하면 그 사람을 싫어하는 것이다. 누구를 좋아하는 것은 그 사람에 대하여 미워하거나 싫은 감정이 하나도 없다는 것으로 오해를 한다. 부정적 감정 51을 49로 내려주고, 긍정적 감정 49를 51로 올려주면 되면 그 사람을 좋아하게 된다. 부정적 감정을 낮추면 긍정적 감정은 올라가게 되니 부정적인 감정을 표현하게 해야 한다. 표현하면 할수록 부정적 감정은 약해진다.

부정적 감정을 빼주는 방법이 있고, 긍정적인 감정을 올리는 방법이 있다. 긍정을 올리는 것보다 부정을 빼주는 것이 더 쉽다. 훈련만 된다면.

우리 남편은 간섭한다고 하는 사람은 남편한테 화가 나 있는 것이다. 그때 1만큼 속상했다. 계속 들어 주다 보면 화가 났던 것이 점점 줄어들어서 어느 순간에 본인이 우리 남편은 그래도 생일은 잘 챙겨준다고 한다. 인색한 남편이라면 그래도 헛돈은 쓰지 않는다고 한다. 부정적 감정을 들어 주다 보면 한도 끝도 없을 것 같지만 한도 있고 끝도 있다.

누구나 부정적 감정을 해결하고 마음속에 있는 긍정적 관계를 맺고 싶다는 생각을 한다. 긍정적 관계를 맺고 싶다는 생각이 없으면 욕도 하지 않는다. 관심이 없어지고 무관심이 된다. 사랑의 반대는 미움이 아니라, 무관심이다. 옆집에서 매일 큰소리로 우당탕하고 싸운다. 저러다가는 곧 헤어지지 않을까 걱정한다. 다음날 팔짱끼고 엘리베이터 타고 내려온다. 이 집은 별 문제가 없다. 부정적 감정을 푸는 것이니까.부정적 감정이 풀리고 긍정적 감정이 있으니까. 다음날 팔짱을 낄 수가 있다. 저녁에 또 싸울망정.

제일 관계가 회복되기 어려운 집은 조용히 모르는 사람처럼 사는 집이다. 서로 관계를 변화시키겠다는 의지가 없는 것이 제일 무서운 것이다. 서로 무관심한 가정이다.

부정적인 감정을 버리면 긍정적인 감정이 나온다. 부정적 감정을 고치려 하지 말고 그냥 들다 보면, 저절로 긍정적인 감정으로 변하게 된다. 내가 변화시키는 것이 아니라 본인이 스스로 변해야 한다. 누구나 마음속에 좋은 관계를 맺고 싶어 하므로 긍정적 마음이 겉으로 올라오게 해야 한다. 남편이건, 아내건, 자녀건, 친구건, 직장 상사건 간에 부정적 감정을 빼고 긍정적 감정을 갖도록 도와주어야 한다.

마음은 칼로 자르듯 변하지 않는다. 변화는 파동을 겪으면 점진적으로 올라간다. 부정과 긍정은 시계추가 움직이듯 한다. 부정이 오면 과거로 돌아간 것으로 생각하기 쉬우나 부정의 강도는 낮아진다. 긍정의 강도는 점점 올라간다. 결국은 부정은 줄고 긍정은 점진적으로 올라간다. 당신과 얘기를 못 하겠어, 하는 것보다는 어제 얘기한 것보다 오늘이 조금이라도 달라졌으면 되는 것이다. 그것이 조금씩 쌓여서 1년, 2년 가다보면 좋아지는 쪽으로 가는 것이다. 내가 오늘 얘기했다고 해서 다음 날 확 변하는 경우는 없다. 긍정과 부정이 오가는 가운데, 긍정과 부정을 평균적으로 이어보면 앞으로 성장하는 쪽으로 가고 있다. 삶은 좀 여유와 인내가 필요하지 않을까.

나의 부족함을 인정할 때 **상대의 도움**

부정적 감정이 막고 있어 긍정적 감정이 없는 것처럼 보이나 부정적 감정이 충분히 드러나면 밑에 숨어 있던 긍정적 감정이 드러난다. 이를 통찰이라고 한다. 통찰은 우리 생활에 많은 변화를 준다. 상담을 받는 것이나 나를 찾는 것은 결국 나를 통찰하기 위함이다. 통찰은 지금까지 내가 그런 사람인 것을 몰랐다가 아, 내가 이런 사람이구나를 깨닫는 순간이다.

요즘 우리 주위에 보면 갈등 때문에 힘들어하는 부부가 많이 있다. 그중에 한 사람, 대개는 아내가 하는데 "우리 같이가서 상담을 받아보자"라고 먼저 제안을 한다. 거의 상대편은 아내든 남편이든간에 거부를 한다. 내가 무슨 문제가 있는데 상담을 받아. 우리 집 문제의 원인은 내가 아니고 당신한테 있는거야. 우리 집에 문제가 있는 거지 나는 아무런 문제가 없다고 하는데, 대개 이런 식으로 거절을 한다. 마음이 건강한 정도는 본인이 문제가 있다는 것을 인정하는 만큼 비례한다. 내가 부족함을 느끼는 사람은 건강한 사람이다. 본인이 나는 하나도 문제가 없다고 생각하고 사는 사람은 문제가 많은 것이다. 왜냐하면, 문제가 있다는 것을 무의식으로 막고 누르고 있기 때문이다. 내가 문제가 많다는 것을 인정하면 내 스스로가 죄책감을 느끼게 되고, 그러다 보니 나를 지키기 위한 하나의 방패로써 나는 문제가 없다고 생각한다.

현재의 관계는 힘들고 깨지기 직전인데, 그렇다면 누구한테 원인이 있을까? 문제가 없다는 사람이 문제가 있는 것이다. 나에게 원인이 있다는 것을 모르는 것이고, 조해리의 숨겨진(Ⅲ) 창에 해당된다. 관계는 잘 안 되고 있는데 논리적으로 볼 때 결국 누구의 문제인가. 내 문제를 상대방의 탓으로 돌린다. 그러니 처음에는 상담을 받으려면 네가 받아야 된다고 생각한다. 자녀가 말썽을 부릴 경우에도 엄마는 문제가 없고 자녀가 문제가 많은 것이다. 아무리 생각을 해봐도 나는 문제가 없다. 찾고 또 찾고 보면 결국은 너는 아버지 닮은 것이다. 우리 집에는 이런 피가 없고 나쁜 유전자가 있다.

이런 상황에서 아, 나도 문제가 많이 있구나 하고 깨닫는 것이 통찰이다. 통찰이 와야만이 행동이 진정으로 변하게 된다. 통찰도 어떤 과정을 거쳐야 오지 그냥 오는 것이 아니다.

한번은 가정폭력으로 경찰서에 신고되어 상담받으러 온 특목고 1학년 아들의 엄마가 있다. 상담받으러 온 것은 본인이 문제가 있어서가 아니라 아들이 문제가 많아서라고 생각한다. 아들이 고등학교를 자퇴해서 학교만큼은 다녀야 한다고 아무리 설득해도 다니지 않는다고 한다. 갈등이 격화되어 급기야 문을 걸어잠고 방에 있는 액자를 부순다. 무언가 깨지는 소리가 난다. 문을 열지 않는다. 다급해진 엄마는 경찰에 신고를 해서 경찰에서 상담을 받으라고 권유를 한 것이다.

상담 시작하자마자 자퇴를 하고 싶으면 하라고 했다. 일단 본인의 마음을 알아주어야 하니까. 자퇴를 하면 무엇을 해야 할까. 집에서 혼자 놀아야 되나. 다른 학생들은 학교에 가 있을 텐데. 검정고시를 한다고 한다. 말문이 열리기 시작한다. 일단 본인이 원하는 자퇴를 하라고 했으니까.

아들에게 그럼 왜 검정고시를 하려고 하나 물어보니 대답하길, 실력이 부족하다고 느낀단다. 어떤 부분에서 실력이 부족하다는 느끼는지 모르지만, 조심스럽게 물어본다. 학교 다니기가 힘들지? 네. 생각보다 공부 잘하는 학생들이 많이 있지? 네. 마음을 알아주니까 속에 있는 마음이 조금씩 나오기 시작한다. 어떤 점이 힘들었을까. 영어요. 깜짝 놀라서, 영어라니, 특목고는 누구나 영어를 잘하는 것 아닌가? 저는 한국에서만 영어학원을 다녔는데 학생 대부분이 외국에 갔다 왔거나 살다온 애들이 많아서 따라갈 수가 없어요, 후. 한숨을 쉰다. 엄마 알어? 몰라요. 자신는 아는데 상대방은 모른다. 마음의 조해리 창에서 은폐(II)의 창이다.

검정고시를 하는 것이 특목고를 졸업하는 것보다 더 좋은가. 검정고시는 아무리 성적이 좋아도 좋은 대학을 가기가 힘들 텐데. 인맥도 없다. 특목고는 공부를 못해도 대학 가는 데는 문제가 없고 졸업 후에 인맥이 좋다. 한국 사회에서 인맥도 중요한 요소 중 하나다. 학생 스스로 생각하도록 상황과 질문을 던진다. 정답은 제시하지 않는다.

그럼 교수님이 생각할 때 어떻게 하는 것이 좋을 것 같아요? 한번 검정고시를 준비하든 특목고를 졸업하든 학생이 선택을 해야 한다. 고민을 해봐라. 나는 이래라저래라 할 수가 없다. 학생의 인생은 학생이 살아가는 것이니까.

학생의 심정은 엄마의 기대에 못 미쳐서 말하기 죄송하고 , 왜 내가 다른 학생들만큼 공부를 못 하나 하는 수치심이 있는 것이다. 무의식에서 누르고 있다. 아들의 사정을 모르는 엄마는 들어가기 어려운 특목고를 자퇴한다고 야단만 치니 애는 답답하고 어찌할 바를 모른 것이다. 우울증도 왔다고 한다. 유기체는 자퇴하고 싶은데 주위 환경은 학교를 다녀야 하는 강박감에 이러지도 저러지도 못하는 정체성의 혼란이 온 것이다.

가정폭력은 누구한테 책임이 있을까?

엄마는 자신에게 문제가 있다는 사실 자체도 모른다. 3시간 상담 후 변화가 왔다. 본인의 문제를 인식한 것이다. 엄마가 너의 마음을 몰랐다. 미안하다. 검정고시를 하건 자퇴를 하건 네가 알아서 결정해라. 엄마는 통찰과 깨달음이 온 것이다. 3년이 지난 후 전화가 왔다. 그때 상담을 잘 받아서 특목고에서 반장도 하고 본인이 원하는 대학 경영학과에 들어갔다고 한다.

유사한 문제로 가정에서 힘들어하는 부모들이 많다. 초등학생이 집에서는 형을 때리고, 학교에서는 다른 학생들을 때려서 선생님한테 불려 갔다. 애가 너무나 말썽을 피니까 어찌할 바를 모른다. 때려도 봤다. 방에 가두어도 봤다. 아무런 소용이 없다. 자포자기한 심정으로 상담을 받으러 왔다. 상담의 목적은 아들의 문제다. 본인은 전혀 문제가 없다. 엄마는 아무런 문제가 없다고 생각한다.

자녀 문제는 자녀 혼자 상담받아야 할까?

자녀와 부모가 같이 받아야 효과가 있다. 혼자 있을 때는 문제가 없다. 같이 있을 때 문제가 있다. 아들에게 문제가 있을 때는 부모와 같이 상담도 받아야 효과가 좋다. 애들은 아이 전문 상담가가 상담한다. 어른은 어른 전문 상담가가 상담한다. 엄마에게 애들에 대한 속상함을 끊임없이 털어놓게 한다. 주위 사람들에게는 흉을 볼 수가 없다. 자녀 문제는 내 문제가 될 수도 있고 엄마가 되어서 어떻게 자식 흉을 보느냐 생각할 수 있다. 대개 이렇게 살고 있다. 그동안 아들 때문에 힘들었던 것을 다 털어 놓는다. 막지 않는다. 일정 시간이 지나면 흉보는 것이 없어진다. 흉볼 것이 없다. 버릇이 없는 것은 애가 성격이 나빠서 그렇다고 생각했는데 혹시 애가 다른 이유가 있을까 느낌이 오기 시작한다.

흉을 다 보고 난 다음이다. 지금까지는 흉이 막고 있어 그런 생각이 안 든다.

혹시 애가 말썽을 피우는 것은 주위 사람들에게 관심 받기 위해서일까? 갑자기 든 생각이다. 이것이 통찰이다. 지금까지는 한 번도 그런 생각을 해본 적이 없다. 마음 놓고 부정적인 감정을 표현하고 나니까. 이제 관심이 아들에게 나에게로 온 것이다. 버릇에서 관심으로 느낌이 달라진다. 내가 원래 사람들에게 정이 별로 없다는 깨달음이 온다. 이런 통찰이 오니까 애가 말썽을 피우는 것은 결국 자기 때문이라고 생각하게 된다. 이렇게 변화하는 것이 통찰이라고 한다.

상담을 좀 한 사람이라면 애가 어머니의 인정을 받고 싶어서 말썽을 부리는구나, 하는 느낌이 딱 온다. 어느 자식이라도 이런 어머니와 같이 있으면 말썽을 피울 수밖에 없다. 어머니가 평소에는 관심을 안 두다가 애가 말썽을 피울 때만 관심을 둔다. 야단을 쳐도 상대에게 변화가 없으면 처벌의 효과가 없다. 애가 원하는 것은 관심이다. 나에게 관심이 없는 것보다는 차라리 야단을 맞는 게 낫다. 사랑과 미움은 같은 것이다. 색깔만 조금 다를 뿐이다. 무관심은 전혀 다른 것이다. 야단을 맞아도 나에게 관심을 가져주는 게 관심 없는 것보다 훨씬 낫다. 애 입장에서는 어머니의 관심을 받기 위해서는 말썽을 부려야 한다. 학교에서 말썽을 부리는 애들이나 기관에 있는 애들은 관심 부족이다. 거리에서 방황하는 애들에게 집으로 가라고 해봐야 하나마나한 소리다. 집으로 돌아가고 싶은 생각이 있겠어요? 진짜 속마음은 집에서 어머니와 행복하게 살고 싶은 생각이 깔려 있지만 집 분위기는 아버지나 어머니와 같이 있으면 화가 난다.

가출한 애들한테 집으로 돌아가라는 것은 아무런 소용이 없다. 안타까워서 자식이 잘 되라고 하는 것은 효과가 별로 없다. 야, 화내고 말고 화를 풀어. 화를 풀 수 있었으면 본인이 먼저 벌써 풀었다. 신앙생활에서 자주 하는 말이 '사랑으로 용서를 하라'고 한다. 용서를 해줘, 라고 많이 한다. 용서는 용서를 하라고 해서 되는 것이 아니다. 내가 용서를 할 수 있을 것 같으면 벌써 했다. 용서를 하지 않고 있으면 내가 더 힘들다. 안 되니까 가지고 있다. 그 마음을 헤아려 주기보다 용서를 하세요, 하면 더 화가 난다.

내가 애한테 관심을 보여주면 되는구나. 스스로 안다. 어떻게 관심을 보여야 하는 것은 엄마가 제일 잘 안다. 내가 아들하고 있을 때는 이러한 방법으로 관심을 보여야겠다. 그렇게 가서 행동을 한다. 체벌하고 야단쳐도 변하지 않는다. 심하면 반항까지 하던 아이가 놀랍게도 변한다. 엄마가 먼저 보여 주니까. 이제는 말썽을 부릴 이유가 없다. 말썽 피우기가 힘들다. 쉬워서 하는 것이 아니다. 집을 나가서 방황하는 것은 어려운 일이다. 집에서, 따뜻한 방에서 사랑받는 것이 쉽다. 추운 겨울에 거리에서 방황하는 것은 어려운 일이다. 애들은 집에 있는 것보다 거리에 있는 것이 그나마 나으니까 집을 나간다. 마음을 헤아려 준다는 것이 좋은 것이다. 신앙에서 사랑을 강조한다. 어떤 잘못을 했어도 받아주어야 한다. 인간에게 사랑과 자비를 받아 봐야 신앙에서도 사랑을 받을 수 있는 능력이 생긴다.

통찰에도 순서가 있다. 처음에는 문제가 '너'한테 있다고 생각하다가 '나'한테 넘어오는 것이 통찰이다.

상담사가 어머니에게 상담이 끝날 때쯤 "내가 이런 비슷한 상담을 많이 봐서 잘 아는데 이런 경우에는 어머니가 관심을 적게 주어서 말썽을 부려요. 어머니가 사랑을 주셔야 겠어요." 라고 하면 어떻게 될까?

어머니는 받아줄까? 절대 받아주지 않는다. 세상에 어디에도 자식을 사랑하지 않는 어머니는 없다. 우리 만난 지 불과 40분밖에 안 되었는데, 선생님이 우리 집을 얼마나 잘 안다고 어떻게 그런 말을 해요? 다음 상담에는 오지 않는다. 상담에서 실패하는 중요한 이유 중 하나가 아닐까.

비난하지 않고 잘 들어주면 어머니는 바탕에 깔린 원래 정이 없는 것을 스스로 알게 된다. "그러고 보니까 나는 어렸을 때부터 정이 없다는 얘기를 많이 들었어요" 남동생이 있는데 남동생은 어머니에게 살갑게 했고 나는 무뚝뚝했다. 어머니가 우리집은 아들과 딸이 바뀌었다고 했다. 전에는 이런 생각이 하나도 나지 않았다. 그렇게 되면 나를 인정하는 것이니까. 믿고 있는 것이다. 어떤 말을 해도 상담자가 공감을 해주니까. 믿음이 생긴다. 속에 있는 얘기를 하다보니 아하, 나에게 이런 면이 있었구나. 지금까지 몰랐던 마음을 깨닫는다. 이것이 통찰이다.

내가 열심히 하려고 하는데 안 되는 경우가 있다. 상대방이 변하면 내가 변할 텐데, 이때는 "혹시 내가 상대방을 그렇게 만들지 않았을까" 하는 생각을 하고 나를 돌아봐야 한다. 이것이 통찰이다.

우리는 어렸을 때부터 가정이나 학교에서 배운 것은 성숙하게 사는 것인데, 성숙은 잘못이 없는 삶이라고 느끼게 교육을 받아왔다. 잘못이 있으면, 뭔가 부족하고 모자라는 사람 같은 느낌이라고 할까. 그래서 '도덕과 윤리적으로 완벽하게 해야 한다, 내가 부족한

점이 있으면 미성숙하다'라는 생각을 하게 된다. 성숙하게 사는 것이나, 상담을 통해서 얻고자 하는 것은 완전한 삶을 살라는 것이 아니라 나의 부족한점이 있다는 것을 인정하는 것이다. 왜? 우리는 모두 부족하니까.

부족함을 인정할 때 편안해지니, 그것을 감추려고 하지 마라. 부족함을 인정할 때 옆에 있는 사람이 도와주고 신앙에서도 힘을 준다. 내가 혼자서 하려니까 힘만 들고 안 되는 것이다. 성숙한 사람은 부족함이 없는 사람이 아니라 자신의 부족함을 인정하고 내부와 외부에서 나오는 나의 힘을 믿는 사람이다. 미성숙한 것을 인정할 때 성숙해지고, 다른 사람에게 도움을 받을 수 있고 신앙 생활에서 도움을 받을 수 있다.

어머니도 아들에게 문제가 있다고 하다가 자신이 문제인 걸 깨닫고 관계가 좋아졌다. 어머니가 모든 것을 책임져야 할까. 그것은 아니다. 부부가 행복하려면 상대방도 손벽을 쳐야 한다. 나는 성숙해서 부부관계를 잘 하고 싶은데 상대방이 못 받아주어서 힘든 경우도 많다. 그럴 때 저 사람이 문제가 많은데 저 사람이 변해야 된다고 생각한다. 상대방이 문제가 많은 것은 사실이나, 상대방은 절대로 먼저 변하지 않는다.

비록 내가 10을 잘못했고 저 사람이 90을 잘못했어도 누가 먼저 변해야 할까? 내가 먼저 변해야 한다. 억울하다고 생각할 수 있다.

상대는 절대로 변하지 않는다. 부부가 진짜 원하는 것은 내 잘못이냐, 네 잘못이냐 가리는 것이 아니고 부부관계가 화목해지는 것이다. 네 잘못, 내 잘못 따져봤자 불화만 더 생긴다.

변화는 보다 성숙한 사람이 먼저 변화해야 하는 것이다. 내가 잘못을 많이 해서 변하는 게 아니고 내가 더 성숙했기 때문에 변화를 해야 한다. 관계에서 무엇인가 변화를 주어야 하는데 누가 먼저 변할 지는 더 성숙한 사람이나 변화를 바라는 사람이 먼저 시작해야 한다. 관계는 한쪽이 변하면 상대도 당연히 변하게 된다. 내가 먼저 변해야 한다.

시골의 단독주택에 살 때는 마당에 펌프가 있다. 펌프질하면 시원한 지하수가 나온다. 한동안 펌프질을 하지 않으면 물이 나오지 않는다. 다시 물을 올리기 위해서는 한 바가지 마중물을 붓고 펌프질을 해야 지하수와 연결되어 끊임없이 시원한 물이 나온다.

관계가 안 좋은 것은 마음이 메말라 있기 때문이다. 메말라 있는 두 사람이 아무리 내 잘못이니 네 잘못이니 해도 관계가 좋아지지 않는다. 복원이 안 된다. 누군가가 먼저 마중물을 부어야 한다. 누군가는 누구여야 할까. 나여야 한다. 내가 잘못을 많이 했기 때문에 변하는 것이 아니다. 내가 강하니까. 내가 성숙하니까. 내가 잘못했다고 얘기를 할 수 있다.

내가 잘못해서가 아니라 성숙한 사람이 마중물을 부어야 한다. 내가 변하면 상대도 따라서 변하게 된다. 물이 나오기 시작하면 펌프질할 때마다 시원한 물이 계속 쏟아진다. 내가 부은 마중물이 부부관계를 좋게 만들어 준다. 혼자서 마중물을 붓기 어려운 사람을 도와주는 것이 상담이다. 요즘 마중물을 찾기 어려운 이유는 정수기가 많아서 그럴까.

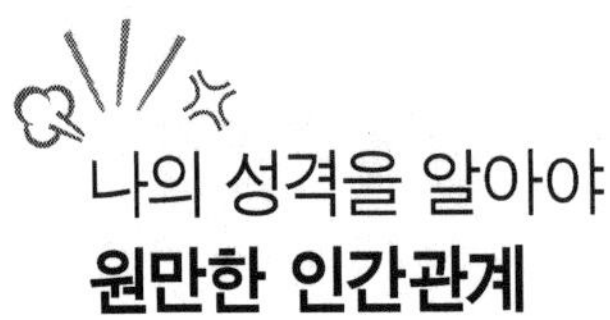

나의 성격을 알아야 원만한 인간관계

인간은 육, 혼, 영으로 구성되어 있다. 육은 시각, 청각, 후각, 촉각, 미각 등 받아들이는 정보다. 혼은 지식과 경험, 정서, 의지가 상호연계하여 통합적으로 분석하여 다시 육으로 지시한다. 영은 자신도 잘 모르고 관심이 없는 영역이다.프로이트의 의식(육), 전의식(혼), 무의식(영)과 비슷하다. 육혼영을 쉽게 이해하기 위해서 육은 기질, 혼은 MBTI, 영은 영성으로 구분하여 성격을 분석하고자 한다.

기질이란 무엇일까?

육혼영에서 육에 해당된다. 몸으로 따지면 육체와 같은 것이다. 기질은 4가지로 구분한다. 다혈질, 담즙질, 점액질, 우울질이 있다. 다혈질은 가장 외향적(Extraversion)이고 우울질(Introversion)은 가장 내향적이다.

E			I
다혈질	담즙질	점액질	우울질

다혈질은 충동적이고 욱하는 성격이고, 담즙질은 목표지향적이고 복수심이 많은 성격이다. 점액질은 유머가 많고 고집이 센 성격이고, 우울질은 완벽하고 복수심이 많은 성격이다.

영화를 제작하기 위해서는 배우, 감독, 관객, 작가가 있어야 한다. 다혈질은 배우 같은 역할을 하고, 담즙질은 감독의 역할을 하고, 점액질은 관계의 역할을 하고, 우울질은 작가의 역할을 한다. 배우는 생기 있고 역동적이며, 감독은 목표를 세우고 전체를 아우르는 능력이 있어야 하고, 관계는 그냥 편하게 웃어주고 구경만 잘하면 되고, 작가는 시나리오를 작성하기 위해서 자료를 분석하고 예민함이 있어야 한다.

같은 기질끼리는 융화되기가 어렵다. 다혈질과 다혈질이 만나면 너무 산만하다. 담즙질과 담즙질이 만나면 주장이 강하여 갈등이 많다. 점액질과 점액질이 만나면 우유부단하여 되는 것이 없다. 우울질과 우울질은 서로 지적하고 따져서 삶이 피곤하다. 그래서 우리는 결혼을 할 때는 대개 반대의 성격을 만나게 된다. 반대도 어느 정도 차이가 있으면 좋은데 너무 차이가 많으면 이 또한 갈등의 원인이 된다. 51>49 관계가 좋다. 70>30 관계는 힘들다. 상담하다 보면 부부갈등은 대개 담즙질과 우울질이 많다. 남편은 담즙질이고 아내는 우울질인데, 남편이 실직하여 집에 있었고, 그걸 바라보는 아내는 답답하고 걱정이 되어 "나가서 돈을 벌지, 왜 집에 있느냐"라고 했다. 당장 생활이 어려우니까. 이에 꽁한 남편은 자신을 무시한다고 생각하고 참을 수가 없어서 아내에게 폭력을 휘둘렀다. 경찰서에 신고된 사건이다. 담즙질은 다른 사람을 무시하는 말을 잘하는데, 정작 본인이 무시를 당한다고 생각하면 참지 못하고 폭언이나 폭력을 가하는 경우가 많다. 담즙질과 우울질은 어떤 일이 뜻대로 되지 않거나 무시당하는 느낌이 들면 화를 잘 내는 성격이다. 별거 아닌데 화를 잘 내는 성격은 담즙질과 우울질일 가능성이 높다. 평소에도 화를 가지고 있는데 어떤 계기가 되어서 화를 내는 것이다. 담즙질과 우울질은 세상을 성장시키는 데 기여도 많이 하지만 사람들을 힘들게 하는 일도 많다. 담즙질과 우울질은 비교적 대화가 힘들다. 담즙질은 우울질과 대화할 때 들으려고 노력하고, 우울질은 담즙질과 대화할 때 따지려고 하는 것을 자제한다.

담즙질과 잘 어울리는 조합은 점액질이다. 담즙질은 추진력이 있고 적극적이나 점액질은 우유부단하지만 부드러운 면으로 친근감을 주어 서로 보완제 역할을한다. 담즙질과 점액질 그리고 다혈질과는 비교적 대화가 잘 된다.

MBTI란 무엇인가?

MBTI는 몸으로 따지면 육혼영에서 혼에 해당된다. MBTI 중에서 실생활에서 자주 갈등이 발생하는 대표적인 두 가지만 소개한다. 에너지의 방향에 따라서 외향형(Extraversion)과 내향형(Introversion)으로 구분하고 또 생활양식에 따라서 판단형(Judging)과 인식형(Perceiving)으로 구분한다.

E/I(외향형/내향형)

외향형은 외부세계의 사람에게 관심이 있어 활동적이고 내향형은 내부적인 것에 관심이 있어 혼자 있기를 좋아하고 조용하다. 상담사례 중에 내향적인 남편이 직장에서 집에 들어 왔고, 외향적인 아내는 하루 종일 집에서 애를 보니까 답답하여 남편이 들어오자마자 말을 걸었다. 남편의 표정이 어두운 것을 보고 아내는 화가 났다. "당신은 요즘 왜 이상해졌어?" 짜증을 낸다. 남편은 아내가 싫어서가 아니라 직장에서 지쳐서 집에 와서 쉬고 싶은 것이다. 아내는 이것을 모르고 자신이 싫어서 그런 것으로 오해를 하고 있다. 남편은 일단 30분 정도 쉬게 한 다음에 말을 시켜야 한다. 부부가 외향형과 내향형의 차이가 크면 갈등이 많다. 외향형은 내향형을 볼 때 너무 소극적이어서 답답해 보인다. 내향형은 외향형이 너무 나서는 것 같아서 싫어한다. 서로의 성격은 장단점이 있으니 이해하여 간격을 좁히는 것이 중요하다.

판단형은 원칙과 계획적으로 일하기를 좋아한다. 인식형은 융통성이 있고 상황변화에 잘 적응한다. 가정이나 조직에서 판단형과 인식형의 만남은 갈등이 많다. 판단형인 아내가 휴가철에 여행 계획을 세워서 오늘은 가다가 점심으로 콩국수를 먹고 저녁에는 회를 먹기로 했는데, 동해안을 지나가다가 인식형인 남편이 갑자기 점심에 회를 먹자고 한다. 아내는 화가 난다. 횟집에 들어가보니 마침 콩국수가 있어도 화가 난다. 처음 계획대로 움직이지 않으면 화가 난다. 판단형은 마트를 갈 때도 미리 살 것을 적어서 간다. 인식형은 눈에 보이는 대로 사온다. 대개 가정에서 판단형과 인식형의 갈등이 제일 많고 이로 인해 이혼하는 경우가 70% 정도 된다고 한다. 직장에서도 상하 간이나 동료 간에 업무 갈등도 이런 경우가 많다.

공적인 일은 판단형처럼 원칙대로 하는 것이 좋고, 평소 인간관계에서는 인식형으로 하는 것이 좋다. 대개는 공사의 구분 없이 성격대로 하다 보니까 갈등이 많은 것이다. 상황에 맞게 분별하여 잘 적용하는 것이 지혜이다.

영성이란 무엇일까?

몸으로 따지면 육혼영에서 영에 해당한다. 심리학에서 무의식과 비슷하다. 영성은 이해를 쉽게 하기 위해서 머리에서부터 발끝까지 연결하여 보았다. 영성은 7개로 구분해봤다. 뇌인, 목인, 설인, 견인, 수인, 심인, 족인이 있다.

뇌인(腦因, 머리), 목인(目因, 눈), 설인(舌因, 혀), 견인(肩因, 어깨), 수인

(手因, 손), 심인(心因, 마음), 족인(足因, 발)이다.

레스토랑에서 일하는 대학생이 접시를 들고 가다가 넘어져서 손목을 다쳐 피가 흐른다고 가정했을 때 사람마다 다양하게 대응한다.

빗자루를 가지고 깨진 접시를 쓰는 사람이 있고, 내가 다친 것처럼 우는 사람이 있고, 접시를 가지고 다니는 방법을 알려줘서 다음에는 이같은 실수를 하지 않게 하는 사람도 있고, 너는 119에 연락을 하고 너는 빗자루로 핏자국을 청소 하라고 지시하는 사람도 있고, 대학생 때는 그런 실수도 해야 다음에 성장하는 거야 하면서 위로를 하는 사람도 있고, 너는 요즘에 자주 사고나는 것을 보니 종교 행사에 참석을 하지 않는 것 같다고 하면서 종교 탓으로 돌리는 사람도 있고, 이 접시는 10만 원이어서 사장님한테 꼭 물어주어야 하는데 내가 현재 갖고 있는 돈은 5만원밖에 없다면서 우는 대학생을 보고 선뜻 5만 원을 주는 사람도 있을 수 있다.

뇌인은 교육, 목인은 종교, 설인은 위로, 견인은 지시, 수인은 청소, 심인은 같이 울어주고, 족인은 5만 원을 주는 것이 강한 사람들이다.

뇌인은 진리탐구를 좋아하고, 교만하며 상대를 무시하기 쉽다.

목인은 선악이나 흑백을 가리기를 좋아한다. 설인은 복잡한 문제도 간단하게 해결하는 능력이 있다. 견인은 조직관리에 탁월하고 감정을 무시한다. 수인은 완벽주의로 스트레스를 많이 받는다. 심인은 상처를 많이 받는다. 족인은 기부천사다.

뇌인과 뇌인이 만나면 서로 논리적으로 따져서 갈등이 심하다. 견인과 견인이만나면 서로 감정을 무시하기 때문에 갈등이 많다. 수인과 수인이 만나면 서로 사소한 일에 간섭이 많아서 피곤하다. 심인과 심인이 만나면 서로 상처가 많아서 울기를 많이 한다.

뇌인과 견인이 만나면 갈등이 심하다. 상담하면서 보니 아내는 뇌인이고 남편은 견인이다. 아내가 남편에게 "요즘은 남녀평등 시대인데 남편도 설거지도 청소도 같이 해야 한다"라고 했다. 남편은 청소를 하는 것이 문제가 아니라 아내가 따지는 말투가 너무 기분이 나쁘다는 것이다. 남편은 감정을 무시하기 때문에 단호하게 말을 하다가 폭력으로 이어져서 경찰서에 신고된 사건이다. 우리는 왜 갈등이 있는지조차 모르겠다고 한 것이다.

뇌인과 견인의 성격의 장단점을 충분히 설명하고 서로 대하는 방법을 제시했다. 남편은 아내의 따지는 듯한 말투나 태도가 그냥 싫은 것이다. 명령조로 하지 말고 웃으면서 부드럽게 부탁하면 잘 할 것이다. 이젠 몰랐던 성격을 알았으니 앞으로는 잘 살 수 있다고 하면서 신혼부부나 직장생활을 할 때는 꼭 상담을 받아야 겠다고 했다. 상담이 끝나고 기분 좋은 상태에서 사실은 남편은 전도사이고 아내는 사모라고 실토도 했다. 서로 대화가 통하고 믿음이 있으면 하고 싶지 않은 것도 말하게 된다. 신뢰가 없으면 하려던 말도 하지 않는다.

논리적으로 따지고 비난을 잘하는 뇌인은 문제해결을 잘하는 설인을 만나는 것이 좋다. 미래지향적인 견인은 현실을 보는 수인을 만나는 것이 좋다. 심인은 상처를 잘 받으니 위로를 잘하는 설인을 만나는 것이 좋다.

기질, MBTI, 영성의 성격을 종합해보면, 점액질(다혈질)+인식형+설인은 상담이나 심리치료사를 하면 잘한다. 유머가 많은 점액질이나 상대를 기분좋게 해주는 다혈질과 융통성 있는 인식형과 문제해결을 잘하는 설인이 융합된 사람이다.

담즙질+판단형+견인은 정치인이나 기업가가 많다. 목표를 갖고 추진을 잘하는 담즙질과 공적인 일에 원칙을 가지고 일을 하는 판단형과 현재보다는 미래를 보고 의사결정을 하는 것이 융합된 사람이다. 이런 성격은 뜻대로 되지 않거나 무시를 당하면 분노가 생겨서 대개 반사회성으로 갈 가능성이 아주 높다. 자녀가 이런 성격이라면 부모는 간섭이나 비난을 하지 않은 것이 좋다. 스스로 살아갈 수 있는 능력이 넘친다. 너를 믿는다 하고 자유를 주는 것이 좋다. 대개 학교폭력이나 사회폭력에 연루될 일이 많은 성격이다. 이런 성격은 부모가 응원해주고 격려해주면 앞으로 사회에서 크게 기여할 수 있는 능력을 갖고 있으나 반대로 비난하고 통제하면 부모가 생각하는 방향과는 반대로 갈 가능성이 높다.

우울질+판단형+뇌인은 교수나 연구원, 기획업무, 판검사가 많다. 분석력이 좋은 분석력과 원칙대로 하는 판단형과 논리적으로 하는 뇌인이 융합된 사람이다.

우울질과 뇌인이 강하면 흔히 말하는 천재가 많다. 서울대 학생과 연세대 학생들을 상담한 경험이 있는데, 우울질과 뇌인이 강하고 여기에 노력을 해서 명문대에 들어간 것이다.

상담하면서 아들과 엄마가 대학 자퇴문제를 놓고 갈등이 심한 경우가 있었다. 아들은 우울질과 뇌인이 강한 서울대 1학년이고 엄마는 담즙질과 견인이 강하여 아들은 서울대에 보내겠다는 신념으로 공부를 시켜서 서울대에 입학을 했는데, 정작 학생은 왜 내가 서울대에 들어 왔고 앞으로 무엇을 해야 할지 모르겠다는 것이다.

유기체로서 공부를 한 것이 아니라 사회에서 요구하거나 엄마가 원하는 대로 서울대에 들어와 보니 허무하고 공부에 대한 흥미도 없어진 것이다. 학교를 자퇴하고 음악을 하겠다는데 우울질이 강한 사람은 예민함이 있어서 음악을 잘할 수 있는 소질이 있다. 예술에 대한 천재적인 기질을 발휘하기 위해서는 우울질이 강해야 가능하다.

엄마한테 팁을 주었다. 과감하게 아들에게 자퇴를 하라고 해라. 그동안 너는 너무 공부하느라 고생했다. 엄마가 너를 너무 힘들게 했고 강요했다는 생각이 든다. 정말 미안하다. 손을 꼭 잡고 진심으로 말을 했다. 아들은 엄마의 그 말에 바로 학교를 계속 다닌다고 했다. 지금까지 엄마는 사랑이라는 명목과 자식이 잘 되기를 바라는 마음으로 했으니 아들이 볼 때는 간섭이고 짜증이 나서 엄마의 말에 무조건 반대하고 싶은 것이었다. 머리로 한 사리대화인 것이다. 그러나 보니 엄마는 엄마대로 힘들고 아들은 아들대로 힘들었다. 아들이 원하는 것은 사리대화가 아니라 감정을 알아주는 심정대화였다. 엄마가 내 마음으로 알아주니까 아들도 바로 엄마의 마음을 알고 학교에 다닌다고 한 것이다. 인간의 변화는 머리로 하는 것이 아니라 마음으로 하는 것이다. 이것이 우리의 감정이고 마음이다.

Ⅳ

어떻게 살고
어떻게 죽을 것인가?

죽을 때 기준
가장 젊은 날은 오늘

인간은 살아가면서 화도 나고, 스트레스를 받고, 상처도 받고, 심하면 분노도 하게 된다. 이런 문제를 해결하기 위해서는 듣기와 말하기, 부정적 감정을 버리는 훈련을 해야 한다. 이런 일련의 과정은 혼자는 어려우니 누군가의 도움을 받는 것이 상담이다. 나아가 인간이 태어나서부터 죽을 때까지 변화과정을 이해하면 스스로 화가 나지 않을 뿐만 아니라 상담을 하는 데 많이 도움이 된다.

우리는 태어났을 때부터 지금의 모습이 아니고, 나이가 들어감에 따라 몸과 마음이 변해간다. 일정한 패턴에 따라서 변화한다. 어린아이 때나 청소년 때는 지금과는 전혀 다른 모습을 보였다. 부모는 애들을 키우다 보면 갑자기 말썽 부릴 때가 있는데, 애가 잘못 되어가는 것이 아닌가, 내가 잘못 키우고 있나 하는 걱정을 한다. 잘못 키웠다기보다는 그 시기가 되면 그런 행동이 나타나는 것이 정상이다. 이런 시기에는 이런 행동이 나타날 것이라는 것을 알고 있다면, 청소년기에 평소와는 다르게 행동을 하더라도 걱정을 하지 않아도 된다.

우리 자신도 중년이나 노년으로 넘어가면서 '내가 지금 뭔가 건강에 이상이 생긴 건 아닌가' 하는 걱정을 하게 된다. 사실은 그것도 그 나이에 나타날 수 있는 정상적인 변화일 수 있다. 이렇게 태어나서부터 왜 변화가 일어나는지, 변화과정은 어떠한지를 알아가는 과정을 심리학에서는 '발달심리학'이라고 한다.

지금까지는 상담을 통해서 부정적 감정을 긍정적 감정으로 변화시켜주고 마음속에 있는 화 같은 감정을 풀어 주는 것이었다면, 여기서는 인간이 태어나서 죽을 때까지의 발달과정을 알아보는 것이다.

'발달'이라고 하면 흔히 떠오르는 단어는 뭘까? 성장한다. 몸이 커진다. 대개 성장과 연관시켜서 생각을 한다. 지금보다 뭐가 좀 좋아지는 것, 커지는 것을 연상한다. 더 많아진다고 하는 것을 발달이라고 한다. 비정상적으로 커지는 것까지 말하는 것은 아니다. 어린아이가 발달한다고 하면 보통 키가 크고, 말하는 단어의 수가 늘어나는 것을 말한다. 발달을 성장으로 놓고 보면 출생에서부터 사망까지의 삶이라고 할 수 있다. 출생부터 사망까지 계속 성장할까. 어린아이로 태어났다가 조금씩 성장하고, 어느 시기에는 유지되고, 어느 시기부터는 쇠퇴하게 된다. 저자도 중학교 3학년 때 키가 177센티였는데 1년 전 종합검진하면서 키가 1센티

줄어든 것을 보고 이제 나이가 들어 늙어가고 있구나, 생각했다. 마음이 찡했다.

처음에는 쭉 성장하다가 일정 기간 유지되다가 쇠퇴하는 과정을 겪게 된다. 삶에서 이런 변화를 예상할 수 있다. 어린아이에서 성장하다가 절정에 이르는 시기를 청년기라고 한다. 유지되다가 급격히 쇠퇴하는 시기를 노년기라고 부른다. 노인하면 성장할 것도 더 이상 없고, 옛날에는 안 그랬는데, 기억력도 없어진다는 둥 얘기한다.

성장이라는 관점에서 봤을 때 발달이 제일 좋은 때는 언제일까? 삶에서 가장 발달이 좋은 때는 당연히 청년기다. 유지는 서로 위로하는 차원이지 실제로는 쇠퇴다. 거울을 보면 내 얼굴이 달라지고 주름살이 생긴다. 스스로 실망하지만 유지될 수는 없다. 다만 급격하게 변하지 않을 뿐이다. 청년기는 삶에서 발달의 최고 절정이다. 어린아이들은 빨리 어른이 되고 싶어 한다. 청년기가 좋으니까.

여자애들은 엄마가 잠시 자리를 비운 사이에 엄마 화장품으로 입술을 그려보기도 한다. 한 번쯤 누구나 해본다. 남자애들은 아버지가 없을 때 담배를 하나 빼서 몰래 화장실에 가서 피워보기도 한다. 왜 그럴까. 빨리 청년기가 되고 싶어서다. 청년기가 제일 좋으니까. 어린아이들이 참 어른스럽다 하는 것은 칭찬일까, 비난일까. 넓게 보면 비난이다. 애는 애다워야 한다.

청년 시기가 지나면 가능한 한 청년기로 가고 싶어 한다. 젊음에 대한 욕망이다. 청년기가 제일 좋으니까. 우리 딸이 "아빠, 옆에 있는 흰머리를 살짝 염색하면 10년은 더 젊어 보일 것 같은데. 내가 염색해줄까?" 한다. 딸의 마음은 안다. 고맙다. 반대로 질문을 한다.

"아빠가 왜 젊어 보여야 할까?"

젊어 보인다면 자기 만족일까. 노인들은 젊어 보인다고 하면 고맙다고 한다. 저자의 집 근처에서 휴지를 줍는 노인이 있는데 너무 열심히 하고 건강하게 보여서 한번은 우연히 길에서 만나 질문을 했다. "하루에 얼마나 버세요?" 휴지가 1kg에 30원이라고 했다. 놀면 아프니까 건강을 위해서 한다고 했다. 젊어 보이세요, 하면서 70세는 되셨나요? 했더니 갑자기 표정이 밝아지면서 "내 나이가 81살"이라고 한다. 너무 좋아했다. 1주일 뒤에 또 만났는데, 전에는 저자를 봐도 모른 척하고 지나갔는데, 이제는 먼저 "좋은 공기 마시러 등산 가네요" 말을 붙인다. 누구나 나이가 들면 젊어지고 싶어 하고 젊어 보인다고 하면 좋아한다.

젊어 보인다는 게 왜 고마운 것일까? 누구나 젊고 싶은 전제가 있어서이다. 바탕에는 '젊은 것이 좋다'는 것이 깔려 있다. 그러니까 나이가 들어도 젊어 보인다고 하면 기분이 좋다. 중년이 되면 청년으로 되돌리고 싶어 한다. 청년이 좋으니까. 어떤 지인은 강의를 할 때 젊게 보이는 것도 청중에게 예의라고 했다. 무슨 의미인지는 알겠다고 했지만 실천하지 않았다.

아무리 경기가 나빠도 살아남을 사업이 있다. 청년기가 지난 사람들에게 이렇게 하면 청년기로 돌아갈 수 있다는 생각을 심어 줄 수 있는 사업이다. 마지막까지 버틸 사업이다. 특히 여성을 대상으로 한다.

그것이 뭘까?

아름다움과 관련된 사업이다. 대표적인 것이 뷰티사업이다. 화장품, 의료산업 같은 것인데 이런 화장품을 쓰면 젊어 보인다. 이 옷을 입으면 젊어 보인다. 이 음식을 먹으면 젊어진다. 대개 화장품이나 의료 모델로 나오는 사람들은 어떤 사람들일까. 젊음의 절정에 있는 20대, 30대가 많다. 화장품 광고도 하고 의료 광고도 한다. '나도 이 화장품을 쓰고 이 옷을 입으면 모델처럼 젊음과 아름다움을 유지할 것'이라는 마음을 가지게 된다.

어느 화장품 회사에서 70대 모델을 사용하면 그 화장품을 살 사람이 있을까. 관심이 줄어들 것이다. 획기적으로 나이에 비해 젊은 할머니라면 살 수도 있겠지만. 바탕에 깔린, 젊음이 좋은 거라는 생각이 암암리에 자리 잡고 있다. 젊음에 관심이 있는 것은 발달을 몸에만 연관시켜 보았기 때문이다.

몸은 성장하다가 20대가 되면 제일 힘이 좋고 원기가 왕성하다. 겉모습도 제일 아름답다고 생각하고 그 이후는 퇴보한다고 생각하게 된다.

성장을 발달에 초점을 둔다면 어떤 문제점이 있을까?

30대를 넘으면 퇴보하는 삶을 살아가는 것이다. 20대가 정점이라면 아무리 노력을 해도 젊게 보이는 것뿐이지 사실은 그런 것이 아니다. 명절 때 가족들이 모이면 화투를 하게 되는데 그때 명언 중에 "시작에서 따는 것은 의미가 없고 일어날 때 봐야 한다"는 말이 있다. 마지막 딴 사람이 제일 잘하는 것이다. 첫 끗발이 개끗발이다. 발달 관점에서 보면 마지막은 다 잃은 인생이다. 아무리 노력을 해도 우리의 삶은 쇠퇴하는 쪽으로 가고 있다. 젊어서 아무리 아름답고 멋지고 발달이 되었다 하더라도 결국 가는 길은 쇠퇴해지는 것을 알 수 있다.

우리나라의 황영조 선수는 마라톤을 잘한다. 90세가 되어도 마라톤을 잘할 수 있을까. 마라톤을 아예 뛰지도 못할 것이다. 요즘 세대 차이를 너무 많이 느낀다. 쌍둥이도 세대 차이를 느낀다고 한다. 아무리 세상이 빨리 변해도 변하지 않는 것이 있다. 지금 젊은 사람도 나이가 들어간다는 것이다. 지금 나이 드신 분들도 한때는 펄펄 날아다녔던 적이 있다. 이것은 변할 수 없는 불변의 진리다.

발달 과정을 성장의 관점에서만 보면 현실과 괴리가 있다. 지금은 과거보다 노년기가 훨씬 길게 살아야 한다. 노년기를 그냥 쇠퇴하는 시기, 아무것도 못하는 시기, 가정이나 사회에 공헌하는 것이 없는 시기로만 바라보게 되면, 너무나 무의미한 시간이 되고 만다. 노년기가 너무 길다. 한국의 평균 수명은 몇 살일까. 평균 82세다(여성 85세, 남성 79세). 여성과 남성의 수명 차이가 대개 6년 정도 된다. 특별한 지병이 없으면 기대 수명은 90세 이상이다. 앞으로는 100세를 넘기는 사람이 많이 있을 것이다. 애석하게도 교통사고나 지병으로 일찍 세상을 떠난 분들이 평균수명을 내린 것이다. 사고가 없으면 85세보다 훨씬 더 오래 살 것으로 예상된다. 연세대학교 김형성 명예 교수는 2021년 현재 102세인데도 강의하고 원고를 쓰고 있다.

그렇다면 기본적으로 90세는 살 것이 예상된다. 사회적으로 정년퇴직하는 60세를 노인으로 볼때 30년이 노년이 되는 것이다. 주위에 보면 70세, 80세에도 건강한 분들이 너무 많다. 30년을 쇠퇴기로 보고 살아가는 것이 과연 맞는지 의문이 든다. 발달을 성장으로 보는 것은 21세기에 맞지 않는다. 이렇게 되면 노년기가 너무나 길어진다. 노년기는 애들 보고 쉬면서 편안하게 사는 것으로 생각한다. 노년기를 30년으로 보면 끔찍하고, 이는 한 세대에 해당된다.

노년을 손자녀 손 잡고 놀며 산다는 것은 너무 지루하다. 단지 수

명이 연장된 것만이 중요한 것이 아니고 길어진 시기를 얼마나 즐겁고 건강하게 사는 것이 중요하게 되었다.

발달을 성장으로만 보는 것은 문제가 있으니 변화라고 보자. 나이가 들어가면 변화가 일어나는 것이다. 성장과 변화의 차이점이 있다. 성장은 좋은 것이고 퇴보는 나쁜 것이다. 좋은 퇴보란 없다. 더하기, 빼기 모두 변화다. 변화의 관점에서 보면 출생에서 사망할 때까지 평균이 된다. 발달의 관점에서 보면 출생은 빼기, 청년은 더하기, 노년은 빼기 등 변화의 관점은 어느 시기가 높은 것이 아니고 평균이 되는 것이다.

변화의 관점에서 보면 어떨까?

발달을 성장으로 보면 몸에 관심을 둔다. 화장품을 사용하면 몸만 젊게 보이는 것이지, 마음이 성숙하게 되는 것은 아니다. 성장은 몸의 성장뿐 아니라 마음의 성장도 있다. 몸의 성장에서 심리적인 부분은 고려하지 않았다. 청년기 때 심리적으로 발달했다가 노년기 때 쇠퇴할까? 그렇지 않고 나이가 먹으면서 심리적인 여유와 세상을 바라보는 지혜가 생긴다. 다른 사람과 대인관계를 맺는 데 심리적으로 편해진다. 청년기 때 지혜가 높았다가 나이들어서 떨어질까? 더 깊어진다. 삶을 몸으로만 봤을 때는 젊어서가 정점이고 노년기에는 쇠퇴하는 것으로 보이는데, 마음이라는 심리적 관점에서 보면 나이가 들면서 더 성장하고 발달해간다. 마음이 발달하는것을 성숙이라고 한다. 마음의 발달은 나이가 들수록 우상향한다. 몸과 마음만 있는 것이 아니고 '영성'도 있다. 인간이 동물과 다른 점은 종교적인 영성에 있다.

인간이 가지고 있는 가장 큰 욕구 중에 인간의 잠재력을 실현하는 것뿐만 아니라 인간의 관계에서 뛰어넘는 초월적 욕구가 있다. 신앙심은 나를 뛰어넘는 세계를 살고 싶어 한다. 현대 심리학은 영성에 대한 중요성을 점점 깨달아가고 있다. 신앙심은 어떤 사람이 깊을까? 신앙심은 젊어서는 약하다가 나이가 들면서 강해져, 60대에 정점에 있다. 몸은 30대가 젊지만,신앙심이 깊어지는 것은 중년 이후다. 신앙이 깊어지려면 '죽음'라는 것이 바탕에 깔려 있어야 한다. 살아있는 동안 이루지 못한 무엇인가를 이루기 위해서 종교에 심취하게 된다. 나아가 지금과는 다른 삶을 살고 싶어 하는 것이 영성이다. 영성은 중년부터 발달하기 시작한다.

인간의 발달을 몸과 마음, 영성의 측면에서 전반적으로 바라볼 때 태어나서부터 죽을 때까지의 변화는 전 시기에 걸쳐서 평균적이다. 이런 측면에서 보면 전생애발달이다. 과거에는 태어나서부터 청년기까지만 발달이라고 봤다. 요즈음은 태어나서부터 죽을 때까지를 발달로 본다. 태아 때부터 1살로 보는 동양이 서양보다 과학적이다. 제일 큰 급격한 발달과 변화는 수정에서부터 태어날 때까지다. 태아가 중요하기 때문에 태아 시기에 대한 중요성도 강조한다. 이런 관점에서 보면 동양의 나이 계산법이 서양보다 낫다. 인생 전반적으로 볼 때 어느 시기가 더 좋은 시기는 없다. 어느 나이에 몸과 마음, 영성 중 하나가 더 발달되었을 뿐이고, 전체적인 평균을 내면 동일하다. 어린아이가 어른스럽다 하면 칭찬이었는데 지금은 애늙은이라고 비난한다. 애는 애다워야 한다.

나이 든 사람이 너무 젊은 사람 같이 행동하면, 나이값도 못 한다고 한다. 나이 헛먹었다고 한다.

어떻게 살아가는 것이 바람직할까?

어린아이는 어린이답게, 청년은 청년답게, 중년은 중년답게, 노년은 노년답게 살아가는 것이 제일 잘 살아가는 것이다. 중년의 아름다움은 청년처럼 살아가려고 하는 것이 아니고 중년에 나타나는 성숙미, 여유, 남을 위한 배려 등이 드러날 때 중년의 아름다움과 멋이 나온다. 지나간 과거에 집착해서 살아갈 필요가 없다. 아무리 노력해도 시간과의 싸움에서 이길 사람은 없다. 겉으로는 안 그런 척하고 살아갈 뿐이지, 매일 아침 거울 보고 화장할 때마다 안다. 시간과의 싸움에서 이길 수 없다는 것을.

그렇다면 이길 수 없는 싸움을 할 필요가 없다. 그 나이마다 내가 잘 할 수 있는 것이 있다. 60세라면 몸으로 할 수 있는 것은 젊은 사람에게 맡기고 많은 경험과 지금까지 못 느꼈던 것을 느껴보고 여유를 가지고 살아가면 젊은 사람보다 훨씬 더 잘할 수 있다.

제일 안타까운 노인분들은 젊은 사람들과 같이 턱걸이 몇 번 한다고 하는 분이다. 물론 이해는 되지만 젊은이들과 경쟁을 할 필요가 없다. 젊은 사람이 노인처럼 살면 안타깝다. 노인들은 건강하게 사니까 좋은데 그보다도 지혜라든지 삶에서 얻은 경험의 고하를 살리는 것이 더 좋다. 노인들은 과거에 집착할 필요가 없다는 것이다. 얼마든지 아름다움이 있고, 아름다움의 기준을 젊은 시기에 맞출 필요가 없다. 나이가 들어서 추하다는 생각을 버려야 한다.

살아가는 방법을 달리하자. 우리는 나이를 출생에서부터 계산한다. 나이가 50세면 오늘이 나이가 가장 많은 날이다. 나이가 들면 생일이 기쁘지 않다. 출생에서부터 나이를 따지는 구조라서 그렇다. 만약에 언제일지는 모르지만 사망할 때를 기준으로 하면 오늘이 어떨까. 오늘이 가장 젊은 나이다. 오늘이 나이가 가장 많이 든 날인지 젊은 날인지는 내가 스스로 결정할 수 있다.

물이 컵에 절반 들어 있다. 어떤 사람은 물이 반컵밖에 없다고 부정적으로 말한다. 어떤 사람은 물이 반컵이나 남아 있다고 긍정적으로 말한다. 물의 양은 같은데 부정으로 보느냐, 긍정으로 보느냐에 따라서 살아가는 자세가 다르다. 오늘 나이가 제일 늙은 날이라고 볼 수도 있고 제일 젊은 날이라고도 볼 수 있다. 그것을 어떻게 선택하느냐는 내가 하는 것이다.

성장하면서 몸과 관련된 것은 부정적으로 변하지면, 마음과 영성은 긍정적으로 변한다. 이런 식으로 생각하면 매 순간 절정을 살아가는 것이다.

태아부터 출생 1년 때 **영아의 감정**

신혼부부나 예비부부들은 자녀가 태어나서부터 돌까지 1년이 무슨 의미가 있고 어떤 발달이 이루어지는지 이해하는 것이 중요하다. 그래야 그 이후 인생의 전 발달 과정을 이해할 때 불안하지 않고 건강한 삶을 살아갈 수 있다. 우리 주위에서 많이 듣는 얘기가 요즘 애들 키우기 너무 어렵고, 직장을 그만두고 싶고, 나이가 들어서 기억력이 떨어진다는 소리다. 왜 그럴까? 건강하게 발달해 가는 과정이고, 걱정할 필요가 없다.

20대와 60대가 달라지지 않고 같다면 나이를 헛먹은 것이다. 당연히 변한다. 발달을 이해했을 때의 장점은 신체의 변화나 정신이 변화되면서 살아가는 것이라는 것을 깨닫게 되어 두려움이 없어지는 것이다. 나이가 들면 몸으로는 하는 것은 좀 떨어지고 쇠퇴할지 모르지만 다른 면에서 좋은 점이 많이 있다. 우리는 나빠지는 면에만 집착해서 나이들었다, 기억력이 떨어진다고 이야기한다. 부정적인 측면을 부각하다 보니 힘들고 괴로울 때가 많다. 거울을 볼 때는 몸만 변화하는 모습을 보지말고 내 마음도 변화하는 모습도 봐야 한다. 그러면 나이가 들어가도 좋은 점이 많음을 발견하게 될 것이다.

삶은 6단계로 구분할 수있다. 출생기, 아동기, 청소년기, 청년기, 중년기, 노년기. 단계마다 발달하는 특성이 있고 그 시기에만 해결해야 할 과제도 있다. 삶의 6단계를 에릭슨(Erickson)의 심리사회적 발달 8단계와 접목하여 이해하기 쉽게 풀어본다(에릭슨의 심리사회적 발달 8단계).

에릭슨의 심리사회적 발달 8단계

- 1단계(태아, 생후 1년): 일관성과 따뜻함이 중요
- 2단계(2~3세): 내가 할래, 미운 3살
- 3단계(5~6세): 야단치면 열등감
- 4단계(7~8세): 학교가기 싫어
- 5단계(중 2): 집 나갈래 중2 사춘기
- 6단계(30대): 나보다 너 중심의 사랑
- 7단계(40~50대): 중년의 위기
- 8단계(60대 이후): 죽음의 두려움

발달단계마다 시기를 잘 보내면 다음에 오는 시기도 잘 보낼 수 있다. 그 시기를 잘 보내지 못하면 다음에 오는 시기에 영향을 끼

친다. 발달 단계마다 모두 중요하다. 특히 임신부터 출생하여 1년까지 시기가 중요하고 영아기라고 부른다. 급격한 변화가 일어나기 때문에 이 시기를 어떻게 적응하느냐가 발달의 중요한 과제다. 이 시기는 심리적으로 어머니와 떨어져 있다는 것을 모르고 아직까지도 어머니의 배에 있다는 느낌을 갖는다. 점차적으로 '어머니와 나는 분리된 존재구나'를 깨달아가는 시기다.

사람을 다른 동물의 발달 측면과 비교해 보면 1년 먼저 태어난다. 방송을 보면 소, 말 등은 태어나자마자 일어나서 어미를 따라 걷는 것을 볼 수 있다. 자기들끼리 소통을 바로 시작한다. 인간은 동물처럼 하려면 1년 정도는 걸린다. 1년이 지나야 어머니를 따라다니고 그 이후에 조금씩 말을 하기 시작하면서 세상과 소통하게 된다. 사람은 동물보다 1년 먼저 태어나는 것이다.

왜 사람이 동물보다 1년 빨리 태어날까?

태어나서 1년이 지나면 돌 사진을 찍는다. 돌 때 사진처럼 큰 애를 어머니가 낳을 수 없다. 경우에 따라서는 1년 전에 태어나도 힘든 때가 있고 심하면 제왕절개 수술을 해서 낳기도 한다. 돌 때 사진을 찍은 애를 보면 뇌가 큰데, 뇌가 큰 애를 어머니가 도저히 낳을 수가 없다. 뇌가 크다는 것은 뇌가 발달되어 있다는 것이다.

인간이 만물의 영장이 되려면 태어나서 1년 동안은 어머니의 뱃

속에 있는 것처럼 키울 수 있는 능력을 가졌다는 것이다. 그래야 1년을 먼저 태어날 수 있다. 1년을 키울 수 있다는 것은 그만큼 뇌가 발달되어 있다는 것을 의미한다. 몸 밖에 있는 아이를 몸 안에 있는 것처럼 키울 수 있다. 이 능력이 발달하면서 인간은 다른 동물과는 질적으로 다른 진화를 하게 된다.

이 시기는 어머니한테 제일 힘든 시기인데 아기가 제일 무기력하기 때문이다. 태어날 때는 무기력한데 만물의 영장으로 성장한다. 아무리 생각해도 아이러니한 것이다. 어머니의 능력이 발달되어 있고 어머니가 위대한 이유다. 어머니의 능력이 떨어지면 떨어질수록 애의 성장이 늦어진다. 어머니 역할이 가장 중요한 시기다.

심리학적 측면에서 봤을 때 애가 느끼는 감정은 무엇일까? 어머니에 대한 믿음이다. 애는 세상 사는 게 불안하지 않다. 나는 아무것도 하지 않아도 어머니가 다 해준다. 때가 되면 어머니의 탯줄을 통해서 영양분이 들어온다. 아무런 노력을 하지 않아도 최고의 환경이 조성되어 걱정할 일이 없다. 이때 제일 편안하고 안정된 삶을 살 수가 있다. 아이가 세상에 나와서도 그런 느낌을 그대로 가져다 주어야 한다. 어머니와 나는 신체적으로 분리된 게 아닌 하나라는 느낌을 가지고 있다. 신체적으로는 탯줄이 끊어져 있는데, 심리적으로는 탯줄이 연결되어 있는 것이다. 애는 어머니에 대한 믿음이 중요한데, 내가 필요할 때마다 어머니가 모든 것을 다 해줄거라는 느낌이다.

세상에 태어나서 1년 동안은 어머니와 관계를 통해서 깨달아야 한다. 경험을 통해서 만들어지는 것이다. 태어나서 그런 느낌을 받지 못한다면, 어머니에 대한 믿음이 없어진다. 다른 말로 하면 신뢰가 있어야 한다. 앞으로 내가 살아가는 데 어려울 때 누군가가 나를 도와줄 거라는 믿음이 있어야 한다. 이런 믿음은 1년 동안 어머니이나 보호자가 심어주어야 한다. 어머니가 없으면 불안해하는 아이가 있고, 어머니가 잠시 자리에 없어도 잘 노는 아이가 있다.

자녀는 어머니에 대한 믿음이 있어야 한다. 우리의 삶은 모순일 때가 많다. 어머니를 믿는 아이는 어머니가 멀리 떠나도 불안해하지 않고 안심하고 살 수 있다. 내가 살다가 어려운 일이 있으면 어머니는 언제든지 나를 도와줄 거라는 것을 안다. 마음 놓고 어머니가 있는 곳에서 멀리 갈 수 있다. 어머니를 믿지 못하면 내가 어려운 일이 있을 때 어머니가 나를 도와주지 못할 것이라고 생각하기에 어머니를 못 떠나고 놀다가도 계속 어머니가 저기에 있는지 없는지 확인해 봐야 한다. 그냥 멀리 떠나는 아이는 부모를 신뢰하고 좋은 관계를 맺고 있는 것이다.

어른이 되어서도 마찬가지다. 결혼해서 1시간마다 수시로 부인한테 잘 있나, 지금 뭐하나 전화하는 사람이 있고 하루 종일 전화를 하지 않는 남편이 있다면 언뜻 보기에는 한 시간마다 전화하는 사람이 부인을 아끼고 자상한 것 같지만, 알고 보면 좀 불안한 것이다. 자녀가 대학생인데도 "어디니, 차 탔어? 몇 시에 집에 오니" 수시로 전화하는 엄마는 불안해서 그런 것이다. 전화를 자주 하지 않는 것은 믿음이 있는 것이다.

어린아이는 믿음을 가져야 한다. 믿음이 없는 아이는 어머니가 떠나면 불안하다. 어머니가 옆에 있는지 확인을 해보아야 한다.

어떨 때 어머니에 대한 믿음이 있을까?

부모는 어린아이 관계에서 일관성을 갖고 키워야 한다. 일관성이란 동일한 방식으로 키워야 한다는 뜻이다. 어머니들이 어린아이를 등에 업고 생활하다가 애가 울면 그때마다 젖을 주는 것이 전통적인 방식이다. 서양은 시각을 정해 놓고 아무리 울어도 그 시간 전에는 우유를 주지 않고 때가 되면 울지 않아도 우유를 준다.

한국식과 서양식 중 어떤 방법이 일관성이 있을까?

어떤 방식이든 한 번 방법을 정했으면 그 방법대로 하면 된다. 울 때마다 우유를 주면 되니까 불안할 이유가 없고 배고프면 울면 된다. 사인만 보내면 된다. 시간을 정해서 하는 것을 알게 되면 내가 울어도 안 주고 안 울어도 우유를 주니까 우유를 달라고 울 이유가 없다. 아기가 울어야 되나 말아야 되나 고민하게 되면 혼란스럽다. 어느 방법이든 어머니가 좋다고 하는 방법을 선택하면 된다. 요즘 어머니들이 애 키우기가 힘든 것은 여기저기 정보가 많아서이다. 어떤 사람은 시간마다 주라고 하고, 어떤 사람은 울 때마다 주라고 한다.

어떻게 할지를 모른다. 우리나라 전통적인 방법은 할머니나 엄마가 하던 대로 하면 된다. 변화가 없어 별문제 없이 잘 큰다.

엄마의 일관적인 행동이 따뜻하게 느껴져야 한다. 일관성과 따뜻함이 있어야 세상일을 예측할 수 있고, 그때 애들은 부모나 친구 등 세상과의 관계를 편안하게 느낄 수 있다. 예측이 안 되면 어떻게 해야 하나, 불안하다. 어른이 되어서도 비슷하다. 중요한 사업자가 되기 위해서 동업자를 구해야 되는데 어떤 사람을 제일 중요한 동업자로 하고 싶을까. 서로 신뢰가 있어야 한다. 내가 믿을 만한 사람이어야 한다. 다른 사람을 평가할 때 한 가지 질문을 해봐라 하면, 거의 그 사람 믿을 만한 사람인지 묻는다. 믿을 만한 한 가지가 많은 것을 이야기한다. 믿을 만하다는 예측이 되어야 한다. 믿을 만하다는 것은 무엇인가. 이러이러한 행동을 할 거라고 미리 짐작을 할 수 있는데, 정말 그렇게 행동을 할 때 정말 이 사람이 믿을 만한 사람이구나를 깨닫게 된다. 일관성과 따뜻함의 두 가지로 어린아이 때부터 키워야 하는 중요한 이유다.

믿음은 먼저 '너'를 믿어야 한다. 아이들이 신뢰하는 대상은 먼저 어머니를 믿어야 한다. 너를 믿으면 그 다음에 나를 믿는다. 너를 믿는 경험을 못 해본 사람은 나도 못 믿는다. 어머니가 첫 믿음의 대상이다. 너와 나를 믿게 되면 우리를 믿게 된다. 세상을 믿게 된다. 어머니를 믿어야 된다는 것을 머리로는 아는데 느껴지지 않으면 우리 삶에 큰 힘이 되지 못한다. 느껴져야 한다. 어머님의 사랑을 받아본 애들만이 믿음이라는 느낌을 가진다. 어머니에 대한 믿음이 있는 애들이 성장해서 신앙생활도 잘 할 수 있다.

신앙심이 좋은 사람은 어려서 1년 동안 어머니에 대한 믿음이 좋은 사람이다. 가까운 어머니를 믿지 못하는 사람이 어떻게 눈에 보이지 않는 신앙심을 가질 수 있을까. 나를 태어나게 해준 어머니를 믿지 못하는 사람은 신앙심을 갖기도 어렵다. 어머니가 1년 동안 자녀에게 믿음을 주어야만 성장해서 인간관계가 좋아지고 신앙심도 가질 수 있다. 1년 동안 신앙심의 기초를 닦아주는 것이다.

어머니에 대한 신뢰를 형성하지 못하면 불신을 갖게 된다. 세상을 믿을 수 없다. 나를 배 속에서 열 달 키워 준 어머니도 믿지 못하는 사람은 세상을 살아가는 데 아무것도 믿을 게 없는 것이다. 세상에서 제일 불쌍한 사람은 어머니에게 사랑을 받지 못한 사람이다. 어머니에 대한 충분한 사랑을 받지 못한 사람은 결혼해서, 예를 들면 부인에게 끊임없이 어머니 같은 사랑을 요구한다. 어머니의 사랑은 어떤 조건도 없이 일방적으로 주는 무조건적 사랑이다. 태아의 어떤 행동과는 관계없이 일방적으로 좋은 것을 주는 사랑이다. 부인에게 이런 사랑을 달라고 요구한다. 부인은 그럴 수가 없다. 엄마가 아니다. 끊임없이 주위에 있는 사람에게 날 엄마처럼 사랑해 줘, 그런 사랑을 받아보고 싶어 하는 하소연을 계속 하게 된다. 불신을 키우게 된다.

이 시기는 믿느냐 못 믿느냐에 따라서 삶의 기초를 닦아 놓는 시기다. 사람의 핵심적인 감정은 믿음과 불신이다. 거기서 나오는 불안함으로부터 떨어져 나와서 다시 편안함을 느끼고 싶어 한다.

성장해서 직장생활하고 결혼하고, 인간관계를 하는 이유는 그 속에서 편안함을 유지하고 싶은 마음이 있기 때문이다.

불신은 나쁜 것이고 믿음은 좋은 것일까?

단순하게 생각하기가 쉽다. 사실 불신이 나쁜 것이 아니다. 믿지 않을 능력이 없는 사람은 믿을 능력이 없다. 불신이 커야 믿음도 커진다. 믿음에서 가장 중요한 것은 이 사람이 믿을 만한 사람인가, 믿지 못한 사람인가를 구별하는 능력이 같이 커야 한다. 불신에 대한 것과 믿음에 대한 것이 같이 성장해야 한다. 어머니들이 밖에 나가서 노는 것은 좋은데 모르는 사람은 따라가지 마라. 세상에는 믿을 사람이 있고, 믿지 못할 사람이 있다는 것을 알려준다. 우리 삶은 믿음과 불신이 항상 존재한다. 믿음이 있으려면 불신이 있어야 한다. 어린아이들은 먹는 것과 먹어서 안 되는 것을 배워야 한다. 배 속에 있는 것 같은 좋은 환경을 못 만들어 주었다고 죄책감을 느낄 필요가 없다. 애들은 세상이 어머니 배 속 같은 것이 아니라는 것을 배워야 한다.

지하철에서 물건을 사가지고 오거나 백화점에서 옷을 사가지고 와서 후회하는 사람은 믿음이 좋은 사람이 아니라 잘 속는 사람이다. 불신이 없는 믿음은 속은 것이지, 믿음이 있는 것은 아니다. 어린이에게 어머니도 믿을 수 있는 것은 아니구나를 하는 것을 알려주어야 한다. 믿음이 불신보다는 커야 한다. 잘 키운다는 것은 세상을 정확하게 느끼게 하는 것이다. 세상은 어머니 배 속이 아니라는 것을 알게 해야 한다.

세상에는 믿을 사람도 있고 믿지 못할 사람도 있다. 가질 수 있는 것도 있고 갖지 못할 것도 있다. 이것을 당당하게 받아들일 수 있어야 한다. 애들이 1년 동안 알아가고 있는 과정이다. 애들이 아무것도 모르는 것 같지만 깨달아 가고 있는 것이다. 가끔 주위에서 보면 신앙심이 있어 열심히 하려고는 하는데 믿어지지 않는다는 경우가 있다. 내가 신앙심이 부족해서 그럴까? 그런 것은 아니다.

하나도 의심 없이 믿어야 좋은 신앙일까?

누구를 믿는다는 것은 아무것도 의심이 없다는 것으로 생각하는데, 그것은 아니다. 믿음의 크기는 내가 상대를 감당할 수 있는 불신의 크기다. 어떤 사람이 믿음이 4이고 불신이 3이면 된다. 믿음이 9이고 불신 8이면 된다. 믿음이 4보다는 9가 더 크다. 믿음이 9이 되기 위해서는 불신이 8이라 가능한 것이다. 우리는 흔히 불신이 적으면 믿음이 올라갈 거라고 생각하는데, 그것은 아니다.

마음은 최소 노력의 원리다. 동일한 결과를 얻으려면 에너지 소비가 적으면 적을수록 좋은 것이다. 믿음이 4인데 불신의 에너지를 7 쓸 이유가 없다. 에너지는 불필요한 데 쓰지 않는다. 갑자기 불신이 5인 사건이 일어났다. 불신이 3인 사람은 이겨낼 수가 없다. 불신이 8인 사람은 가볍게 이겨낸다. 불신이 8이고 믿음이 9인 사람이 믿음이 강한 것이다. 자신감이 있다. 믿음이 9인 사람이 믿음이 4인 사람보다 강하다.

겉으로 신앙심이 강하다고 하는 사람이 갑자기 어려운 일이 닥치게 되면 어떻게 내게 이런 일이 닥칠 수 있어 하고 실망한다. 이런 사람은 믿음이 변하게 되는데, 실은 믿음이 약한 사람이다.

믿음이 강한 사람은 어려운 일이 있어도 흔들리지 않는다. 믿음과 비슷한 것이 사랑과 미움이다.

미움이 없을 때 사랑이 강할까?

그것은 아니다. 내가 어떤 대상을 얼마나 사랑할 수 있지는 내가 받아줄 수 있는 미움의 강도에 반비례한다. 어머니의 사랑이 위대하다는 것은 어머니의 사랑은 미워해도 그 미움을 받아줄 수 있는 크기가 큰 것이다. 모든 사람이 이 놈은 나쁜 놈이라고 야단칠 때 어머님은 내 새끼, 하고 안아주기 때문에 어머니의 사랑이 위대한 것이다.

아무리 우리가 잘못을 해도 받아주는 것이 종교의 힘이다. 종교의 힘을 확인해 보려고 일부러 잘못을 저지르는 사람이 있다. 믿음과 불신의 관계를 알아야 한다. 신뢰를 크게 하기 위해서는 내가 견딜 수 있는 불신의 크기가 커져야 한다. 그것을 이겼을 때 믿음이 오는 것이다. 불신을 받아들이기가 힘들다. 그 힘든것을 이기고 났을 때와 믿음의 강도가 미움을 이기고 났을 때에 사랑의 강도가 커진다. 큰 것을 이기고 나면 작은 것으로 흔들리지 않는다. 믿음이 큰 것은 불신을 할 수 있다는 것을 깔고 있어야 한다. 잘못 생각하면 불신이 없어야 믿음이 있다고 잘못 생각하거나 착각을 하는 경우가 많다.

하나도 따지지도 말고 믿으라는 것은 신앙심이 커질 수 없다. 어떤 사람의 신앙심이 커지는가 하면, 계속 따지는 사람이다. 단, 많이 따지고 의심하지만, 그럼에도 불구하고 믿는 것이 신앙심이 깊은 것이다. 백화점에서 물건을 살 때도 따지고 비교하고 사면 더 만족감이 높다. 그냥 보자마자 물건을 구입하면 집에 와서 후회하는 경우가 많다. 불신이 갑자기 닥치면 힘들다. 훈련이 필요하다.

혼자 불신을 당하면 감당하기가 어렵지만 공동체 속에서 같이 훈련할 때 불신을 감당하는 심리적인 힘이 커진다. 좋은 믿음을 주려면 얼마든지 공동체 속에서 불신에 대한 것을 마음 놓고 질문하게 해야 한다. 공동체 속에서 허락하지 않으면 밖에 나가서 오지 않는다. 공동체 안에서 안 믿어지는 것을 얼마든지 토론하자. 마음 놓고 안 믿을 수 있는 사람이 마음 놓고 믿을 수 있다. 삶은 역설적이다.

진짜 사랑을 확인하는 방법은 배우자의 미운 점을 말해보라고 하면 바로 말할 수 있어야 한다. 잘못이 없어 사랑하는 것이 아니고 잘못이 있음에도 불구하고 사랑하는 것이 진짜 사랑이다. 미움이 없이 사랑하는 것은 적은 사랑이다.

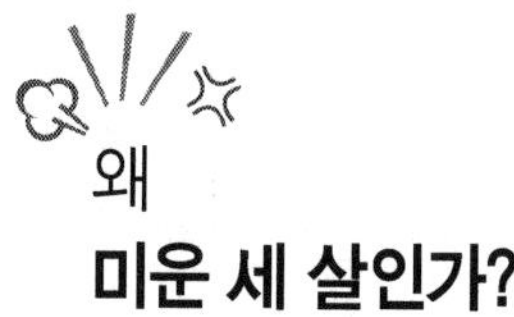

왜 미운 세 살인가?

영아기는 자신이 어머니와 분리된 존재인 것을 모른다. 생물학적으로는 탯줄은 끊어져 있지만 심리적으로는 아직 연결되어 있다. 그 다음에 '어머니와 나는 분리된 존재구나'라는 사실을 알게 되는데 충격적이고 커다란 사건이다. 지나고 보니까 생각이 잘 나지 않지만 어머니와 나는 연결되어 있어서 나는 아무것도 하지 않아도 어머니가 알아서 먹을 것을 넣어줬다. 그러다가 어머니와 나는 분리되어 있는 존재인 걸 깨닫는 의미는 지금까지는 가만히 있어도 알아서 들어왔던 것을 앞으로 내가 해야 한다는 것이 얼마나 큰 변화일까, 하는 것이다.

어머니와 내가 분리된다는 사실을 깨달은 순간부터는 내가 스스로 살아가야 하니까 삶에 중요한 결정을 내가 내려야 하는 것을 깨닫는 것이다. 한 번도 그런 생각을 하지 않았고 그런 준비도 하지 않았다가 어머니와 나는 분리되었구나 하고 깨닫는 것은 1살 때, 우리 식으로 얘기하면 2, 3살 때다. 어머니와 나는 분리되어 있구나 하는 것을 배울 수 있게 하는 놀이 중에 하나가 숨바꼭질이다. 가만히 보면 어린아이가 태어나서 대개 1살 정도 되어 2살, 3살로 넘어갈 때 어머니와 애들은 숨바꼭질 놀이를 자꾸 하게 되는데 엄마가 자신과 분리되어 있다는 사실을 알기 위해서이다. 사라졌다가 너무 오래 분리되면 불안하니까 어머니는 다시 온다.

숨박꼭질하면서 엄마는 있다가 없다가 다시 오고 그 과정을 반복하면서 숨바꼭질 놀이를 통해서 어머니와 나는 분리된 존재이구나, 점차적으로 눈에 보이지 않아도 어머니는 존재한다는 것을 깨닫는다. 어머니는 언제든지 다시 올 거라는 것을 깨닫는다. 이것은 2~3년의 과정에 걸쳐서 이루어진다. 이것이 되었을 때 다음 단계는 유아원에 가게 된다. 유아원에 가는 준비는 심리적으로 몇 시간 동안 어머니와 내가 떨어져 있어도 어머니는 항상 다시 돌아온다는 믿음을 가지고 있어야 한다. 이런 훈련을 하나하나 어머니와 같이 하고 있다. 이때 애들하고 숨바꼭질을 해야 하는지 모르고 할 뿐이지만 어린아이들은 "내게 이 활동이 필요하니까 계속 해주세요" 하고 계속 신호를 보낸다.

애들은 이런 훈련이 필요하다고 어머니에게 계속 사인을 보내는데 내가 필요로 하고 자신에게 발달 단계에 맞는 놀이를 할 때는 기뻐하고 즐거워한다. 어머니는 어린아이들이 즐거워하는 모습을 보면서 세상에서 가장 행복할 때라서 자꾸만 해주게 된다. 어머니와 애는 기쁜 마음에서 서로 깊은 의사소통이 이루어지고 있고 어머니는 반복해서 해주고 애는 재미가 있으니까 웃고 어머니는 제일 행복하니까 또 해주게 된다. 이러면서 조금씩 성장하는데 애가 숨바꼭질을 좋아한다고 해서 40살 먹어서도 숨바꼭질하는 것은 아니다. 그때그때 맞는 것을 하는 것이다.

이때 어린아이들이 배워야 할 것은 자율성인데 내 삶은 내 스스로 결정을 해야 하는 것이다. 지금까지는 어머니가 해주었는데 어머니와 나는 분리된 존재니까. 이제는 내가 결정을 하는 자율성, '스스로 자(自)' 원칙을 세워 놓고 그 속에서 하는 자율로 나타나는 현상이 있다. 어린아이들이 처음으로 '나'라는 단어를 많이 쓰게 된다. 지금까지 어머니가 입안에 밥을 넣어주면 그냥 오물오물 잘먹던 애가 어느 순간부터 "내가 먹을래" "내가 할거야" 등 '내가'라는 단어가 갑자기 많이 나오기 시작한다. 이렇게 되면 어머니는 지금까지는 '아이와 나는 하나' 같은 느낌으로 모든 걸 해주었는데, 어느 날 갑자기 애가 "내가 할래" 라고 하니까 당황스러운 것이다.

어머니가 먹여주려고 하면 자기가 먹겠다고 가져가서 흘린다. 어머니도 섭섭해서 "먹여주고 하는데 왜 그러니?" 하게 된다. 영원히 내 곁에 있을 것 같던 내 새끼가 어느 날 갑자기 자기가 한다니까 어머니는 섭섭하고 당황스러울 수밖에 없다. 흘리는 것도 힘들지만 마음으로는 '요게 나를 떠나는구나' 하는 느낌이 있고 신발을 신을 때 엄마가 신으라는 것을 신지 않고 "저거" "이거" 하면서 자기가 신고 싶은 것을 말하고 기저귀를 갈아줄 때도 "싫어, 싫어" 하면서 거부하는 것을 보고 자기 마음대로 하고 싶어 하니 어머니는 자신을 떠나는 느낌, 싫어하는 느낌을 받고 이제 놓아주어야 하나 하면서 섭섭한 것이다.

자녀만 어머니와 탯줄을 끊어야 하는 것이 아니라 부모도 자녀와 심리적인 탯줄을 끊어야 한다. 자율성이 있으니 애가 흘린 것은 스스로 치워야 하는데, 아직 그 단계는 이르지 못했다. 아이가 흘린 것을 치우려니 어머니는 힘이 든다.

또 하나 눈에 보이는 변화는 평소 장난감을 갖고 놀지 않다가 옆집 애가 와서 장난감을 만지려고 하면 다른 걸 가지고 놀던 아이가 갑자기 달려가서 이거 내 거야! 한다. 어머니는 당황스러워서 너는 가지고 놀지 않으니 옆집 애가 가지고 놀도록 하라고 해도 못 놀게 하면서 "아냐, 내 거야!" 하면서 당황스럽게 하는데 계속 나오는 주제가 '나'라는 것이다. 이런 행동이 어머니 입장에서 보면 미운 것인데 지금까지 어머니의 말을 잘 듣던 애가 "내가 할래" 하니까 그래서 미운 세살인 것이다. 남이 보면 귀엽고 엄마가 보면 밉다. 사실은 어린아이는 중요한 발달을 하고 있는 것이다. 그 애도 얼마나 힘들까? 지금까지는 '엄마와 나는 한몸'이라고 했는데 분리되어 살아야 돼 배워 나가니까 지금까지 어머니가 하던 것을 반대하는 것이고 "이거 내가 할래, 내 거야" 신발을 신어도 "내가 신을래" 옷도 골라주는 걸 안 입고 "저거 입을래"라며 조금이라도 본인이 원하는 것을 해주지 않으면 떼를 쓰고 운다. 그러면 부모는 갑자기 왜 그러냐고 하는데, 자녀 입장에서 보면 아주 중요한 것을 깨달아가고 있는 것이다.

내가 이젠 어머니와 분리된 존재구나 하는 것을 깨달아가는 큰 과업을 하고 있는 것이다. 그러니까 이때 미운 녀석이라고 너무 나무라지만 말고, 아이가 '엄마, 이제는 엄마와 나는 떨어져야 하는 존재래. 나도 내 인생을 살아가는 걸 배우려 하니까 내가 원하는 것을 하고 싶어'라는 이야기를 하는 중이라는 걸 알아줘야 한다. 애는 어른처럼 말을 못할 뿐이고 어머니와 분리되는, 중요한 독립을 하는 순간이다.

애가 '싫어'라는 말을 자주 쓰는데 미운 짓을 골라 하고 안 할래 기저귀를 들면 멀리 도망가는 것은 '나도 이제 어머니가 하자는 대로 그냥 하지 않을 거야'라는 마음이다. 어린이집 가야지 하면 일단 "안 갈래" 하고 보는 것이다. 무조건 거부하는 것인데 분리되는데 중요한 것은 '네 말은 안 들을 거야'이다. 애는 지금 커가고 있으니까 오히려 부모가 걱정을 해야 할 것은 3살, 4살 커가는데, '나'라는 말, '싫어' 하는 말을 하지 않는 것을 걱정해야 하는 것이다. 아직까지 어머니와 탯줄을 끊지 못하니 어머니가 주는 대로 살아가겠다는 것이니까 이것이 오히려 걱정스러운 것이고, 내가 할래, 내 거야, 싫어, 안 할래 이런 얘기하는 것은 애가 지극히 정상적으로 발달하고 있구나 하는 것을 우리에게 알려주는 것이다.

이때 아이가 하는 행동의 의미가 무엇인지 알면 사실 반갑고 축하할 일이고, 애가 나와 분리되어 가는 과정임을 깨닫게 된다. 아이들은 내 눈에 어머니가 안 보여도 어머니는 존재하고 있고 어머니가 안 보일 때는 내가 해야 된다는 것을 깨닫는 것이다.

이때 자율성만 있으면 되는 것이 아니고 부끄러움도 가지게 된다. 어머니 품을 떠나서 내가 혼자 무엇을 해야 되는데 잘 못하고 있구나 하는 감정, 어머니가 보기에 내가 얼마나 부족하게 보일까 하는 것이 수치심이다. 4살 된 애가 화장실에서 응아할 때 어머니가 보려고 하면 "엄마, 나가" "왜?" "냄새가 나니까" "아냐, 꽃 향기 난다"라고 해도 문을 닫아 버리는 것이 수치심이다.

수치심은 누가 알려주어서 아는 것이 아니고 저절로 아는 것인데 인생은 꼭 누가 알려줘서 아는 것이 아니고 스스로 알게 되는 것이 너무나 많다.

애들이 "내가 할래" 하면서 밥을 먹으면 많이 흘리는데 "야, 이녀석아. 너 자꾸 흘리면서 네가 한다고 하지. 엄마가 치우려면 얼마나 힘드는지 알아? 엄마가 하라는 대로 해" 하는 말을 자주 하면 '나는 스스로 할 수 있는 것이 없구나' 하는 것을 깨닫게 된다. 그것이 부끄러움이다. 자기가 잘하는 것이 없다는 것, 능력이 없다는 것을 통해서 자기 능력에 대한 회의를 갖게 된다. 이 시기에 어린아이들은 아주 중요한 것을 배워 나가는 중이고 자율성과 수치심 사이를 왔다갔다하게 된다. 내가 내 것을 해야 된다는 생각도 있고 다른 한편은 내가 잘 못한다는 것, 엄마가 해주는 대로 하고 싶은 마음도 있다. 그것이 내 삶에서 제일 편한 삶이니까. 그렇게 하면 스스로가 자율성을 키워나가지 못하니까 수치심 내지 회의를 느끼게 되는데 자율성은 좋고 수치심은 나쁜 것이 절대 아니고, 다만 자율성이 수치심보다 커야 하는 것이다.

우리는 살아가면서 어른이 되어도 내가 한 결정이 다른 사람의 눈으로 볼 때는 바람직하지 않다는 것도 깨달아야 겸손을 배울 수 있다. 겸손을 배우면 내가 부족하고 나보다 잘 할 수 있는 사람이 있다는 것을 인정하게 된다. 삶에서 수치심이 자율성보다 크면 안 된다는 것이지 수치심이 없어야 한다는 것은 아니다.

소설가 박완서의 『부끄러움을 가르칩니다』에서 나오듯이 우리 사회에서 살아가면서 알아야 할 부끄러움과 겸손함을 배워야 하는데, 가르쳐주는 사람이 너무 없다. 그 이유 중 하나는 젊은 어머니들은 자율성을 키워주기 위해서 어린아이들이 마음대로 하도록 놔두어야 한다고 생각하는데, 이렇게 되면 오히려 오만방자(傲慢放恣)한 애가 되는 것이다. 이런 건 고쳐야 하는 것을 모르고 하고 싶은 대로 하게 내버려 두면 이것은 자율성을 키우는 것이 아니라 오만방자하게 키우는 것이다.

어린아이를 데리고 음식점에 갈 때 애들이 뛰어다니게 되면 다른 사람에게 피해를 주는데도 어머니들은 그것을 놔두는 경향이 있다. 다른 사람들이 "애 좀 뛰어다니지 못하게 해줄래요?" 부탁을 하면 "애들이 다 그렇지" 하며 애들이 뛰어노는 것을 가지고 기를 죽이지 않는다고 생각하나 애가 상당히 버릇없게 다른 사람을 의식하지 않게 키우는 것이다. 자율성에서 '율'은 하고 싶은 대로 하는 것이 아니라 해야 될 것과 해서는 안 되는 것을 구분해서 행동하는 것이다. 기를 살린다고 마음대로 하게 내버려 두면 나보다 능력이 있는 사람의 조언도 받아들일 수 없게 된다. 수치심이 있어야 부족함을 받아들이는 것이다.

자율성이 수치심보다 클 때 수치심이 큰 사람이 자율성도 크게 된다. 수치심이 크면 클수록 잘 해야겠다는 마음도 더 커진다. 오냐오냐 키우면 사회의 적응력이 떨어지는데 자율성만 강하지 수치심에는 견디기 어렵다. 남자는 남자답지 못하고 여자는 여자답지 못하다, 조신하지 못하다 하는 것이 과연 해야 하는 말인지 자녀를 키우면서 어떻게 해야 할지 걱정되고 조심스럽다.

이런 경우는 중요한 단초인 말하기를 다시 불러와보면 자녀와 같이 있을 때 자녀의 행동에 대하여 나의 마음을 전달하는 것인데 예컨대 "너는 왜 흘리면서 먹으려고" 하는 것은 말하기가 아니고 비난하는 것이다. 애가 흘리는 것을 보고 엄마가 느낀 마음이 전달되지 않는다. 말하기는 우선 상대를 인정하고 아이가 혼자 먹고 싶어 하는 것은 받아주고 "그런데 많이 흘리는 것을 보니 엄마는 조심했으면 좋겠다"라는식으로 이야기해주면 아이의 마음은 받아주고 내 마음은 전달을 하는 것이 우리가 배운 말하기의 원리다.

부모로부터 독립한다는 것, 부모에게서 떠나는 것이 삶의 가장 큰 과제다. 부부상담을 하면서 제일 큰 문제의 핵심으로 들어가보면 남편이나 아내가 부모로부터 못 떠난 사람이 많고 심리적인 예를 들면 부모로부터 못 떠난 남편은 아내에게 어머니 역할을 해달라고 요구하고 아버지를 떠나지 못한 딸은 남편에게 아버지처럼 대해달라고 욕구하게 된다. 서로가 원하는 것을 해달라고 강요를 하다 보니 힘들게 되고 부부간의 갈등은 두 사람 모두 또는 한 사람이 부모로부터 분리시켜주는 것이 제일 큰 작업이다. 그래야 부모를 떠나서 부부가 연합해서 한몸이 된다. 큰일을 하려면 부모와 친척 그리고 이웃을 떠나야 되는데, 분리라는 게 그만큼 어려운 것이다.

자율성을 갖게 되면 한평생 살면서 좋은 성품을 가지게 되는데 삶의 뚜렷한 목적의식을 갖고 살아가게 되고 '나는 이런 일을 하면서 내 인생을 살아가겠다'라는 목적을 본인이 정한다. 내가 정한 목적을 향해 분명하게 살아간다. 주위에 보면 어른들도 뭐하고 살래? 하면 그냥 되는 대로 살면 되지, 뭐. 인생이 별거 있나 하고 바람에 흔들리는 대로 살아가는 사람들은 어렸을 때 스스로 결정하는 자율성의 경험을 못 한 사람들이다. 수치심이 강해서 '내가 해봤자 어차피 되지 않을 것인데, 내가 결정할 것이 뭐가 있어?' 하며 그냥 상황에 따라 흘러가는 대로 살아가는 것을 제일 바람직하게 생각하게 된다. 이런 사람들은 목적의식이 없다. 어떤 사람은 목적을 정하면 그 목적을 향해 집중해서 이루는 사람이 있다.

믿음이 중요한 것은 내가 하다가 좀 힘든 것이 있어도 주위에서 도와줄 것이라는 믿음이 있으면 쭈욱 나아갈 수 있다. 목적의식을 가지고 앞으로 뚜렷한 인생관을 가지고 살아가기 원하면 이때 아이의 자율성을 인정해줘라.

집에서 자율성은 주지 않으면서 목적의식은 있었으면 하는 것이 부모들의 생각이나, 자녀에게 자율성을 주면 목적의식은 자동적으로 얻어지는 산물이다. 수치심이 강한 사람은 목적의식을 갖기 어렵다는 것은 '내가 해봤자 야단맞을 것이 뻔한데, 내가 뭘 할 게 있어. 그때그때 상황에 맞게 휩쓸려서 살아가는 것이 인생이다'라고 생각한다. 인생 뭐 있나, 하면서 "엄마, 어떻게 해야 하지? 집은 어디다 얻지?" 내가 살아가는 데 본인이 결정을 못 하고 어머니에게 물어보는 사람이 된다. 결혼을 해도 결정권을 부인에게 넘기고 "당신이 결정을 해줘" 내가 어떻게 살아갈지 어머니를 찾게 되고 부인에게는 어머니처럼 해주고 잘못을 해도 용서나 이해해달라는 것이다.

어머니들이 이율배반적이다. 나한테는 꼼짝 못 하게 하고 애한테는 목적의식을 가지라고 하니 이것은 될 수가 없다. 이런 사람들은 한평생을 수치스럽게 살기는 힘드니까 나를 지키기 위해서 또 하나의 성품을 개발하게 되는데, 그것이 율법주의로의 도피다. 법대로 하면 내가 잘못해도 욕을 먹을 일이 없어진다. 법대로 하자는 것이 참 좋은 얘기 같은데 법은 우리를 지켜주는 중요한 하나의 방어막이 된다. 내가 스스로 선택하고 결정할 것 없이 하라는 대로 하면 되니까 최소한 내가 잘못했다고 욕은 먹지 않으니까 그래서 율법주의를 가지게 되는데 문제는 율법주의가 나쁘다는 것이 아니고 율법대로만 살면 안 된다는 뜻이다.

법을 지키려는 마음이 강하면 강할수록 자율성이 낮아진다. 자녀를 키울 때 야단치는 것이 나쁜 것은 아니고 문제는 길게 볼 때 수치심보다는 자율성을 크게 해야 한다. 목적의식이 약하면 법을 지키려는 의식도 약하게 되고 특별히 이루려는 목적, '나는 이렇게 살아야 돼' 하는 것이 강하면 목적 의식이 강해지게 된다. 부모한테 돈을 10만 원 받아 장사를 해서 20만 원을 만든 사람은 부지런하고 목적의식이 있는 사람이고 10만 원 받아서 어떻게 할지 모르고 실수하면 욕 먹고 하니 불안해서 은행에 보관했다가 그대로 가져온 사람은 게으르고 무능하고 목적의식이 없는 사람으로 영원히 의존적인 사람으로 사회에서 큰일을 하기는 어렵다.

인간관계에서 약속의 약은 서로 분리가 전제가 되어야 가능하고 분리가 되어 있지 않으면 약속을 할 수가 없기에 노예는 내 소유니까 노예와는 약속을 하지 않는 것이고 약속 그 자체는 상대의 존재를 인정한다는 것을 전제로 깔고 있는 것이다.

부모도 자녀를 영원히 소유하는 것으로 여길 게 아니라 나가서 성장해서 하나의 독립체가 되어 나하고 관계를 맺는 것이 서로 원하는 것이다. 자율성을 잘못 쓰고 있으니까 많은 문제가 생기게 된다. 성인이 된다는 것은 독립성을 가지고 살아가야 하는 것이 삶이고 이것을 미운 세살 때 하고 있는 것이다. 같은 원리로 서로 존재를 인정하는 분리가 전제될 때에 결혼을 해야지, 분리가 안 된 상태에서 결혼을 하다보니 부모와의 갈등과 성격 차이로 이혼을 하게 된다.

어머니 입장에서 보면 고분고분하던 놈이 어느 날 갑자기 아니라고 버티면 '왜 이러지, 이녀석이' 하는데 그 버티는 힘이 세면 셀수록 자율성이 더 큰 애로 성장할 가능성이 크니 오히려 더 기뻐해야 한다.

부모는 자녀를 키우면서 오래 참는 것을 배워야 한다. 사랑은 오래 참아야 하는 것이기에 어려운 것이고 애들이 내가 할거야, 내가 할거야를 자주 하면 반항하는 것으로 착각하고 문제아로 생각하기 쉬우나 아주 잘 키운 것이다.

자녀는 처음에 부모에게 해달라고 하는 의존적이다가 내가 할거야 하다가 철이 들면 부모와 같이 한다고 하는데, 심리학적으로 말하면 의존적에서 독립적으로 그 다음 단계는 상호 의존적으로 가게 된다. 귀한 자식일수록 국내 국외 여행을 보내라고 하는 의미는 엄마 품을 떠나서 독자적으로 살면서 고생 좀 해야 상대적으로 어머니 품의 고마움을 느끼게 되니 귀한 자식은 꼭 멀리멀리 여행을 떠나게 해야한다.

유아기와 유년기의 감정

태어나서 1년 동안인 영아기가 지나면 다음에 오는 시기가 유아원에 가는 시기다. 영아기는 어머니와 분리된 것을 깨닫고 내가 할래, 싫어, 내 것 하는 것은 그동안 어머니가 해오던 것을 그대로 따라 하지 않게 된다. 이제는 모든 것을 '내가 할래'에서 조금 크면은 '내가 무엇을 해야지'가 결정이 되어야 한다. 지금까지는 어머니가, 부모가 하라던 것을 '내가 할래' 하고 이제부터는 아예 내가 하고 싶은 것을 하고 싶고 어머니가 하라고 해서 하는 것이 아니고 내가 좋은 것을 하게 되는 시기로 넘어간다. 이런 것을 심리학에서는 '주도성'이라고 한다.

내 삶을 움직여가는 주체가 내가 되어 어떤 계획도 세우고 재미있게 놀기도 하고 자기가 재미있는 게임도 만들어 보고 지금까지 조용하게 있던 애가 갑자기 침대에 올라가 뛰고 점프도 해보고 베개도 던져보면서 소위 정신없이 난리를 피우게 된다. 어머니들이 돌보기 힘든 시기로 바쁘게 일하다가 조용해서 살펴보면 사고를 치고 있다. 애들의 입장에서는 엄마를 괴롭히려고 사고치는 것이 아니라 앞으로 어떻게 살 것인가를 주도적으로 계획을 세우고 실행해 보려고 이런 일을 하는 것이다. 애들은 자기 딴에는 하나하나 어른으로 살아갈 준비를 하고 있지만 여기저기 흐트러진 장난감을 정리하기가 굉장히 힘들다.

이 시기는 아이가 사고치면 치워야 하는 시기로 주도성을 키우는 시기다. 사실 애는 이 시기가 가장 행복한 시기로 하고 싶은 것을 마음대로 해보고 이 일이 옳은 일인지 그른 일인지 판단을 하지 못한다. 그런 판단 능력이 존재하지 않기 때문이다. 사람에게는 양심이 있는데 유아기에 양심이 있을까. 애들이 양심이 있으면 어지럽히거나 던지지 않을 것인데 사실 애들은 양심이 없고 어떤 행동이 옳고 그른 것인지 모른다.

아이들한테 정리를 하자마자 바로 흩트려 버리면 양심이 없다고 하나. 양심이 없다고 하는 엄마가 양심이 없는 것이다. 애는 이때가 제일 행복하나 이렇게만 살면 안 되니까 선악을 구분할 수 있는 죄책감을 발달시키는데 이때는 세상은 네가 원하는 대로만 살 수 없는 것이며 너도 사회적 규범에 따라서 살아야 된다고 알려주어야 한다.

이런 행동은 옳은 행동이고 저런 행동은 옳은 행동이 아니라고 가르쳐주어야 한다. 이전 단계는 애들이 옳고 그름을 구분하지 못하고 다만 어떤 행동을 했더니 어머니가 칭찬을 해주고, 어떤 행동을 하니까 야단을 친다고 생각한다. 애는 왜 야단맞는지 모른다. 양심이 없으니까. 그렇지만 모든 어린아이들이 부모의 사랑을 받아야 하니까 조금씩 이런 행동을 하면 야단을 맞는구나, 이런 행동을 하지 말자. 어떤 행동을 하면 어머니가 칭찬을 해주는구나, 그 행동은 하자. 이런 식으로 행동을 하는 거지 옳고 그름에 대한 규범을 가지고 있는 것은 아니다.

그런 행동을 되풀이하다 보면 그 행동의 결과로 부모가 옳고 그르다를 알려주기 전에 아, 이 행동을 하니까 야단맞았어. 이 행동을 하면 안 되겠네 아, 이 행동을 하면 칭찬 받았어 하면서 '이 행동은 좋은 행동이고 저 행동은 비난 받았던 나쁜 행동이야'라고 부모가 알려주기 전에 스스로 옳다, 그르다를 판단하는 능력이 생긴다. 이러한 사회적 규범을 심리학에서는 '내재화'라 하는데 내 마음속으로 판단할 수 있는 능력이 있다는 것이다. 전에는 몰랐는데 사회가 원하는 방식대로 일하고 생활하는 것을 배우게 되는 것을 주도성이라고 부르고 유아원 때 형성하게 된다.

집을 떠나서 유아원에 간다는 것은 내가 계획을 세우고 다른 사람의 눈에 좋은 것인지 아닌지 알아야 되는데 이전 단계의 부끄러움은 다른 사람의 눈으로 볼 때 어떻게 보이는지에 대한 것이고, 죄책감은 내 양심에 비추어 봤을 때 이 일이 옳으냐, 그르냐를 미리 판단할 수 있는 능력이 생긴 것이다.

심리학적 차원에서 보면 이때부터가 인간이 되는 것이고 인간(人間)은 두 사람이 서로 등을 맞대고 사람과 사람 사이에서 살아가는 관계가 중요하다는 뜻이다. 두 사람과의 관계를 어떻게 지낼 것이냐. 어질게 지내라고 어질 인(仁)이 있다. 사람과 사람의 관계는 어질어야 하는데 제가 원하는 대로만 어린아이처럼 행동을 할 때 얘는 인간도 아니야 라고 하게 된다. 얘는 인간도 아니기 때문에 개××같은 사람이라고도 한다.

이 때를 어떻게 보내느냐 따라서 양심이 있을지 양심이 없을지 결정되는 중요한 시기로 주도성이 죄책감보다 커야 한다. 우리는 어떤 행동을 할 때 이 행동이 옳은 행동인가, 그른 행동인가 미리 생각을 해봐야 되는데 죄책감이 주도성보다 크게 되면 어떤 행동을 할 때 잘못될 수도 있고 다른 사람에게 처벌을 받을까 봐 두려워서 주도적으로 일을 못 하다 보니 주눅이 들게 된다.

어떤 일을 했을 때 이건 잘못한 일이야, 너무 야단을 맞게 되면 일을 시도를 할 생각조차 하지 않게 되고 소극적으로 변하여 하라는 대로만 하게 되는데 어떤 일을 했다가 너 이걸 일이라고 했니 하는 처벌이라는 불안과 두려움으로 오게 되어 주도적이 아니라 소극적인 사람이 되는 것이다.

부모는 당연히 사회규범이 무엇인가를 알려주고 이것을 내재화시켜주고 부모님이 현실적으로 옆에 없더라도 어떤 것이 옳고 그르다라는 사실을 알아서 판단할 수 있는 부모님이 내 마음속에 들어와야 한다. 아, 이걸 내가 했을 때 부모님이 나에게 저런 행동을 하지 말라고 했지. 이것은 나쁜 행동이니까 하지 말아야지. 사람들은 부모나 가까운 사람을 자신의 마음속에 넣고 살고 있고 신앙생활도 내가 어떤 행동을 할 때 이것을 하면 안 되겠다, 하고 하지 않는다. 종교가 마음에 내재화되는 것이고 일을 주도적으로 하지 말라는 것이 아니라 옳은 일을 주도적으로 해야 하는데 그러려면 판단부터 해야 한다. 이것이 양심이고 사회적 규범이다.

죄책감이 강한 사람이 더 주도적이다. 어떤 사람에게 5만 원을 주고 알아서 쓰라고 하면 누구는 주도적으로 생각해서 장사를 해서 10만 원을 만들 수 있고, 어떤 사람은 불안과 두려움으로 5만원을 그대로 갖고 있다가 쓸 수 있다. 10만원을 만드는 사람이 주도적이나 주도성과 죄책감은 모두 있어야 한다. 다만 일을 할 때는 비난이 두려워서 주눅 들어 일을 못 할 정도면 안 된다. 5만 원을 그대로 갖고 있다가 쓰는 사람은 비난을 받을까봐 불안이나 두려움으로 죄책감이 있으면 게으른 것이다.

어떤 일을 주도적으로 한다는 것은 아무 일도 하지 않을 때 양심에 가책을 느껴야 하고 다른 사람이 놀자고 해도 "아냐, 나는 노는 것이 바람직하지 않다고 생각해" 죄책감이 높아져도 그만큼 주도성이 강하게 되니 강조하고 주도성과 죄책감을 모두 가지고 있어야 되지 한쪽만 있으면 그것 또한 부작용이 있을 수 있고 다만 주눅이 들 정도의 죄책감이 있으면 안 되고 우리 주위에 보면 주눅 들어 있는 어린아이를 볼 수 있는데, 이런 애들은 뭔가를 주도적으로 하려고 할 때 옆에서 너무 심하게 야단을 치면 그 다음부터는 또 욕을 먹을 것 같으니 두려우니 일을 할 수가 없다.

주도적인 사람은 삶의 목적이 있고 뚜렷한 인생을 살아가게 되는데 그 일을 통해서 이루고 싶은 것이 있다. "아, 나는 세상을 살아가는데 이러이러한 삶을 살아가야 돼" 하고 삶의 목적이 분명하다. 『목적이 있는 삶』이라는 책도 있는데 이는 죄책감이 커서 목적이 없는 사람이 많다는 방증이다. 우리는 삶에서 죄책감에 힘들어하면 안 되고 죄책감은 갖되 목적을 가지고 주도적으로 살아가야 한다. 다만 목적만 있으면 안 되고 목적을 이루려는 동력 같은 힘인 주도성도 있어야 한다. 목적이 없는 사람은 어떻게 사느냐, 하면 자기에게 주어진 역할만 소극적으로 하게 되고 스스로 하는 것이 없고 그냥 맡겨진 일만 하게 되는데 이유는 그것만 하면 죄책감을 느끼지 않게 되니 죄책감을 느끼지 않는 것이 목적이다.

주도성은 목적을 주도적으로 실천하려는 것이고 주위에 보면 어린아이뿐만 아니라 어른들도 갈라지고 소극적으로 "욕만 먹지 않으면 되는 것 아냐?" 생활하고 어떤 사람은 목적을 향해 이루려는 차이는 유년기에 나타난다. 유년기에 잘못했다고 지나치게 야단을 치면 안 되고 그렇다고 잘못해도 그냥 내버려 두면 안하무인 같은 인간이 되니까 바람직하지 않으니 적당하게 비율이 맞아야 되나 주도성의 비율이 커야 한다.

중요한 것은 일관성으로 한 번 야단을 쳤으면 계속 쳐야 하고 칭찬을 했으면 계속 칭찬을 해야 하며 애들이 생각보다 영악하기에 엄마와 아빠가 둘이 있을 때는 혼내도 옆집 아주머니가 오면 너그러워지는 것을 알고 있다. 그러니까 참고 있다가 옆집 아주머니가 왔을 때 얘기를 할 정도로 영악한데 엄마들은 애들이 아무것도 모르는 것으로 착각하는 경우가 많다.

그 다음에 초등학교로 넘어가는 시기도 중요한데 유년기라 부르고 유년기가 되면 무엇을 하느냐가 관건인데 대개 유년기에 학교를 간다는 것이 무슨 의미가 있는가 하면 원시적 사회건 문명화된 사회건 유년기 때는 성인이 되어 살아가야 할 가장 기초적인 지식과 기술을 배우게 된다. 과거에 남자아이는 농촌에서 소를 끌고 나가서 풀을 먹게 하고 아버지 농사일도 돕고 여자아이는 어머니 설거지도 돕고 청소도 하고 어느 때는 동생을 업고 다닌다. 애들이 학교는 다니지만 남성으로서 여성으로서 그 사회에서 살아가야 할 가장 기초적인 지식을 배우는 시기고 어촌에서 태어났다면 아버지를 따라다니면서 고기잡이에 필요한 기초적인 지식을 배운다. 아니면 사냥을 하는 곳에서는 동네 어른들을 따라다니면서 사냥을 하는 가장 기초적인 것을 배우게 되니 중요한 시기다.

요즘에는 사냥하고 농사를 짓는 사회가 아니니까 앞으로 어른이 되어 살아가는 데 가장 기초적인 국어, 수학, 영어를 누구나 누구나 배울 수 있도록 국가에서 의무적으로 교육을 시켜 주는데 일을 배울 때 열심히 해야 되니까 근면한 성품을 배워야 한다.

내가 잘 해야 되고 근면해야 되는 이유는 인생에서 아주 중요한 인생의 쓴맛을 경험하게 되기 때문이다. 초등학교를 가기 전에는 각각 자신의 집에서 공주님이고 왕자님이었다. 예를 들면 아버지들이 우리 공주님이라고 했다. 공주님의 의미는 아무것도 하지 않아도 옆에서 알아서 해준다는 것으로 성인된 여성이 본인은 아무것도 하지 않는 것을 보고 공주병이라고 하며 우리는 공주로 왕자로 살아왔다.

지금까지는 내가 무엇을 열심히 노력해야겠다는 생각을 하지 않고 살다가 초등학교에 들어가게 되는데 초등학교에 가서 느끼는 것이 무엇일까. 왕자와 공주로 특별한 대접을 받고 살아왔는데 학교에 가보니 한 반에 있는 25명이 알고 보니 다 왕자와 공주가 모여있다. 이게 초등학교에 들어가는 충격이다. 당연히 애들이 학교에 가기를 싫어하게 되고 집에 있을 때는 모두 왕자와 공주로 대접을 받았는데 학교에 가니 25명 중 하나다. 이제 내가 인정을 받으려면 지금까지는 그 집에서 태어난 존재로 인정받았는데 이제부터는 인정받기 위해서는 무언가를 해서 성과를 보여 주어야 된다. 바로 그들과 경쟁을 해야 한다.

경쟁을 하기 위해서는 많은 에너지가 소비되다 보니 학교에 가기 싫어진다. 내가 뭔가를 해서 성과를 보여주어야 하니 여자는 더 이상 공주가 아니라 무수리고 남자는 더 이상 왕자가 아니라 머슴이 된다는 현실이 슬프다는 것을 깨닫게 된다. 힘들고 중요한 고비가 있다보니 당연히 애는 학교 가기 싫어지고 어머니와 아버지와 같이 있으면 영원히 공주고 왕자인데 성인이 되어서 공주나 왕자처럼 행동하는 것은 아무도 인정을 해주지 않으니까 병이 붙어서 공주병이라고 부른다.

결혼해서 시댁이나 친정을 보면 그 느낌을 알 수 있는데 친정에 있으면 공주고 시댁에 가면 무수리가 되는데 초등학교 때 이런 것을 배워야 되니 애들은 감정을 표현하지 못하니까 말을 하지 않는데 마음은 이런 생각을 가지고 있다.

부모들은 애들이 왜 학교에 가기가 싫은지, 어떤 마음인지 알고 있는 것이 중요하다. 초등학교 선생은 중·고등학교 선생님들과 다른데 무엇이 다른가 하면 학교 들어가기 전에는 부모, 초등학교 들어가서는 교사가 교육을 하는데 초등학교는 부모와 교사의 역할, 애들이 학교에 올 때 받아주고 하루종일 교실에서 같이 생활하고 그리고 하교하는 것까지 책임지고 다양한 과목을 선생님 혼자서 가르쳐야 한다.

선생이 부모의 역할을 하는 것은 환경이 갑자기 바뀌면 애들이 적응을 못 하니까 선생이 부모의 역할과 사회에 나가서 만날 현실을 연결시켜 주는 것이고 이 과목 저과목을 수업하다가 중학교에 가면 담임 선생이라도 자신의 과목만 강의를 하면 된다. 애들은 처음으로 '내가 뭔가를 해야 인정을 받는다'는 것을 깨닫고 공부도 하는데 이때 깨닫는 것이 열등감이다.

세상에는 나보다 잘하는 애들이 있구나 지금까지는 나보다 위인 어른만 보았는데, '재와 나는 같은 친구인데 나보다 잘하는구나, 나는 부족한 사람이구나, 인정 받기 어려운 사람이구나' 느끼면서 학교 가기 싫어지는 것이 열등감이다. 집에만 있으면 잘하거나 못하거나 판단의 대상이 아니었다. 무조건 왕자고 공주니까. 나는 못한다는 열등감을 갖게 되고 초등학교 때는 교육이 일등생과 개근상만 있었는데 그러다 보니 상을 받는 소수의 애들만 긍지를 갖게 되고 나머지는 열등감을 갖게 되니 이렇게 교육을 하면 안 되는구나, 사람마다 적성이 다르니까 지금은 여러 가지 상을 주는데, 그중 하나가 청소상, 빈병 모으는 상, 부지런한 상, 내가 왜 상을 받았는지도 모르는 상도 있을 정도로 상의 종류가 많은 것은 아이들에게 열등감을 주지 않기 위해서다. 가정에서도 공부 잘하는 것을 하나의 잣대로 보지 말고 공부도 하나의 적성이니 공부를 잘하면 공부를 잘하다고 칭찬해주고 다른 장점이 있으면 그것을 찾아서 칭찬하면서 삶을 다양하게 살아갈수 있는 것을 알려주어야 지나친 열등감을 갖지 않게 된다.

열등감이 나쁜 것은 아니고 남보다 못하는 부분이 있다는 것을 알아야 겸손해지고 내가 못하는 것이 있다는 것을 알고 있는 것이 크면 클수록 근면해서 잘할 수 있는 힘을 만들어 주게 된다. 기형도의 시에서 「질투는 나의 힘」이라는 시에서 보듯이 질투를 통해서 내가 성장하게 되고 열등감이 있으면서 아무런 노력을 하지 않는 것은 문제가 되고 열등감이 너무 강하면 자포자기하니까 열등감을 알려주되 '너도 근면하면 잘 할 수 있다'는 메시지를 전달하는 것이 중요하다.

아이의 근면성이 발달되면 유능감이 생기고 내가 열심히 하면 목적을 달성할 수 있다는 신념으로, 내가 열심히 하면 과정에서 어려움은 있겠지만 원하는 것을 이룰 수 있다는 확신으로, 목적을 이루기 위해서는 근면하게 일을 해야 되고 이때 필요한 것이 유능감이다. 나는 열심히 해도 안 돼, 하는 사람은 열등감이 너무 큰 것이다. 열등감은 나쁘니까 없어야 된다는 것이 아니고 당연히 있어 하는데 다만 비율이 열등감보다 근면성이 커야 한다는 것이다.

열등감이 많고 질투가 많아서 더 많은 노력을 해서 크게 되는 사람이 많다. 예를 들면 키가 작은 나폴레옹은 키가 작다는 것을 보상받기 위해서 오히려 더 큰 제국을 이루었다. 이런 것들이 물론 말년에는 비극으로 끝났지만. 열등감을 극복하고 무엇인가를 보상받기 위해서 크게 성공한 사람들도 많이 있으며 그것을 키워주면 되는데 만약 이것이 안 되면 열등감이 있으면 항상 부족하다고 살 수가 없으니까 자신들을 지키기 위해서 만들어 낸 것이 형식주의, 어떤 형식에 따라서 그냥 하는 것으로 '너도 형식, 나도 형식'에 맞춰서 하면 누가 잘하는 것이 없으니 열등감을 피할 수 있다.

어떤 거든지 나타내고자 하는 형식이 있는데 종교에 대한 감사의 표현은 기도를 하게 되는데 이런 형식주의가 되면 종교행사에 몇 번 참석, 건물의 규모, 직책, 돈을 얼마 기부에 사로잡히게 된다. 그 바탕에 열등의식이 깔려 있는 부정적인 성향의 사람들이 많은데, 초등학교 때 열등감이 있어도 자존심이 있어서 부모에게 말을 하지 못한다.

왜 중2병인가
무엇이 문제인가?

지금까지는 아동기가 중요해서 조금씩 세분해서 살펴 봤는데 아동기를 이해하는 데 도움이 된 것이고 아동기 때는 일관성 있게 대해야 하며 집에 혼자 있을 때나 옆집에서 누가 와 있을 때도 잘못을 했으면 똑같이 혼내는 것이 아동기의 핵심 중의 핵심이다.

애들을 키우다 보면 제일 힘들고 지켜보기가 어려운 시기가 있고 지금까지는 아동기에 대한 것을 봤고 여기서는 가장 힘들어하는 청소년기다.

아동기, 청소년기, 청년기, 중년기, 노년기 중에서 심리적으로 가장 불안하고 이해하기가 어려운 시기는 어느 시기일까? 두말할 것도 없이 청소년기다. 누구나 다 아는 사실이고 본인들의 과거를 돌아봐도 그랬고 지금 주위 청소년을 봐도 그렇고 잊을 래야 잊을 수 없는 시기다.

또 하나 힘들고 갈등이 많고 불안정한 시기는 어느 시기일까? 중년기다. 아동기는 안정 시기고, 청소년기는 불안정한 시기고, 청년기는 안정 시기고, 중년기는 불안정 시기고, 노년기는 안정 시기다.

발달은 일직선으로 가는 것이 아니라 시계추처럼 안정, 불안정, 안정, 불안정으로 번갈아가며 발달해 가는 것이 우리의 삶이고 그렇게 되는 데에는 나름대로 다 이유가 있다. 그것이 결코 재미삼아서 그런 것이 아닌데 어떨 때 우리의 삶이 불안정해지느냐 하면, 심리적 에너지가 속으로 향할 때, 나에게 관심이 있을 때, 나는 누구인가에 대한 것을 볼 때 삶이 흔들린다.

아동기는 심리적 에너지가 모두 밖을 향해 있어 내가 누구인가에 대한 고민을 하지 않고 있다가 에너지가 내 안으로 들어오면 흔들린다. 청소년기를 흔히 사춘기로 부르는데 '나는 누구인가'를 처음으로 심각하게 고민하고 있기 때문에 흔들린다.

내가 누구인가가 결정되면 청년기 때는 고민을 하지 않고 그대로 살면 된다. 그러다가 중년이 되면 다시 고민이 오고 내가 잘 살고 있나, 내가 살고자 하는 대로 살고 있는가, 진짜 나로 살고 있는가? 다시 나의 인생으로 들어 오게 된다.

내가 지금까지 살아왔던 삶의 기반이 흔들릴 때 우리는 이 삶의 기반을 굳건하게 지탱해야 하기 때문에 내가 누구인가 하는 인간에 대한 고민을 하게 된다. 청소년기에 왜 그런 고민을 하게 되느냐를 보면 청소년을 풀어봤을 때 소년은 어린이고 청년은 어른이기에 청소년은 애도 아닌 것이 그렇다고 어른도 아닌 것이라서 흔들릴 수 밖에 없다. 청소년은 지금까지 살아온 어린이 같은 모습도 있고 앞으로 살아가야 할 어른의 모습도 갖추어야 하는 시기로 두 가지가 겹치다 보니 흔들린다.

'나는 애도 아니고 그렇다고 어른도 아냐' 청소년기는 방황하는 과정에 있고 청소년은 어린아이에서 벗어나서 어른이 되어가는 변화의 시기를 겪는데 이는 마치 누에고치가 애벌레에서 변하는 것과 같다. 뽕나무 잎을 따먹을 때는 벌레지만 누에고치집을 짓고 그 안에 들어가 있다가 그 다음에 나비가 되는 것처럼 누에고치 안에 있는 시기가 청소년기인데 그 안에서 지금 엄청난 변화가 일어나고 있다

"나는 나비인가, 나방인가" 앞으로 나비로 살려면 어떻게 해야지? 걱정을 하고 발버둥 치는 시기인데 그럼 심리적으로는 뭘까. 어떤 생각을 할까? 어린이일까, 어른일까? 심리적으로는 어린이와 어른을 뭘 가지고 구별할까. 다 지나온 삶인데도 막상 질문을 던지면 생각이 나지 않는 것이 우리의 삶인데, 질문을 던지면 대답하기가 어렵고 막상 답을 던지면 맞아, 하게 될 정도로 자신을 아는 것 같

지만 모르는 것이 우리의 삶인 것이다. 마치 다 아는 것처럼 행동할 때가 한두 번이 아니며, 심리적인 어린이와 어른의 차이의 핵심점은 의존적인가, 독립적인가다. 청소년은 독립성을 갖고 싶어 한다.

어린아이들은 한마디로 얘기하면 의존적이다. 먹을 것, 입을 것 걱정하지 않고 울기만 하면 모든 것을 부모가 알아서 해주니까 걱정할 필요가 없다. 애들은 독립적이지 않기에 선거권과 피선거권을 주지 않는다. 선거를 하려면 자신이 독립적으로 판단을 내려야 하는데 어린아이들은 부모의 영향을 받기 때문이다. 어린아이한테 선거권을 줘봐야 부모의 의사로 결정하니까 애들한테 선거권을 주지 않는 것이다. 그러다가 어른이 되어서야 스스로 삶의 선택을 할 수 있다. 어린이는 법적으로 결혼을 할 수가 없고, 법적으로 결혼을 하려면 부모의 동의가 있어야 한다. 18세 이상 넘으면 어느 정도는 내가 결정을 하게 되고 내 인생은 내가 살아야 하고 내가 책임을 져야 하고 여기서 차이는 독립성이다.

결혼은 생물학적, 심리적으로 독립성이 있어야 하는데 그 이유는 자기 자식은 자기가 키워야 하기 때문이다. 이것이 자연의 섭리이고 원칙이며 내가 내 자식을 키우려면 독립적이어야 한다. 우리 주위에는 자식을 낳기만 하고 자식을 키워 달라는 사람들이 있기는 하나 원칙적으로는 니 자식은 니가 키우고 자식에 대한 책임을 대개 친정 어머니가 자식을 키우는 경우 딸과 갈등이 있는 것은 양육

방식의 차이 때문이다. 딸은 내가 원하는 대로 키우고 싶은데 친정 어머니가 이렇게 키워라 저렇게 키워라 하니 그걸 가지고 갈등을 하게 된다. 그 바탕에는 "엄마, 나도 이제는 독립적이야. 나도 엄마야" 하면서 내 자식은 내가 원하는 대로 키우고 싶다고 하지만 친정 엄마로서는 궂은 일은 다 시켜 놓고 섭섭하다. 어린이는 누구 누구의 자녀 누구 누구의 학생으로 살아가는 것이고 독립성은 누구 누구로 살아가야 한다. 누구의 자녀로 살다가 누구의 독립성으로 살아가려면 '나는 누구냐'가 궁금해지고 굉장히 중요해진다. 그래야 독립성이 생기니까. 나를 찾아가는 과정을 어렵게 얘기하면 정체성을 찾아가는 것이며 '너의 정체성이 뭐야, 정체성이 있어야 앞으로 어떻게 살 것이야'가 결정되고 그렇지 않으면 독립적이지 않고 의존적으로 부모가 하라는 대로 할 수 밖에 없다.

어른이 되기 위해서 독립을 해야 하는데 누구로부터 떨어져 나와야 할까. 지금까지 의존적이었던 부모로부터 떨어져 나와야 독립이 된다. 청소년이 되면 다시 한번 독립이 되어야 하는데 일차적으로 생물학적으로 탯줄을 끊는 것이고 청소년기에 이차적인 심리에서 부모로부터 독립을 해야 명실상부한 어른이 되는 것이다.

애들이 부모로부터 떨어져 나오는 훈련을 하는 것이고 그것이 쉽지 않다. 지금까지 태어나서 모든 것을 다 해주던 대상으로부터 떨어져 나오는 것은 보통 어려운 것이 아니다. 그래서 청소년기는 자기들도 힘들어한다. 좀 떨어져 나오기 위해 부모에게 반항을 하게 된다. 애네들이 갑자기 변하는 것은 초등학교 다닐 때는 학교에 갔다오면 어머니를 따라다니면서 학교에 있었던 이야기를 미주알고주알 하다가 중학교에 들어가서는 어느 날 말이 없어지면서 학교에 갔다오면 방에서 나오지를 않는다. 엄마가 따라 들어가서 물어보면 "엄마는 얘기해줘도 몰라" 엄마는 얘기를 해주어도 모른다는 것은 엄마와 나는 다른 삶을 살기 때문이다. 왜? 나는 이제 엄마와는 독립된 삶을 사는 사람이니까. 엄마와 나는 다른 거야. 떨어져 나와야 하니까 엄마의 마음에 못도 박고 마음속으로 하는 소리가 "나 집 나갈래"이다. 청소년들이 집 나간다는 얘기를 많이 하는 이유인데 그러면 부모들은 놀라서 '내가 뭘 잘못 키워서 집을 나간다고 하지?' 걱정하나 애가 발달을 아주 잘하고 있는 것이다.

아이 입장에서는 집을 나가야 된다. 부모로부터 떠나야 하니까. 가출을 제일 많이 할 때도 이때고 집 나간다는 것이 지금까지 살아왔던 부모의 그늘에서 벗어나서 이제부터 독립적으로 살겠다는 표현이 '집 나갈래'이다. 항상 "엄마가 나한테 해준 것이 뭐가 있어" 부모들의 가슴에 못 박는 소리를 골라가면서 하고 "나는 엄마처럼은 살지 않을래" 하는 드라마도 다 그런 거였다. 집을 떠나야 하니까. 사실 이때가 되면 다들 떠나야 어른이 되고 큰 인물들은 대부분 고향과 친척집을 떠나야 한 인간으로서 독립을 이뤄 하고자 하는 목적을 세울 수 있다

막상 떠나려면 두려워서 애처럼 행동하고 어느 날은 떠나고 싶어진다. 아이들 동화책의 기본은 집을 나가는 것인데 대표적으로 『아기돼지 3형제』도 집을 나간다. 애들이 동화책을 보면서 이렇게 집을 나가고 성숙해지면 다시 돌아와서 엄마와 아빠하고 행복하게 사는 것을 배워가고 있다. 그러니까 나가야 되고 세상에 집을 나가지 않고 큰일한 사람은 거의 없다. 애들이 집을 나가겠다고 하면 잘 크고 있는 것이고 집을 나가서 안 들어오면 애가 큰일을 하려고 열심히 노력 중이구나, 하면 된다. 내가 알아서 할게도 잘 크고 있는 것이다. 많은 부모가 자녀들이 생물학적으로 몸에서 제2차 성징이 나타나지 않으면 '우리 애가 발달이 늦나' 걱정을 하는데, 심리적으로 제2차 성징이 나타나지 않으면 걱정하지 않는다.

청소년들이 집을 나간다는 말을 많이 할수록 애가 잘 크고 있는 것이고 "나는 집을 나가지 않고 엄마와 같이 한평생을 살거야" 하는 애들이 문제이다. 그런데 자랑스럽게 "나는 한 번도 말썽을 피우지 않았고 나를 닮아서 그런지 우리 애도 한 번도 말썽을 피우지를 않아"라고 하는 것은 결코 좋은 현상이 아니다. 하고 싶은데 하지 않고 알아서 누르는 것을 철 들었다고 하는 것인데 알아서 누른 것은 슬픈 일이다. 맏딸들이 철 든 경우가 많고, 맏딸 콤플렉스고 이것이 사춘기다.

애들이 부모 밑을 떨어져 나와야 하니까 힘들고 불안해서 그 방편으로 친구를 사귀는 것으로 보상하려고 한다. 친구를 좋아하게 된다. 왜냐하면 불안하니까. 이때 부모님들은 걱정하고 자녀에게 섭섭해서 “친구한테 하는 거 나한테 반만 해라”는 얘기를 자주 하는데 애들은 친구를 사귀게 놔두어야 한다. 그리고 내가 누구인가 생각해보니, 부족한 것도 같고 열등감도 있고 하니 이를 보상받기 위해 찾는 것이 연예인, 가수, 영화배우 등이다. 이들 사진이나 포스터를 방에다 붙여 놓고 내가 마치 그 사람인양 살아가면서 내가 앞으로 어른으로 살아가는 세상을 하나하나 만들어 간다. 가수를 밤새도록 기다리고 부모로부터 떨어져 나온 불안함을 누구와의 관계 속에서 안심을 찾아야 한다. 친구나 연예인이라든가. 애들 방에 가보면 연예인들의 사진을 보고 쟤들이 밥을 주니, 떡을 주니 한다. 섭섭해서 너를 키워 준 사람이 누구인데 저런 놈 붙여 놓느냐, 이건데 섭섭해 할 필요가 없고 그것은 애들이 크는 과정이다.

이런 과정을 거치면서 정체성이 확립되고 성숙해진 후에 부모한테 다시 돌아오게 되는데, 이때는 의존적인 관계가 아니라 상호의존적인 관계로 변하게 된다. 부모는 나이가 들어가니까 일을 젊은 아들이 하고 서로 의존적인 관계가 되고 삶의 과정을 보면 어렸을 때는 ‘부모가 해줘’ 하다가 ‘내가 할래’ 하다가 ‘같이 해’로 변하게 된다.

지금 집을 나간다고 하던 놈들도 때가 되면 다시 돌아오니 걱정할 필요가 없다. 집을 나간다고 하면 마음 놓고 나가라 해도 된다.

오히려 권장할 일이며, 옛 조상들이 자식이 귀하면 귀할수록 여행을 보내라고 하는 것도 이런 맥락이다. 집을 나가서 고생을 해봐야 집이 얼마나 소중한 건지 부모님이 얼마나 귀한 존재이고 사랑을 받고 있다는 것을 알게 된다.

정체성을 찾아야 하는데 애들은 두렵고 불안해서 잘 만들지 못한다. 집을 못 나가고 부모 또한 막으면서 나하고 살자고 한다. 이렇게 되면 역할혼미의 현상이 오고 내가 앞으로 무슨 역할을 하면서 살지 하는 혼란이 생긴다. 독립적으로 살 수가 없으니 내 정체성이 정체성혼미보다 크면 되는 것이고 여기서 정체성은 '나는 누구지' '나는 무엇을 하지' 하는 것이다. 나는 누구인지 결정이 되어야 무엇을 할지가 결정되고 역할혼미는 내가 누구인지를 모르기 때문에 내가 무엇을 하고 살아야 하지도 모른다. 그러니까 그냥 상황에 따라서 누군가가 하라고 하는 일을 그냥하게 되고 내가 일을 찾아서 하지를 못하는 것이 정체성이 결여되어 역할혼미가 오게 된다.

우리 삶은 방황 없이는 다음 단계로 넘어가지 못하고 갈등을 해야 한다. 내가 누구지, 고민을 해야지만 아 나는 이런 존재이구나 알면 그 일을 하라는 것이다. 어느 교사가 교사 생활을 10년쯤 하다 보니 직업에 대한 재미가 없고 내가 왜 이것을 해야지 하는 회의를 느끼고 있었다. 대개 부모님이 하라고 해서 시작한다. 여자가 학교 선생이 되면 다른 직업보다 좋은 점이 많고 큰 잘못 없으면

62세 정년퇴임 후 연금도 나오니 이것보다 더 좋은 직업이 없다고 한 엄마의 권유로 시작하게 된 것이다. 나한테 맞는지, 안 맞는지 모르고 고민도 해본 적 없었는데 10년 해보니까 하고 싶은 직업이 아니다 보니 방황을 하게 된다. 여러 가지로 방황을 하다가 나한테 맞는 것을 천직이라고 부르며 이렇게 되면 방황하지 않는다.

정체성을 확립하면 충직성이라는 좋은 덕성을 갖게 되고 내가 선택한 것은 끝까지 밀고 나가는 능력이 생긴다. 정체성 확립은 나는 누구인가를 깨닫는 것이다. 알고 보면 많은 것을 버리는 것이고 직업을 통해서 보면 어린아이들의 특징은 지나가다가 불자동차가 와서 소방관들이 불끄는 모습이 너무 아름답고 멋있게 보여서 "아, 나는 커서 소방관 될래" 하다가 아파서 병원에 가서 의사가 병을 고쳐주면 "앞으로 나는 의사 될래" 한다. 학교에 가서는 "선생님 될래" "나 제복 입는 군인 될래" "나 연예인 될래" 이렇게 하루에도 수십 번씩 장래희망이 바뀌는 것은 정체성 확립이 안 되서 그런 것이다. 이것도 하고 싶고 저것도 하고 싶은데 어떤 일이든 그 일은 다 나름의 중요한 가치가 있는 반면 아쉬운 점이 있게 마련이다. 플러스가 있으면 마이러스가 있듯 모든 것이 좋은 직업은 없다. 세상에 그런 직업이 있다면 나한테 올리가 없다. 직업은 좋은 점과 나쁜 점이 같이 있다는 것이다.

내가 교사가 되고 싶다면 교육을 통해서 2세를 교육시키는 양육이라는 의미를 갖고 국가의 인재를 키우는 의미를 부여한다. 사업을 하는 사람보다는 수입이 적고 둘 중에 하나를 선택해야 하는데 사업을 한다면 돈을 많이 버는 데 긍지를 가질 것인지, 교직이라면 2세를 양육하는 데 긍지를 가질 것인지 여부를 결정해야 한다.

교사가 되는 것을 결정했다면 더 이상은 옆에서 사업을 해서 돈을 많이 버는 사람을 부러워해서는 안 된다. 안 부럽다는 것은 말은 안 되지만 "저걸 할걸. 내가 지금 잘못 골랐어" 하면 안된다는 것이고 그러기 위해서는 무엇을 할 것인지 본인이 선택을 해야 한다.

우리가 결혼할 때 영숙이는 철수와 영수 두 사람이 있는데 철수와 결혼하면 좋은점도 있고 아쉬운 점도 있다. 영수도 마찬가지다. 누구하고 결혼할지 고민이 되는데 마음 깊은 속에는 둘다 같이 살았으면 좋겠지만 체력적으로, 경제적으로, 도덕적으로 할 수가 없어 하나를 골라야 해서 철수를 골랐다. 철수의 나쁜 점을 감내하고 고르지 않은 영수의 좋은 점은 포기해야 한다. 항상 선택은 한쪽을 포기해야 하는 것이고 내가 누구인지, 나는 어떤 사람과 사는 것이 맞는지에 대하여 고민을 했다면 철수와 충직하게 한평생을 해로를 할 수 있다.

내가 고른 것이 아니고 옆에서 누가 철수하고 살라고 해서 선택하면 '자꾸만 영수하고 살면 좋았을 텐데' 이런 생각이 들면서 '이 인간하고 사니까 나쁜 것이 많아' 생각이 나서 철수와의 관계가 어려워지는 것이 충직성이다.

나는 어떤 사람이라는 것이 분명해져야 하는데 이런 사람인가, 저런 사람인가 하고 매일 바뀌면 청소년기를 제대로 고민하지 않은 것이고 이런 사람들이 대개 직업을 자주 바꾸는 경향이 있다. 이걸 하면 저것이 좋아보이고 저걸 해보면 이것이 좋아보이고 계속 바꿔대는 사람들이다. 이것을 역할혼미라고 하며, 청소년 때 정체성 확립이 아주 중요하다.

청소년 때는 충분히 집 나가서 고생하게 놓아두고 부모는 떠나는 것도 기꺼이 보내주고 왔을 때 받아주어야 충직성이 나온다. 어떤 사람이 역할혼미로 이것 할까 저것 할까 고민하던 사람으로 이 사람들이 직업을 해결하는 방법은 직업이 하나만 있으면 해결하는 것은 모든 것이 동일한 전체주의를 좋아하게 된다. 남자가 철수 하나면 고민할 필요가 없어지고 아니면 모든 남자를 철수와 똑같이 만들어 놓으면 된다. 가까운 데 있는 철수나 멀리 있는 철수나 같으니까. 모든 것이 똑같은 붕어빵을 찍어내면 되고 그럼 이것을 먹을까, 저것을 먹을까, 이것이 클까, 작을까 고민을 하지 않아도 된다. 이것이 전체주의로 이 사람들의 특성은 하나가 옳다고 생각하면 그것에 집착하고 다른 것은 모두 다 틀린 거라 생각하기에 정체성이 확립이 되지 않은 사람은 나와 다른 것을 인정하기가 어려워한다.

나하고 다른 것을 인정하기 어렵고 나하고 다른 것을 인정하면 내가 내린 결정이 틀린 것으로 받아들이게 된다. 나에 대한 정체성을 고민했던 사람은 다른 사람도 나와 같이 힘든 시기를 보냈다는 것을 알아서 존중을 하게 되고 이제는 왜 애들이 괴물같은 행동을 하는가를 이해할 수 있다.

애들은 나쁜 애들이 아니고 커가는 애들이고 나름대로 자기를 사랑하던 부모를 떠나서 독립된 광야로 나가는 길목에 나가기도 하고 싶고 추우니까 들어오고도 싶다. 이 과정을 되풀이하는 것이고 애들이 괴물같아 보이고 도저히 이해를 할 수가 없고 얘네들도 힘들고 이런 과정을 부모가 이해해야 한다. 그래, 너는 잘 크고 있구나. 나에 대해서 저항하고 나가라 하면 애들은 더 성숙한 어른으로 되어 돌아와서 "부모님, 제가 모실게요" 하니 그냥 받아 주면 된다.

애들이 말썽을 피우면 내버려두고 스트레스 받지 말고 내 새끼 아주 잘 크고 있다고 생각을 하면 된다. 중2병의 특성은 원인과 증상은 있는데 치료법이 없는 병으로 오로지 시간만이 치료해주는 병이다. 이때는 오직 친구고 책상에도 친구고 나가서도 친구고 꿈에서도 친구고 부모는 섭섭한데 섭섭할 필요가 없다. 건강하게 자라고 있으니 충직성이 있기 때문에 옆집 사람과 비교하면 안 된다.

청년이 사랑에 빠질 때 **느끼는 감정**

청소년까지는 사실 정서적으로 보면 어린이에 속하는 시기이고 청년기는 어린이를 벗어나서 어른의 시기로 과거 나의삶을 돌아보면서 복습을 하는 시간이었다면 이제부터는 나의 현재와 미래의 노년기까지도 보면서 앞으로 어떻게 살아갈 것인가 하는 예습을 해야 한다.

지금까지 우리가 살아가는 모습에 대한 것이 어느 정도 이해가 되었어야 하고 그렇게 되었다면 참으로 다행스러운 일이다. 발달은 아동기, 청소년기, 청년기, 중년기, 노년기로 구분하고 청소년기까지는 많은 갈등을 겪으면서 나라는 것이 형성되고 청년기가 되면서 어른이 된다. 어른이라고 하는 것은 생물학적으로 부모가 될 수 있는 능력이고 청소년기에는 부모가 될 수 있는 변화의 과정을 거쳐 여성들은 어머니가 될 수 있는 제2차 상징이 나타나고 남자들도 아버지가 될 수 있는 다양한 신체적인 변화가 일어나게 된다.

어른은 부모가 되는 시기로 그러기 위해서는 기본적으로 남녀가 만나야 하는데 청년기 때 해결해야 할 중요한 과제이다. 두 사람의 관계를 맺게 해주는 것이 소위 사랑이라고 하는 것인데 제일 신비스럽고 우리를 성숙하게 하면서도 아픔을 겪어야 하는 시기로 지금 생각하면 즐겁기도 하고 슬프기도 해서 눈물이 난다.

심리적으로는 독립을 해야 청년이 되고 청소년기는 내가 누구인가를 찾아가는 과정으로 이때는 친구를 사귀고 싶어하고 부모로부터 독립을 하려니 불안하니까 친구를 많이 사귀어 친구들과 몰려다니는데, 이때 친구는 주로 동성친구를 의미하고 이성친구를 사귀기도 하나 이때는 사랑이기보다는 첫사랑 내지 풋사랑으로 성숙한 사랑이라고 부르기는 어렵다. 사랑의 기본적인 형태는 나보다 너를 사랑하는 것을 훈련하는 형태가 쌓여야 되고 누구를 사랑한다고 할 때 핵심은 나보다는 너를 중하게 여기고 너를 위해서는 모든 것을 다 해줄 수 있다는 것이다. 관심이 나라는 좁은 세계에서 너라는 넓은 세계로 넘어가는 것이 청년기에 해야 할 아주 중요한 과제다.

너에 대한 관심이 넘어가는 것은 나에 대한 관심이 약해져야 하고 만약 내가 누구인가에 대한 관심이 계속 머물러 있다면 너에 대한 관심을 가질 수가 없고 청소년기 때에는 내가 누구인가를 찾아가기 위해서 가까운 동성친구들과 친할 수밖에 없고 가끔 가다가 이성친구를 사귀지만 성숙한 사랑이라고 부를 수 있는 너를 중심으로 가는 것이 아니라 이성을 통해서 아직까지도 나를 만들어 가는 과정이기 때문에 성숙한 사랑이라고 부르기는 어렵다. 첫사랑은 깨진다거나 풋 사랑이라고 하는 것도 이런 맥락이고 '풋'이라는 것은 아직 어리다는 것이고 사과도 제철에 나오기 전에 풋 사과라고 하듯이 이때는 풋사랑이다. 깨질 수밖에 없는 이유가 사랑이라는 것은 너를 먼저 생각해주고 너를 소중하게 여겨야 하는것인데 아직까지도 나를 중심으로 하고 있기 때문에 이때 하는 사랑은 대개 슬프게 깨질수 밖에 없는 사랑이라서 한번쯤은 해야 성숙해진다. 이것이 있었다고 해서 전혀 잘못된 것도 아니고 아픔을 통해서 내가 변해간다는 뜻이다.

청년기에는 친밀감을 가져야 하는데 동성에서 이성으로 넘어가는 과정으로 이성(理性)은 다를 이고 같은 성에서 다른 성으로 관심이 넘어가야 된다. 그러기 위해서는 나하고 다른 게 나쁜 게 아니라는 사실을 깨달아야 되며, 청소년기에는 나와 다르면 나쁘게 생각하고 아직까지는 내가 확립이 되지 않아 나와 다른 것을 인정하는 것은 마치 내가 틀린 것이라고 생각한다. 나와 다른 것을 인정하기가 어렵고 이성은 나와 다르니까 당연히 인정을 못 하게 되고 이성이 나와 같아지지 않는 것에 대해 화를 내고 이런 생각을 가지니까 풋사랑이 되어 친밀한 감정을 느낄 수가 없다.

나라는 사실이 성립이 되어야 너라는 사실도 성립이 되고 내가 성립이 안 되면 너도 성립이 안 되기 때문에 청소년기 때에 자아정체감이 잘 확립된 사람이 좋은 사랑을 할 수 있다. 흔히 사랑은 자기는 없는 것으로 생각을 하기가 쉬운데 자기가 없는 것이 아니고 내가 확립이 된 상태에서 이제는 자신이 있으니까 나에 대해서 관심을 안 쓰고 내 모습대로 너와 관계를 가질 것이라는 얘기다. 자아정체감이 안 된 사람은 이성에게도 내가 원하는 모습대로 살아주기를 바라고 그것을 통해서 자신을 확립해가는 것이다. 자아정체감이 확립된 사람은 너도 자신이 있게 되니까 나와 다른 모습으로 살아가는 것을 인정하게 되고 다른 모습을 보면서 두려워하지 않게 된다.

대통령 선거, 국회의원 선거, 시의원, 도의원 선거가 많이 있는데, 선거철만 되면 누구를 찍느냐를 놓고 부부갈등이 심하여 이혼하고자 하는 사람이 있다. 이혼하려는 이유는 부인이 자신을 사랑하지 않는 것 같다고 하여 뭘 보고 사랑하지 않는 것을 알았느냐고 했더니 이번 대통령 선거에서 자신과 다른 사람을 찍었다는 것이다.나를 사랑하지 않는 것 같고 다른 사람을 찍었다는 것은 나를 사랑하지 않는 것이고 사랑한다면 나랑 같아야 되는데 다른 것은 분명 사랑을 하지 않는 것이라면서 화를 내고 슬퍼하는 것은 정체성이 확립이 되지 않은 풋사랑에 불과하다. 서로 얼마든지 의견을 교환할 수는 있지만 마지막 단계에서는 서로가 다른 사람을 찍을 수 있다는 것이 인정되어야만 너와 나의 관계에서 어른으로 친밀한 관계가 이루어진다.

특별한 케이스라서 황당한 느낌이 들수도 있지만 우리 실제 생활에서 남편이나 부인이 다른 생각을 갖고 있다고 생각하기 때문에 지나치게 섭섭하고 어떻게 저 사람이 나를 위한다면 저런 생각을 할 수 있을까 하는 경우가 많이 있는데, 아직까지 정체성 확립이 안 된 상태다.

사랑이라는 정의는 다양하게 할 수 있는데, 사랑의 정의보다는 사랑이 아닌 것을 보는 것이 더 분명해질 것 같고 너와 내가 살아가는 목적은 잠재력을 실현하는 것이고 내가 살아가는 것은 내 잠재력을 실현해가는 것이고 너가 살아가는 것은 너의 잠재력을 실현하는 것이다. 그러기 위해서는 너와 나 사이에는 다름이라는 것이 기본적으로 깔려 있어야 된다. 나를 드러내고 살아가기가 불안한데 넓은 길로 갈 때는 잘못 가도 다같이 잘못되니까 큰 문제가 없으나 나만이 좁은 길로 가기는 말로는 쉬울 수 있으나 실제로 행동으로 옮기기는 쉽지 않고 어떤 확실한 믿음이 없다면 좁은 길로 가기가 어려워서 일반적으로 많은 사람이 가는 넓은 길로 가게 된다. 좁은 길이 어려운 것은 항상 불안하고 두렵고 해서 어려운 것이고 사랑을 한다는 것은 '너는 너의 잠재력을 실현을 해야 돼, 너 혼자서는 외롭고 불안하고 두렵지 않니, 걱정하지마. 내가 네 옆에 있으니까. 네가 힘들 때 내가 도와줄 것이니까 나를 믿고 네가 잠재력을 잘 드러내는 삶을 살아'라는 것이 사랑이다.

사랑이 변질되면 지배로 착각하게 되는데, '너는 내가 원하대로 살아다오' 하게 되고 '내가 너를 사랑하잖아' 하는 것은 너는 내가 원하는 삶을 살라고 강요하는 것이지 너의 잠재력을 실현하도록 도와주는 것이 아니다. 마음 깊은 속에는 너와 나의 다름을 인정하지 않기 때문에 내가 생각한 대로 내가 원하는 대로 내 방식대로 살아 달라고 요구하면서 이것을 마치 사랑한다고 착각하지만 지배이다. 내가 못 한 것을 대신 해달라고 하게 된다. 대개 부모가 하고 싶었는데 못 하고 좌절했던 그 꿈을 자꾸 자녀에게 해달라고 요구하는 경우가 있다. 자녀들은 우리가 이루지 못한 꿈을 이뤄주기 위해 이 세상에 온 것이 아니다. 자녀는 자신이 갖고 있는 잠재력을 드러내면서 살아가는 것이지 부모가 원하는 삶을 사는 것이 아닌데도 부모가 원하는 삶을 살아가게 요구하는 지배를 사랑하는 것이라고 착각하고 산다.

우리 문화는 엄마와 자녀가 동일체라는 의식이 강해서 지금까지 살아오는 데 큰힘을 발휘도 했고 부모가 모든 것을 희생을 하고 그 후에는 상처가 많이 생기고 관계가 힘들어진다.

사랑은 소유라고 착각하는데, 너는 내 거야, 너를 사랑하니 너는 나만 바라봐야 돼. 이것은 소유이지 사랑이 아니다. 어머니들이 자녀를 키울 때 제일 힘든 것은 자녀가 편식하는 것이고 사랑도 편식을 하면 안 되고 사랑 중에서 제일 소중하고 중요한 것은 어머니의 사랑이다. 청소년기에 부모를 떠나야 하고 어머니나 아버지의 사랑이 중요하다고 해서 부모의 사랑만 받으면 안 되고 학교 가면 선생님의 사랑도 받아야 한다. 동성친구의 사랑도 받고 이성친구의 사랑을 받아야 되고 다양한 측면에서 사랑을 받아야 되는데 사랑은 너는 나하고만 관계를 맺어야 돼 하게 되면 이것은 소유가 되는 거지 사랑은 아니다.

이렇게 되면 문제가 상당히 많이 생기고 내가 딸을 아무리 사랑을 한다고 해도 남편이 줄 수 있는 사랑, 남자가 줄 수 있는 사랑은 줄 수가 없고 만약에 줄 수 있다면 이상한 일이다. 그것은 그것대로 소중한 것인데 너는 내 품을 떠나지 마, 내 거야 하면 소유가 되는 것이고 말은 내 새끼야 하지만 엄마 믿고 네 길을 가 해야 한다. 미성숙하면 집착이 되고 영화에서 가두고 내가 너를 사랑하기 때문에 이런다, 하고 이제 나를 용서해 달라고 빌고 사랑은 소유라고 오해를 하는 미성숙한 것이다.

친밀감을 갖고 있는 사람은 내가 잘 되는 것도 중요하지만 나를 통해서 상대가 갖고 있는 잠재력을 발휘하도록 힘을 주는 것이 사랑이고 너와 나는 다르지만 그럼에도 불구하고 너에게 헌신할 수 있는 능력이 사랑이다.

외로운 사람은 고립감에 빠지기도 하는데, 자신을 지키기 위해 내가 너무 엘리트이기 때문에 내가 외로운 거고 나와 관계를 맺을 수 없는 것이 운명이야 하고 합리화한다. 나와 너의 다름을 인정하지 못해서 관계를 맺지 못하는 것은 인식하지 못하고 나와 맞는 사람이 없어서 관계를 맺지 못하고 있고 스스로 천재의 숙명이야 하면서 외로움을 우월감으로 받아들인다.

주위에 이런 사람이 많이 있고 대개 왕따고 만남을 자주 갖지 못해서 따돌림을 당하는 것이고 쟤는 왜 저러니 혼자 잘났다고 하고 외로운 사람은 우월의식이 있다는 것이다. 종교에서도 우월의식이 있어 나는 너보다 믿음이 좋고 진리의 말씀도 많이 알고 있다 하는 것 또한 우월의식이다.

친밀감이 고립감보다 크면 되는데 나는 혼자라는 의식이 깔려 있을 때만이 타인을 제대로 인정할 수 있으며, 사랑과 외로움은 동전의 양면과 같이 존재해서 혼자 있을 수 없는 사람은 다른 사람을 사랑할 수 없다. 이유는 늘 같이 있자고만 하니까. 늘 내 옆에서 놀아 달라구 하는 것은 소유하고자 하는 것이다. 내가 어디를 가더라도 항상 같이가야 하는 것이 아니고 너는 너의 삶이 있고 나는 내 삶이 있다. 그러기 때문에 혼자서 있을 수 있는 사람만이 다른 사람과 좋은 관계를 맺을 수 있고 자아정체감이 확립된 사람만이 성숙한 사랑을 할 수 있고 혼자 있을 수 있는 사람만이 누구와 같이 있다는 것의 소중함도 알게 된다.

고립감이 나쁜 것이 아니라 우월감이 고립감보다 커야 할 뿐이고 우월감이 없고 고립감만 있으면 삶에서 나는 부족한 사람이고 아무것도 아냐 하면 이런 사람은 좌절하기 때문에 우월 의식도 적당하게 있으면 좋은 것이며, 나를 스스로 존중할 수 있을 정도의 자존감은 있어야 한다.

내가 나를 존중하지 못하는 사람은 타인이 자신을 존중하도록 강요하게 되고 그렇게 되니까 지배나 소유를 하게 되고 지금까지 본 것을 통해서 중요한 원칙이 만들어지는데, 사람을 변화시키는 힘 중에서 사랑보다 더 큰 것은 없다.

많은 부모들이 질문하거나 걱정하는 것은 어렸을 때 부정적으로 성장한 아이가 나중에 바뀔 수 있을까 하는 의문을 갖게 되는데, 분명한 것은 바뀐다. 어렸을 때 형성된 것이 바뀌지 않는다면 상담이라든가 교육이 아무런 의미가 없다. 가장 큰 변화를 주는 것은 사랑이고 자식이 성장하는 데 부모의 사랑이 필요하고 이성 간의 사랑이 중요한 힘을 발휘한다. 종교를 위해서 죽는 순교이고 사랑을 위해서 죽는 순애(殉愛)가 바로 그것이고 가장 고귀한 것은 너를 위해서 내가 죽을 수 있을 정도로 사랑이 우리를 변화시키게 된다.

사랑은 나와 너가 만나는 사람에 의해 결정되고 아동기에는 부모, 선생님, 친구지만 제일 중요한 사람은 역시 부모이고 부모와 어떻게 관계를 맺느냐에 따라서 신뢰와 불신, 자율성과 수치심, 주도성과 열등감을 느끼게 되고 대개는 부모가 자녀를 잘 가르쳐 주는데 부모와의 관계가 불신감, 수치심, 열등감이 많을 경우 예를 들면 사람을 믿지 못하고 수치심이 많고 열등감을 많이 느끼고 주도적이지 못한 사람일 경우는 부모와 관계에서 그렇게 된 것이고 이런 자녀라도 초등학교에 가서 좋은 선생님을 만나면 부모도 믿지 못하는 애를 선생님이 사랑으로 보살펴서 선생님을 믿고 타인까지 믿게 되었으면 불신보다는 믿음이 수치심보다는 자율성이 열등감보다는 주도성이 강한 것으로 소극적인 사람이 적극적인 사람으로 부정적인 사람이 긍정적인 사람으로 변화하게 하는 것이 사랑의 힘이다.

예술인이나 코미디언 중에 집에서 공부를 하지 않는다고 까불기만 하니까 너 앞으로 뭐가 될래 하면서 혼나던 애가 어느 날 학교에서 오락 시간에 재미있게 진행하는 것을 보고 야, 너 진짜 유능한 자질을 갖고 있구나 그 방향으로 나가볼래? 한 것이 연극반도 들어가고 해서 예술인이 된 사람들이 있다. 이런 사람은 선생님을 잊을 수가 없고 그 분을 통해서 부정적에서 긍정적으로 변화가 된 것이고 좋은 친구를 만나도 변하게 되고 친구 따라 강남 간다는 얘기처럼 부모님과 선생님의 부정적인 것에서 긍정적으로 변하게 된다.

제일 강하게 변화시키는 것은 배우자나 애인 같은 이성 간의 사랑으로 목숨을 바칠 정도로 상대를 사랑하니까. 부정적이고 소극적이던 사람이 좋은 이성을 만나서 진정한 사랑을 하게 되면 긍정으로 변화하게 된다. 우리는 얼마든지 변화가 되는데 누구를 만나느냐 좋은 사람을 만나느냐에 따라서 얼마든지 바뀔 수 있다.

부모의 관계가 나쁘다고 해서 목숨을 바치지는 않지만 사랑하는 애인과 틀어져서 목숨을 버리는 경우는 나올 만큼 사랑은 그만큼 나에게 영향을 주는 것이고 연애할 때 네가 내 곁에만 있어 주면 나는 정말 세상에 부러운 것이 없고 행복하게 해줄 거야 하는 말에 속았다가 고생하는 경우가 많다. 이런 과거의 감정들을 한 번 느껴 볼 수 있고 시기마다 누구를 만나느냐에 따라서 변할 수 있다. 한 가지 아쉬운 점은 처음에 부정적인 사람이 갑자기 긍정적인 사람을 만나기는 비교적 쉽지 않아 우리를 안타깝게 한다.

처음으로 돌아가서 상담자는 부모가 필요한 사람은 부모의 역할을, 친구가 필요한 사람은 친구의 역할을, 연인이 필요한 사람은 연인의 역할(신체가 아닌 정신적인)을, 부정적인 측면에서 긍정적인 측면으로 변화되도록 도와주는 과정이다. 상담이 성공적으로 끝나면 선생님을 만난 것이 내 인생에 큰 전환점이 되었다고 하고 이유는 지금까지 부정적으로 살아가다가 긍정적으로 살 수 있다는 것이다.

어린 시절에는 내리사랑으로 받는 사랑이고 청년 시기에는 주고받는 사랑으로 하다가 자녀가 생기면 주는 사랑으로 가야 하는 것이 사랑의 원리라고 할 수 있다. 받는 사랑에서 주는 사랑으로 커져야 주고받는 사랑으로 갈 수 있고 받는 사랑보다 주는 사랑이 더 큰 것이 진정한 사랑이다.

사랑은 누가 변화시켜 주는 것이 아니고 내가 변하는 것이고 상대방을 이기려 하는 것은 지배 내지 소유로 사랑이 아니고 상대방의 잠재력을 실현하도록 도와주면서 내 잠재력도 실현하는 것이 진정 사랑이다. 자신의 잠재력 실현에 노력을 하지 않는 사람은 상대방에게 무엇인가를 요구하게 되는데 나는 내 것을 하고 상대에게 받아서 서로가 성장해야 한다.

사랑을 받기만 한 사람은 받으려고만 하지 사랑을 주어야 할 때 주지 못하게 되는데, 소위 성인아이는 나이는 들었고 성인은 사랑을 타인에게 주는 것인데도 이 사람은 끊임없이 달라고만 하니까 성인아이가 되는 것이고 이런 배우자를 만나면 계속 달라고만 하니 나도 외롭고 힘들어진다.

왜 중년이 위기인가. **무엇이 문제인가?**

청년기의 사랑은 나의 관심에서 너의 관심으로 옮겨가 상대의 잠재력을 성장할 수 있도록 도와 주면서 나의 잠재력도 성장하게 된다. 청소년기 때 자아정체성이 확립되지 않고 흔들려서 결혼하면 배우자에게 부모와 같은 사랑을 요구하여 관계를 어렵게 하는데, 중년기 때도 청소년기 때처럼 흔들리는 시기다.

중년은 언제부터일까?

참으로 대답하기가 어려운 것이고 제일 정확한 것은 내가 중년이라고 생각할 때가 중년이다. 청년이라 생각하면 청년이고 노년이라 생각하면 노년인 것인데, 사람마다 생물학적, 심리적, 사회적으로 다르기 때문이다.

여성들은 대개 몇 살부터 중년이라고 느낄까?

어느 연구에 의하면 중년은 41세로 보고 있고 심리적인 측면서 생각하는 것이고 생물학적 측면으로 보면 이보다 더 빠른 35세로 머리를 감다가 갑자기 흰머리를 발견하고 또는 눈 주위에 주름이 생겨서 영양크림을 바르면서 거부하다가 41세가 되면 느낌으로 아, 나도 이제 중년이구나 하고 심리적으로 생각하게 된다.

중년의 특성은 불안하고 흔들리는 시기다. 청소년기를 사춘기(思春期) 중년기를 사추기(思秋期)라고도 하고 청소년기를 첫 번째 청소년기, 중년기를 두번째 청소년기라고 부르기도 하한다. 발달은 수직선상으로 올라가는 것이 아니고 안정, 불안정, 안정, 불안정으로 마치 시계추처럼 왔다갔다하는 과정을 거치면서 살아가고 있다.

그럴 만한 이유가 있고 불안정할 때는 심리적 에너지가 내면으로 들어올 때 그런 것이고 어린아이 때는 관심이 항상 외부에 있어 '어떻게 하면 재미있게 놀까'에 치중하지 '나는 누구인가'에 대한 생각을 하지 않는다. 청소년기 때는 나는 누구인가에 대한 관심을 갖다가 정체성이 확립되면 청년기 때는 다시 관심이 외부로 가서 가정을 꾸린다. 여성들은 자녀를 양육하는 데 관심이 있고 남성들은 사회에서 성장하는 데 관심이 있게 되고 이때도 나는 누구인가에 대한 것에 고민을 하면 안 되는 시기이다. 청소년 때 방황하던 사람들도 청년기가 되면 아침 출근 시간에 검정 신사복에 컴퓨터 가방을 둘러메고 회사를 향해 뛰어가 지하철에서 졸면서 가는 모습은 그렇게 화려했던 청소년들의 모습은 온데간데 없고 서로 비슷한 모습으로 변하게 되는 시기다.

중년이 되면 현재 내가 잘 살고 있나? 지금 살고 있는 것이 내가 바랐던 삶인가, 다시 한번 흔들리는 시기다. 흔들리는 시기 중 청소년기는 어린이와 어른의 중간 시기라서 그런 것이고 중년기가 흔들린다는 것은 청년과 무엇인가를 만나야 되는데 어른 시기는 다시 젊은이와 늙은이로 나눌 수 있다. 인생을 크게 세 가지로 구분하면 어린이, 젊은이, 늙은이로 나눌 수 있다. 중년이라고 하는 것은 젊지도 않고 그렇다고 늙지도 않은 시기로 중년에는 젊음의 모습도 있고 늙음의 모습도 있다. 앞으로 다가올 노년의 모습도 함께 있는 시기, 그러니까 이 시기도 두 개가 맞물려 있으니까 흔들리게 되고 나는 지금 뭐지, 앞으로 어떻게 살아야 하지 이런 것에 대한 또 하나의 내적 갈등이 있는 것이다.

아동기는 내가 앞으로 어떻게 살아야지 하고 자료를 모으는 시기이고 청소년 시기는 내가 누구지 하고 나를 형성하는 시기이며 청년기는 형성되었으면 그대로 살아가는 시기라고 해보자.

중년은 무엇하는 시기일까?

각자가 지금까지 살면서 무엇을 했는지 점검하고 자신을 평가하는 시기인데, 지금 내가 잘 살고 있는지 왜 평가해야 할까. 잘 살고 있다면 그대로 살면 되고 잘 못살고 있다면 변화가 일어나야 하는데 변화는 언제 점검해야 할까. 변화할 수 있는 기회가 있는 시기가 지나고 노년이 되면 사실 변화하기 늦은 시기로 노년에는 평가를 해서 잘못되었다 하더라고 회환(回還)만 남을 뿐이고 변할 수가 없다. 평가는 이제라도 변할 수 있을 때, 그때 평가를 해봐야 되는 것이다. 평가 받고 감사를 받는 것은 두려운 것인데 지금까지 잊고 살아 왔던 또는 잊고 싶었던 것을 드러내야만 잘못된 것을 찾아낼 수 있으니까. 내가 평가하는 이유는 시간이 지나면 더 이상 변할 수 없다는 느낌 때문이다.

삶의 전체에서 보면 중년의 시기는 절정에 있는 시기이고 내가 가지고 있는 여러가지 자원, 심리적 자원, 사회적 관계의 자원, 사회경험적 자원이 있다. 젊은 사람은 신체적으로는 강건하지만 사회적 경험이나 사회적 관계망은 좁은데 반해 중년은 아직은 신체적으로 건강하고 동시에 사회적으로 많은 경험을 쌓고 심리적으로는 다른 사람을 이해할 수 있는 여유도 갖고 있기 때문에 우리 삶에서 절정에 있는 시기라고 할 수 있다. 절정은 항상 내리막길만 남아 있기 때문에 절정에 있다는 것은 동시에 한계가 있다는 것을 의미한다.

세상은 항상 양면성이 존재하게 되어 있고 절정이 있으면 한계가 있고 절정만 있는 시기는 없다. 청소년기는 신체적으로는 절정에 있지만 심리적으로는 미성숙한 면이 많다. 항상 두 가지가 존재하는데 중년은 신체적으로 한계이고 심리적으로는 죽음의 시작이다.

삶에서 죽음을 제일 두려워 할 나이는 언제일까?

중년이 죽음에 대한 두려움과 불안이 몰려오는 시기이다. 왜냐하면 나도 이제 더 이상 젊지 않고 죽음을 향해서 달려가고 있구나를 깨닫는 순간에 한계로 죽음을 생각하게 된다. 그런 느낌이 오면서 갑자기 묻힐 묏자리를 보러 다니기도 하고 죽음에 대한 이야기를 두려워하기도 하는데 어떻게 생각하면 죽음은 부정적이기 때문에 사실 죽음과 한계를 기쁘게 생각하는 것은 거의 불가능하다. 처음에 '내가 이제 중년이구나' 생각하면 나타나는 행동은 무엇일까. 부정적인 것을 맞닿았을 때 회피하는 행동을 하게 되는데 먼저 부인하게 된다. '아직 나는 젊어, 늙지 않았어' 이렇게 생각하려고 노력을 많이 하게 된다. 그 젊음을 오래 가지고 싶고 중년을 부인하는 심리적인 것 때문에.

중년 시기에 사회적으로 많이 나타나는 문제가 뭘까? 사회적으로 일어나는 것이 중년의 외도이다. 이를 아름답게 미화하여 중년의 로맨스라고도 하는데, 사실 내가 늙지 않았다고 하는 것을 확인하는 처절한 노력이다. '아직 너는 젊다, 늙지 않았다'라는 것을 남이 얘기해줘야 한다. 스스로 젊다고 하는 것은 효과가 없고, 남이 해줘야 한다. 남이라고 해도 나하고 나이가 같거나 비슷한 사람끼리 모여서 '우리가 젊지' 해봐야 소용이 없고 오히려 더 처절해 보이고 더 쓸쓸할 수 있다. 그럼 누가 해주어야 할까. 나보다 젊은 사람이 해줘야 한다.

아직도 젊어 보인다고 할 때 효과가 있고 젊다는 표현도 동성보다는 이성이 해주는 것이 더 효과가 있다. 중년이 되면 나이가 지긋한 사람과 젊은 사람과의 만남이 이루어지는 것이 빈번해지는데, 나이가 든 사람은 젊은 사람을 통해서 '나는 아직 나이가 젊어'라는 느낌을 받고 싶기 때문이다.

예전에는 오전에 하는 드라마에 중년의 남성과 젊은 여성이 등장하는 일이 많았는데, 요즘은 여성들도 사회생활이 늘어나다 보니 여성이 나이가 많고 나이가 젊은 남성과도 만나는 현상이 점점 늘어나고 있다. 여기서 얘기를 하는 것은 중년의 외도가 결코 바람직하다는 것은 아니고 왜 그때 많이 일어나는지를 이해할 필요가 있다.

중년을 부인한다고 해서 잠시 멈출 수는 있지만 끝까지 부인할 수는 없다. 그 다음 단계는 타협을 하게 되고 나도 나이가 먹었다는 것을 인정하고 내가 앞으로 일을 할 수 있는 시간도 얼마 남지 않았다는 것도 인정하게 된다. 그러나 이렇게 내 인생을 끝내기는 억울하니 나도 이젠 내가 진짜 원하는 것을 하면서 살고 싶은 욕망이 강하게 일어나고 나를 돌아보니 내가 지금 하는 일이 젊어서 꿈꾸던 그런 일이 아니라는 생각이 든다. 젊어서는 내가 뭔가를 하면 더 나아질 것이라고 생각을 하고 노력을 해서 살아왔는데 이제 보니까 이 상황에서 큰 변화가 일어나지 않으면 내가 원하는 모습으로 갈 수가 없겠다는 생각이 든다. 이런 절박한 심정이 드는 이유는 한계라는 것을 느끼기 때문인데 이것이 젊은 사람과 중년이 다른 점이다.

젊은 사람들은 미래를 보고 살아가니까 지금은 어렵더라도 노력을 하면 달라지겠지 하는 희망이 있는데, 중년은 이제 꿈을 꾸기에는 나이가 들었다. 세상은 꿈을 꾸는 대로 되지 않는다는 지혜도 생기고 그렇다고 내가 이대로 살고 싶지는 않기 때문에 타협하게 된다.

타협은 두 가지로 나타나는데 지금까지 가장 많이 해오던 것이 일에 대한 직업이고 이제는 나도 내 일을 해보고 싶어서 이직하는 경우가 많다. 회사에서 승진해 보려고 집에서 애들이 놀자고 해도 뿌리치고 회사에 가서 열심히 일을 했는데, 40대 후반이 되면 내가 올라갈 때가 어디까지인지를 깨닫게 된다. 올라가는 자리가 거의 내가 예상했던 자리가 아니라고 생각하고 거기까지 가기가 힘들고 또 아래서는 젊은 친구들이 올라오는데 그 친구들과 같이하기는 어렵다는 느낌도 든다. 지금까지 그렇게 열심히 한 것은 온데간데 없고 이제 '회사를 나가주었으면' 하는 눈치가 보이기 시작하고 한편으로 배신감을 느끼고 '내가 지금까지 이렇게 열심히 일을 했는데' 그러면서 결국은 내가 회사 좋은 일만 시킨 것 같고 회사는 돈을 벌고 나는 월급만 받았구나 하는 느낌을 받는다. 이러다가는 갈 길이 뻔한 것 같고 나보다 먼저 퇴직한 사람들을 보면 금방 알 수 있듯이 이제 나도 내 사업을 해보겠다는 생각이 든다. 회사를 잘 다니다가 어느 날 갑자기 "회사 그만두려고. 내 사업을 해볼래" 하는 식의 변화가 일어나기 시작한다.

또 하나 나타나는 것이 결혼생활인데, 결혼생활을 돌아보면 이 남자 이 여자와 살아봤자 내가 원하는 결혼생활이 아니라는 것을 더 이상 감출 수가 없다. 전에는 열심히 살면 오손도손 지금은 지하방에서 생활하지만 나중에는 윗층에서 살 거라는 꿈이 있었는데, 이제는 아무리 해봐야 안 되는구나 깨닫게 되면 이 사람과 살아야 할 이유가 뭘까 하는 회의가 생긴다. 그래서 중년에 이직과 이혼이 많이지게 되어 이혼율이 중년이 되면 쭉 올라가게 되는 것이 중년의 위기다.

이렇게 중년이 힘들고 심각한데도 불구하고 우리 사회는 아동기나 청소년기는 관심이 많은데 중년에 대해서는 별 관심이 없다. 중년도 굉장히 방황하는 시기인데도 청소년기는 당연히 방황하면서 성장하는 시기이니 우리가 참아주면 된다고 생각한다. 사회도 애들을 보호해 주려고 노력을 하는데 중년에 흔들린다고 하면 인생의 실패자라고 바라본다. 이렇게 힘들고 다시 뭔가 잘 살고 싶은데도 중년은 이것을 힘들다고 드러내 놓고 말을 못 한다. 중년이 진짜 힘든 것은 누구한테도 힘들다고 말도 못하고 속으로 울어야만 하는 시기이기 때문이다. 자녀들에게도 "아빠가 요즘 회사가 힘들다" 하면 '우리 아버지가 일을 잘 못해서 잘리는 구나'하고 생각하지 '우리 아버지가 중년이 되어서 흔들리는구나' 하는 자녀는 한 명도 없다.

회사에서 바로 집으로 오지 않고 포장마차에서 친구들과 술 한 잔하고 하소연을 하다가 집에 와서는 당당하게 아빠가 회사에 갔다 왔다고 해야만 하는 중년인 것을 모르고.

직장이 없는 전업주부 여성은 직장과 가정이 분리되어 있지 않을 뿐이지 이제까지 참고 인내하며 알뜰살뜰 살림을 해봤는데 앞으로 나아질 것이 없는 것 같다. 이렇게 되면 더 이상 노년이 되어도 흔히 얘기들 하는 팔자 고칠 기회가 없으니 마지막 가기 전에 이거 한번 해봐야 되지 않나 하는 생각이 든다. 중년에 남성이 이혼하겠다고 하는 것보다는 여성이 이혼하겠다는 것이 많아서 중년에 이혼율이 높아지는 것은 많은 주부들이 '나도 한평생을 이렇게 살지 않겠고 내 일을 하면서 살아보겠다'는 생각이 들기 때문이다.

그렇다고 크게 성공하는 것은 아니고 인생이란 것이 회사 다니다가 이직하고, 내 사업을 하면 성공하느냐? 사실 성공보다는 실패할 확률이 더 높다. 그리고 이혼하고 다른 사람을 만나거나 혼자 산다고 해서 행복해지느냐? 그것도 그렇지 않다 보니 이직이나 이혼보다는 다음 단계인 '인정'을 하면서 하고 싶었는데 못 했던 것을 계속 할 수 있을까 하고 방법을 찾게 된다.

아동기에는 부모와 교사가 중요하고, 청소년때에는 친구가 중요하고, 청년기에는 연인이나 배우자가 중요한데, 중년에는 누가 중요할까?

누가 필요할까. 목욕탕이나 찜질방에 가서 목소리가 큰 여성은 자녀가 잘 된 경우이다. 중년은 자녀가 중요해지는데 왜 자녀가 중요할까. 물론 젊어서도 자녀가 중요하지만 그때와는 자녀의 의미가 달라진다. 부모가 젊어서는 자녀을 양육하고 사랑하고 베푸는 동기를 만족시켜주니 중요하다. 자녀가 성장해서 독립하면 양육이라기보다는 부모가 자녀를 의지한다. 제일 중요한 것은 내가 이루려고 했는데 이루지 못한 것을 자녀가 이루어 주기를 바라고 내가 하고 싶지만 못 한 것을 자녀가 해주기를 바라니 자녀가 든든하게 여겨진다.

중년에게 있어서 자녀가 아주 중요한 이유이고 앞으로 나는 이런 것을 하고 싶은데 지혜와 용기를 갖기 원하면 아직도 청년이고 자녀가 잘 되기를 바라면 중년으로 넘어가는 것이다. 나보다는 자녀가 잘 되는 것에서 더 기쁨이 오는 것이다. 현재 생각하는 관점에 따라서 본인이 청년인가 중년인가 알 수 있다.

자녀는 생물학적 측면이지만 심리적인 측면에서 자녀도 있다. 예를 들면 부모님이 없는 아이들을 돌보는 사람이나 선생은 학생이 잘 되어 주위 사람들이 '그 사람이 제자냐'라고 할 때 기쁨이 있다. 야 너의 부모님 한번 뵙고 싶다고 하며 어떻게 너같은 애를 낳으셨냐 하는 자녀가 제일 효자다. 불효자도 똑같다. 어떻게 너 같은 놈이 있냐, 너의 부모를 한 번 보고 싶다. 결국은 부모를 보고 싶은 것은 마찬가지고 왜 보고 싶은 이유가 다를 뿐이다.

좋은 제자는 스승을 능가해서 '너의 선생님을 뵙고 싶다'가 좋은 제자이고 '너의 부모님 뵙고 싶다'하면 좋은 자녀다.

중년에는 배려라는 좋은 덕성이 있고 자녀가 잘 되게 도와 줄 수 있는 생산성의 능력이 생기고 반대의 경우는 침체가 일어나고 작아지는 것 같고 허무한데 한계에서 내려가니까 그러하다. 생산성이 있는 사람은 중년의 제일 아름다움인 배려가 나오고 내가 가지고 있는 능력을 다음 세대에 아낌없이 주고 너희들이 잘되는 것이 마치 내가 잘되는 것처럼 기쁘니 내가 가지고 있는 모든 것을 너에게 주고 싶은 마음이다.

내가 자꾸 침체되고 작아지는 사람은 자기를 지키기 위한 방책으로 권위주의가 된다. 중년이 되면 생각보다 권위주의적인 사람이 많은데 간단하게 말하면 '젊은 것들이 뭘 알아?'이다. 젊음이 따라오는 것이 두려우니까. 나는 내려가는 일밖에 없는데 애들은 내 자리를 치고 올라와야 하니까. 권위주의는 사람마다 가지고 있는 힘이 지위나 신분에서 온다고 느끼고 이것을 과시하는 사람이 권위주의적인 사람이 되는 것이다.

부모가 자녀를 잘 키우면 구태여 자녀 앞에서 권위주의일 이유가 없다. '이 자식이! 아버지 앞에서' 하면 권위주의적이 되고 '부모한테 이럴 수 있니' 부모를 강조하면서 '내가 그래도 부장인데 직원이 어떻게 부장한테 이럴 수가 있어'라든가 '내가 그래도 교수인데 학생이 교수한테 이럴 수가 있어'라든가 '너는 내 말을 들어야 돼, 그렇지 않으면 불이익이 갈거야' 이런 식이 중년에 나타나는 권위주의다.

권위주의는 본인이 내려가는 한계를 인식하고 현재의 위치를 지키려는 방책 중의 하나이다. 아낌없이 주어야 하고 아무리 지키려 해도 지킬 수가 없다. 왜? 나는 내려가는 것만 있으니까. 시기마다 아름다움이 있는데 어린아이는 어린아이다워야 하고 어른은 어른다워야 하고 중년은 중년다워야 한다. 중년답다고 하는 것은 아직까지도 청년을 이길 수 있어, 이런 마음이 아니라 내가 가지고 있는 것을 나누어 주는 여유, 푸근함, 배려의 삶이 나올 때 중년이 멋있어지는 것이다. 자원이 많은 것을 젊은 사람들에게 나누어 주는 것은 젊은 사람들은 가진 것이 없어 할 수 없기 때문이다.

노년 장수의 비결: 한(恨)을 푸는 것

지금까지 태어나서부터 인생의 전반적인 발달 과정을 보면서 내 과거를 돌아보고 복습을 했다면 노년은 다가올 미래를 예습하는 단계이다. 부모가 노년이고 자녀가 중년이면 갈등이 심한데, 왜 그럴까? 해결해야 할 과제다.

초등학교 다니던 시절이 얼마 안 된 것 같은데 벌써 노년의 입장에서 책을 쓴다고 생각하니 보람과 아쉬움이 교차한다. 요즘 인터넷의 많은 매체에서 '100세 시대에 어떻게 살 것인가'에 대한 문구가 많이 보인다.

그럼 언제부터가 노년기인가?

전통적으로는 회갑(回甲)이 되면 보통 노년으로 부르고 어디가서든지 명실공히 노인으로 대접을 받고 노인을 구분하는 방식이었다. 요즘에는 60세를 노인이라고 부르면 젊은 분들이 너무나 많아 수긍이 되지 않아 회갑도 없어졌고 칠순도 없어지는 추세다. 저자도 회갑이라고 가족들과 같이 식사를 하자고 해서 가기는 갔지만 왠지 기분이 유쾌하지 않았던 경험이 있었다. 지금 생각해보니 죽음에 대한 두려움이 무의식에 깔려있지 않았나 하는 생각이 든다.

60세를 노인으로 부르는 것은 적절하지 않고 65세가 되어야 「노인복지법」에 정한 노인으로 인정하여 지하철도 무료로 승차를 하게 하고 있으나 65세된 사람에게 당신은 노인이냐고 물어보면 선뜻 나는 노인이라고 대답하기는 쉽지 않을 것이다. 인생을 아동기, 청소년기, 청년기, 중년기, 노년기로 구분은 하고 있지만 사회가 변하고 문화가 변하면 얼마든지 달라질 수 있다. 21세기에는 노년이 길기 때문에 노년을 다시 세분하여 젊은 노년(young old), 중간노년(Middle Old), 노인 노년(old old)으로 구분하자는 학자들도 있다.

노년은 심리적으로 내가 노년이라고 스스로 생각할 때가 노년이고, 생물학적으로 노인으로 구분할 필요는 없다. 노년은 사회적 필요에 의하여 법적인 나이를 정해 놓은 것인 만큼 자신은 노인이 아니라고 생각하는 사람에게 굳이 노인이라고 부를 이유는 없다. 어쨌든 노년은 삶에서 마지막에 오는 과정이 틀림 없고 노년 나름대로 해결해야 할 과제와 특징이 있다. 아동기는 준비하는 시기, 청소년기는 형성하는 시기, 청년 때는 수행하는 시기, 중년은 평가하는 시기라고 했다.

그렇다면 노년은 무엇을 하는 시기일까? 죽음을 앞두고 마지막 정리하는 시기로서 해야 할 것이 많으나 노년기에서 제일 중요한 것은 화해하기다.

우리는 어떤 프로젝트를 할 때 여러 명이 하게 되는데 서로 하고 싶은 분야를 정한다. 자료를 모아 가지고 어디로 여행을 가자고 결정을 하고 진행을 하다가 원래 우리가 하려고 했던 것이 맞나 하고 중간 점검을 하고 처음 계획대로 왔다면 그대로 가면 되는 것이고 다르게 왔다면 수정을 해야 한다.

인생의 여행이 끝났으면 어떻게 해야 할까

뒷풀이를 해야지 그냥 헤어지면 안 된다. 뒷풀이할 때는 대개 고생했다. 잘했다. 다시는 안 간다 등 소감을 나눈다. 그중 하나가 여행을 다니다 보면 의견이 다를 때가 많아 서로 투닥투닥하면서 여기까지 왔고 뒷풀이하면서 중요한 것은 서로 싫어서 투닥투닥한 것이 아니고 잘 하려고 의견을 내다보니까 본의 아니게 다투기도 하고 갈등도 있었던 것이다. 여행이 끝났으면 그냥 돌아가면 안 된다. 그때는 섭섭했던 점이 있었고 그 의견보다는 이런 의견을 냈으면 좋았을 거라고 하면, 그때 "그랬냐, 미안하고 사실 나도 당시에는 여유가 없어서 그랬는데 지금 생각해보니 내가 너무 성급했다"라고 하면서 서로 마무리를 해야 한다.

마무리는 한마디로 말하면 화해다. 마무리되지 않고 화난 상태에서 그냥 헤어지면 다시 모이기 힘들기 때문에 노년기는 한마디로 화해 또는 용서를 해야 하는 중요한 시기다. 노년에 대해 잘못 알고 있는 것 중 하나가 노년기는 일도 하지 않고 손자녀나 돌보고 그냥 공원에서 시간을 보내는 시기라 생각하기 쉬우나 사실은 그렇지 않다. 노년은 노년대로 우리 삶을 잘 장식하기 위해서 여러 가지의 일을 상당히 많이 하는 시기이다. 이 시기가 어떤 것인지 잘 이해하게 되면 그 시기를 잘 보낼 수 있도록 도와줄 수 있고 자신도 미리 준비를 할 수 있다. 화해를 한다는 것은 너와 나의 화해도 있지만 더 중요한 것은 내가 지나온 삶과의 화해해야 한다. 우리가 한평생 70년, 80년을 살다 보면 참 안타까운 것도 많고 내가 다시 산다면 그렇게 안 했을 것 같은 회환 등 여러 가지 감정이 많이 밀려오는데 이걸 그대로 가지고 가면 어떨까.

굉장히 후회가 되고 다가오는 죽음이 두려워지는 표현들. "내가 지금 죽을 수 없어. 내가 죽어도 눈을 감을 수 없어" 이런 얘기들이 있는데 이는 아직까지도 해결해야 하는 것이 남아 있어서 그렇다. 이것을 하지 않으면 나는 죽을 수 없다, 이런식으로 얘기를 하는 분들이 많이 있다. 반대편의 대개는 "나는 죽어도 여한이 없다"가 노년기에 해야 할 말이다. 화해를 한다는 것은 과거에 갈등이 있었고 부정적인 사건이 있었다는 것인데 이런 것들이 없으면 화해를 할 것이 없는 것이다. 우리가 살아오면서 지금까지 해결하지 못

했던 부정적 감정의 응어리들이 있는데 기분좋은 것은 감정의 응어리라고 하지 않는다. 학교 다닐 때 영어 공부를 잘했으면 '영어가 재미있지 않아' 하는 것은 응어리라고 하지 않지만 수학을 못해서 선생님한테 맞은 경험은 감정의 응어리가 된다. 감정의 응어리는 한마디로 말하면 한(恨)이고 우리는 한이 맺혀 있다고 하는데 그 한은 무엇일까. 맺히다는 눈물의 맺힘이 있고 이슬의 맺힘이 있는데 맺힘의 공통점은 어떤 보따리에 둘러 싸여 있다는 것이다.

한이 맺힌 것은 부정적인 감정이 보자기로 싸여 있는 것과 같아 눈물이 흘러내려야 맺힌 것이 없어지는 것처럼 한도 풀어야 더 이상 한이 아니다. 맺힌 한을 푸는 것이 노년기에 해야 할 일이다.

우리 마음속에는 지금까지 살아오면서 부정적인 감정의 응어리가 여기저기 쌓여 있고 젊어서는 부정적인 감정을 별로 생각하지 않는데 그런 부정적인 감정을 꺼내서 느껴 보고 싶지 않아 보자기로 꽁꽁 싸아서 한쪽에 밀어 넣고 살아간다. 맺힌 한이 많을수록 행복하지 않고 한이 많으면 죽을 때 눈을 감기가 어렵기 때문에 한을 풀어서 더 이상 풀 것이 없을 때를 "여한이 없다"고 한다. 이것이 노년기에 해야 할 일이다.

노년기는 아주 중요한 시기이다. 이 땅에서 삶을 정리하여 마감하고 굉장히 편한 마음으로 다음 삶으로 갈 수 있는 준비를 해야 한다. 너무 무거우면 안 되고 가벼워야 하고 이것을 하나하나 풀어나가야 하는데, 어떻게 풀어나가느냐? 부정적 감정을 푸는 데 많이 사용하는 것이 회상이다. 회상(回想)은 과거를 생각하는 것으로 이를 심리학적으로는 생의개관으로 삶을 돌아보는 것이다. 노인들과 같이 있어 보면 옛날 이야기를 많이 하고 했던 얘기 또 하고 또 해서 손주들이 듣다가 "할머니, 그 얘기 한 번만 더하면 99번째"라고 한다.

왜 노인들이 했던 얘기를 또 할까?

노인들이 했던 얘기를 또 하는 것은 중요한 의미가 있다. 젊은 사람들은 했던 얘기를 또 하면 할일이 없는 것이지만 노인들이 할 일이 없으니까 과거의 얘기를 또 하고 또 하고 한다고 해서 '노인'하면 옛날 얘기가 생각나게 한다. 손자들이 할아버지한테 옛날 얘기를 해달라 하는데 자꾸 얘기를 하면서 감정의 응어리를 풀어가는 과정이다. 지난 일인데 한을 어떻게 풀지 하는 의문을 제기할 수 있다. 아버지와 한이 풀리지 않아서 한이 맺혀 있는데 아버지는 이미 돌아가셨고 내가 어떻게 한을 풀 수 있을까. 한을 풀 수 있고 한을 풀어 내는 방법이 상담이고 이를 심리학이라고 할 수 있고 감정의 응어리는 얼마든지 풀 수 있다.

노인들이 감정의 응어리를 풀기 위해서 회상을 많이 하게 되는데 이 이야기를 하게 되면 우선 부정적인 감정을 많이 얘기한다. 부정적 감정이 풀리게 되면 그 다음에는 반드시 긍정적인 감정이 다시 나온다.

회상을 하는 것은 부정적 감정을 버리고 긍정적 감정을 갖기 위해서 자꾸 옛날 이야기를 하는 것이고 젊은 사람이 과거 얘기를 하면 할일이 없는 것이고 젊은이는 현재와 미래를 위해서 열심히 일을 해야 하고 나가야 되는데 자꾸 어린애들을 붙잡고 얘기를 하면 할일이 없어서 그런 것이다. 젊은 사람들이 보기에 노인들이 과거 이야기를 하면 할 일이 없어서 그렇다고 생각하지만 옛날 얘기는 노년기의 중요한 할일이다. 노인을 모시는 방법 중 하나가 옛날 얘기를 하도록 옆에서 도와주는 것이다.

자녀들은 엄마가 과거 이야기를 자주 해도 "엄마, 이제 그만해" 하면 안 된다. 엄마가 한을 풀고 있는 것이고 삶의 마지막에 한을 풀고 여한 없이 살고 싶은 것이다.

몇 년 전에 할아버지를 여의고 살고 있는 어느 할머니가 있었다. 돌아가시기 전에 평소 할아버지와 사이가 좋지 않았는데 할아버지가 젊어서부터 바람을 많이 피는데도 누구한테 말도 못 하고 가슴앓이를 하면서 한이 맺혔기 때문이었다. 딸이 하나 있었는데 딸도 성장해서 결혼을 하고 자녀를 낳고 가정을 꾸리고 살고 있었다. 시집간 딸과 친정 어머니는 갑자기 친구가 되고 이런 얘기 저런 얘기를 많이 하면서 가까워진다. 할머니도 할아버지 생각만 해도 화가 나는 것이고 이제는 가슴에 품고 살았던 것을 풀어야 되겠다고 생각하여 하소연을 처음으로 시작했다. 사실은 네 아버지가 젊어서부터 바람을 너무 많이 펴서 내가 너무 속상했고 너도 이제 결혼해서 사니까 애미의 마음을 알 것 같아서 얘기를 한다.

딸은 전혀 몰랐던 얘기를 하니까 재미있게 듣고 "아버지가 그런 일이 있었어? 엄마 힘들었겠다. 그래서 그때 엄마가 우울하고 그랬구나" 하고 받아주었다. 딸을 만날 때마다 얘기를 해도 몇 번을 들어 주었다. 딸이 갑자기 무슨 생각이 드냐면 어머니가 만날 때마다 돌아가신 아버지 얘기를 하는데 그냥 들어주다가는 한도끝도 없을 것 같았다. 만날 때마다 말을 하니까. 하루는 딸이 "엄마, 이젠 그만해. 만날 때마다 아버지 욕을 하는데, 아버지는 돌아가셨잖아. 잊고 편하게 사세요" 하고 못 하게 막았다. 엄마 말을 받아주면 계속 말을 할 것 같아서 걱정도 되고 한편으로는 듣기 싫었다. 할머니는 속으로 딸 하나 있는 게 평생 도움이 안 된다고 생각하지만 딸이 싫어하니까 더 말을 할 수가 없었다.

할머니는 어느 종교단체에서 하는 교육에 참여했는데 그 노인학교는 또래 노인들이 있었고 그들이 지금까지 살아오면서 가슴아팠던 얘기를 돌아가면서 하는 시간이 있었다. 아들얘기도 나오고, 남편얘기도 나오고, 사업실패 얘기도 나오고, 친정 아버지 얘기를 하나씩 꺼내니까 사람은 누구나 한이 맺힌 것이 있구나를 알게 되었고 겉으로 보기에는 잘 사는 것 같고 멀쩡하게 보였는데 그런 게 아니구나를 깨달았다. 또 그것을 얘기했던 할머니들이 그것 때문에 힘들었어, 하면서 서로 안고 풀리는 것을 보고 이 할머니도 자기 차례가 되니까 '사실 지금까지 얘기를 하지 않았는데 이제는 마음먹고 얘기한다' 했더니 옆에 있던 할머니들이 그동안 얼마나 힘들었느냐, 위로를 하고 공감을 받다보니 마음속에 갖고 있던 한이 풀렸다. 마지막에는 그래도 우리 영감이 허우대 하나는 멀쩡했다는 긍정적인 감정이 나오고 그래도 바람은 피우면 안 되지 하다가 나중에는 우리 영감이 마음이 여려가지고 여자들이 꼬리치면 그걸 못 이겨서 그랬지 하고 풀어지다가 마지막에는 우리 영감이 잘못이 있나, 옆에서 꼬리친 여자가 나쁜 년이다. 남편은 허우대 멀쩡하고 마음이 여리고 힘든 걸 못 봐주고 착한 사람이 된 것이다. 과거는 이렇게 푸는 것이다.

오랜만에 편안한 마음으로 남편의 산소를 찾을 수 있었고 이것이 한이 풀어지는 것이다. 사실 같은 얘기를 또 하고 또 하고 하는 것을 듣는 일이 일반인에게 쉬운 일은 아니다. 더군다나 왜 그런지를 모를 때는. 자세히 들어보면 주제는 동일하지만 얘기를 할 때마다 감정의 세기는 조금씩 약해진다. 50년 동안 맺힌 한인데 한 번 얘기한다고 풀리지 않으니까 또 하고 또 하는 것이다. 일반인들은 주제가 똑같으니까 또 하구 또 한다고 생각하게 되지만 잘 들어보면 감정의 세기가 달라진다. 부정과 긍정이 있을 때 부정이 크면 부정에 대한 얘기를 하게 되고 긍정을 높이려면 긍정을 높이는 방법과 부정을 낮추는 방법이 있다. 긍정을 높이는 방법은 과거에 잘했던 얘기를 들어보면 모두 과거에 금송아지가 있었다고 한다. 젊은 사람들이 지금 놀리느냐고, 금송아지를 보자고도 하면 잃어 먹었다고 한다.

부정적인 감정을 얘기하면 부정적인 감정을 낮추게 되면서 긍정적인 감정이 올라가게 되는데, 부정적인 감정을 낮추는 것이 긍정인 감정을 올리는 것보다 빠르다.

한은 우리의 마음속에 있는 것이고 과거의 객관적인 사실은 변하지 않고 현재 내가 갖고 있는 주관적인 감정과 의미를 바꾸어 주는 것이고 부정적인 감정이 빠지면 긍정적인 감정이 나오고 그때부터 좋은 점이 나오기 시작하고 이야기를 들어주다 보면 언젠가는 부정적인 감정을 긍정적으로 바라볼 수 있는 시기가 꼭 온다. 노년에게 이런 도움을 주려면 노년에 나타나는 이런 특징에 대한 이해가 있어야 한다.

노년을 즐겁게 사시는 분과 힘들게 사시는 분 즉 여한이 많은 분과 여한이 없는 분을 쉽게 알아낼 수 있는 방법은 나이가 드신 분한테 가서 "과거에 어떻게 사셨는지 듣고 싶은데 한번 들려주세요"라고 했을 때 "에이, 내가 대단하게 한 것이 없는데" 하면서도 술술 과거 얘기를 많이 하는 분들은 한이 많이 풀린 사람이다. 어떤 노인들은 얘기할 것이 없다고 딱 잡아떼는데, 이런 사람은 쌓인 한이 많다.

그것을 돌아보기가 싫은 것이다. 그렇지만 쌓인 한을 풀기 전에는 마음이 가볍지 않으니 마음을 풀 수 있도록 잘 해주어야 하고 우리도 앞으로 그렇게 될 수 있다는 것을 알 필요가 있다.

노인들은 지금까지 살면서 즐겁고 슬픈 일이 많이 있었으니 노인들과 대화를 할 때는 먼저 즐거운 얘기를 하게 한다. 얘기하다 보면 슬픈 얘기가 나오는데 감이 올 때 살며시 질문을 하면 과거의 얘기가 술술 나오게 된다. 이때 주의해야 할 것은 말하는 중간에 '엄마 그만해'는 하지 말아야 한다. 노인들과 대화할 때 아주 중요한 팁을 다시 한번 강조하면 '엄마 이제 그만해'이다.

긴 인생의 도정에서 **해야 할 숙제**

노인들은 한 얘기를 또 하고 또 하는 것은 이해되고 한편으로는 삶의 여정에서 그렇게 한이 많았구나, 생각하니 마음이 짠하기도 하다. 그 한을 풀어드리기 위해 노인의 말을 잘 들어 주어야 하겠는데 실제 과거의 얘기를 듣기가 그리 쉬운 일이 아닌데 그럴 수밖에 없는 이유가 있다.

한 인간의 삶의 발달주기는 아동기, 청소년기, 청년기, 중년기, 노년기가 있고 가장 힘들고 흔들리는 시기는 청소년기와 중년기이다. 청소년기는 소년도 아니고 청년도 아닌 두 개의 시기가 부딪치니까 그런 것이고 중년기는 젊은이도 아니고 늙은이도 아닌 두 개의 시기가 부딪치니까 혼란스러운 단계다.

부모는 중년이고 자녀는 청소년으로 둘 다 흔들리는 시기인데, 부모는 부모대로 말을 안 해서 그렇지만 하루가 늙어가는 것 같아 슬프고 힘든데 자녀가 자꾸 어른이라고 덤비니까 어렵고 내가 잘

못 산 게 아닌가, 애를 잘못 키운 것이 아닌가 하는 생각들이 많이 들어서 갈등도 많고 힘든 시기다.

중년을 인정하기가 싫은 것인데 부모를 바라보면 나의 미래의 거울이고 내가 나이가 들면 저런 모습이겠지, 생각이 든다. 공원에서 노인들을 바라볼 때는 나는 저렇게는 안 될거야 할 수 있지만 우리 부모님을 바라보면 다른 이웃처럼 객관화를 못 시킨다. 내 마음속에 들어와 계시니까. 부모를 보면서 연세가 들어서 부정적인 행동을 할 때 저것이 바로 나의 미래다라는 생각이 들게 된다.

앞으로 나의 모습이니까 부모의 부정적인 행동을 보기가 어렵다. 중년이 마음속으로 울부짖는 것은 '나는 어머니, 아버지의 모습이 아니라 좀 더 멋있게, 잘 늙고 싶어. 그러니까 나에게 멋있게 사는 노년의 모습을 보여줘' 이렇게 하소연하고 있는 것이다.

노년기에 할아버지와 할머니와 손자녀와는 잘 만나고 사이가 좋은데 그 이유는 부모는 1세대, 자녀는 2세대, 손자녀는 3세대이고 어느 조직이나 1세대와 3세대는 사이가 좋고 1세대와 2세, 2세대와 3세대는 사이가 나쁘기 때문이다. 이것은 우리 집만 그런 것이 아니고 다른 집도 마찬가지이고 국가조직이나 회사의 조직도 그러하다. 회사에서 부장, 과장, 직원 세 개의 계급이 있을때 부장은 새로 들어오는 신입직원한테는 이리 와서 옆에 있으라면서 잘해주는데 과장과 직원 사이는 나쁘다. 이해 충돌이 일어나기 때문이다. 물리적으로는 3세대가 살기 어렵지만 심리적으로는 3세가 얼마든지 살 수 있다. 심리적으로 도와 주는 것이 중요하고 부모의 모습에 대하여 부정적인 모습이 있으면 내가 풀어야 겠구나, 생각해야 한다. 부모님의 모습에서 나의 미래를 보기 때문에 내가 두렵고 부정적이이라는 걸 깨달으면 훨씬 더 노년의 부모님과의 관계가 편해질 수 있고 부모님의 말을 귀 담아 들을 수 있다.

부모님의 똑같은 얘기를 듣는 건 힘들다. 사실 상담을 전문적으로 하는 사람조차도 힘들고 상담자는 돈을 받고 하기 때문에 하기는 하는데 똑같은 얘기를 안 들어 주면 돈을 주지 않는다. 대신 진도가 빨리 나가게 하는 것은 부모님이 똑같은 얘기를 하면 대개 "됐으니까 이제 그만 하세요" 하면 상대는 상당히 서운하기 때문에 그 마음을 받아주는 것이 먼저다. 엄마가 얼마나 속상했으면 같은 얘기를 여러 번 하실까. 중요한 것은 엄마가 속상한 것을 이해해주고 똑같은 얘기를 한다는 것도 알려주면 어머니도 덜 서운하다. 내 마음을 알아주었으니까. 오죽 내가 답답했으면 얘기를 하겠니 하는 마음을 받아 주는 것이니까. 인간관계는 나와 너하고 맺는 것인데 나를 중심으로 맺으면 어린 것이고 너를 중심으로 생각하면 어른이 되는 것이다. 부모와 자녀가 대화를 할 때 '그만해 엄마'는 내 생각이고 이 자녀는 아직까지 어른이 못 된 것이다. 오죽 속상했으면 같은 얘기를 되풀이 하겠어요? 하는 것은 '너'를 위주로 '오죽 힘들었으면'이 되어야 한다. 그래야 진도가 빨리빨리 나가게 되고 그러면 속에 있는 화가 빨리 풀리니까 시간을 단축할 수 있다.

어른 화법과 어린아이 화법의 차이는 간단하다. 잘 듣다가 마지막에 '그래도 그렇지'를 하면 아직 어린이고 어른의 부모는 '오죽했으면' 앞으로 항상 '오죽했으면'이라고 말하는 습관을 들여야 한다.

엄마가 오죽 힘들었으면 이렇게 여러 번 이야기 하겠어. 아버지가 실수를 할 수도 있는 거지, 하면 내 얘기다. 그래도 그렇지 하면 '내' 생각이고, '오죽했으면'이나 오죽힘들었으면 하는 것은 '네' 생각이다. 말하기·듣기의 원리이고 살다가 누구든지 간에 '그래도 그렇지' 하면 내 생각이고 '오죽했으면' 하는 것은 너의 생각이다.

신앙생활에서 내가 이런 것을 했으니 복을 달라고 하는 것은 주어가 나다. 조물주 입장에서 보면 조물주도 얼마나 마음이 아플까? 하면 '너'의 입장이기 때문에 성숙한 신앙인이다. 인간관계에서 인격적으로 만난다는 것은 내 입장에서 생각했을 때 나만 있고 상대는 내게 없는 것이다. 너의 입장인 상대 입장에서 보면 너가 내 마음에 있을 때 성숙한 인간관계다. 내 중심은 인격적이 아니고 너 중심으로 할 때 인격적으로 만나는 것이다.

초등학교 입학할 때 딸은 공주에서 무수리로, 아들은 왕자에서 머슴으로 변하는데 어떻게 우리 딸과 아들이 무수리와 머슴이 되느냐고 반문할 수 있으나 이것이 성숙해지는 과정이다. 딸이 무수리 입장에서 어머니를 바라봐야 같은 여성의 입장에서 어머니가 얼마나 힘들게 살아왔나 하는 것을 진정으로 이해할 수 있다. 딸들도 애들을 키우고 남편과 마음 고생을 해봐야 그때서야 어머니가 결혼생활하면서 힘들었을까 하는 것을 심리적인 거리를 만들어 내는 것이다.

어린이는 부모와 선생님을 잘 만나야 되고, 청소년 때는 친구를 잘 만나야 되고, 청년 때는 배우자를 잘 만나야 되고 중년 때는 자녀를 잘 만나야 된다.

노년에는 누구를 만나게 될까?

부모와 선생님, 친구, 배우자, 자녀는 내가 아닌 삶에서 중요한 타인으로 이들과 어떻게 관계를 맺느냐에 따라서 내 삶에 큰 영향들을 미치게 되고 지금까지는 눈에 보이는 인간은 다 만났다.

눈에 보이지 않지만 우리에게 힘을 주는 영성의 만남이고 이런 만남이 없더라도 이것이 운명이었구나, 팔자였구나로 나의 삶을 움직여가는 나보다 더 큰 힘과의 만남을 가져야 한다. 부정적인 것을 긍정적으로 풀어나가려면 사건의 의미가 달라져야 하기 때문이다. 앞의 사례에서 할머니는 할아버지가 나쁜 사람이었기 때문에 바람을 피웠다고 생각하다가 속에 있는 부정적인 감정이 나오니까 할아버지가 마냥 나쁘다기보다는 나쁜 점도 있었지만 더 나쁜 것은 옆에 있던 년들이었다. 이렇게 의미가 바뀌어야 한이 풀린다.

과거에 힘들게 했던 사건에 대한 주관적 의미가 바뀌어야 한이 풀리는 것이다. 과거의 사건은 다시는 돌아오지는 않지만 '남편은 나쁜 사람이다'라는 주관적 의미를 두고 있었다. 실제로 '남편이 나쁘다'라기보다는 내가 남편이 나쁜 사람이라고 판단을 내린 것이다. 물론 그런 판단을 할 때는 객관적으로 나쁜 짓도 했지만 그래도 판단은 내가 주관적으로 내린 것이기 때문에 얼마든지 바꿀 수 있다. 그 원인을 찾을 때 '네 잘못이냐, 내 잘못이냐를 찾는데 과거의 부부 싸움을 할 때 당신 잘못이냐 내 잘못이냐 자녀와 관계에서 내가 잘못 키운 것이냐 네가 나쁜 놈이냐, 이런 걸 가지고 너하고 나하고 관계 때문에 풀어나가려고 하는데 물론 우리들이 마음속에 맺힌 한이 네 잘못 아니면 내 잘못일 수 있는데 그것은 잘못한 사람이 잘못했다고 인정을 하면 용서해줄 수 있다.

그런데 네 잘못도 아니고 내 잘못도 아닌 것으로 우리가 불행지는 경우도 많다. 예컨대 6.25전쟁으로 이산가족이 된 경우는 나와 너의 의지와는 전혀 관계가 없고 누구의 잘못이 아니라 역사적인 사건이기 때문에 사건의 의미가 없어 내가 한을 풀 수 있는 방법이 없다.

역사적인 사건은 어떻게 한을 풀 것인가?

나와 너의 관계를 넘어서 의미를 이해하는 종교의 힘이 필요하다. 장애인으로 태어났을 때 사건의 의미가 부모의 잘못도 아니고 내 잘못도 아니라 다른 차원인 종교적인 관점에서 사건을 조명할 때 장애인의 의미가 달라지기 시작한다. 이것이 소위 종교의 힘이라고 할 수 있고 종교와의 관계를 맺을 때 현재의 주관적인 의미가 달라지는 것이 인간에게의 위대한 마음이다. 종교가 우리의 궁극적인 해답이기도 한데 심리학적인 상담은 한계가 있다. 심리학은 너와 나의 관계에서 오는 마음의 문제이고 이것은 너 때문에 나 때문에서 얼마든지 풀어 낼 수 있다. 인간의 궁극적 삶의 의미는 너와 나라는 인간관계에서 줄 수 없다. 내가 살아가는 의미는 부인이 주는 것이 아니고 나의 남편이 주는 것도 아니고 나의 의미를 찾으려면 신앙심이 나를 태어나게 했다는 것을 알아야 한다. 그래야 삶의 의미가 넓어져 현재 내가 살아가는 한이 풀리게 된다.

내가 열등감이 있거나 죄책감을 느낀다고 생각해도 초등학교 때 선생님을 잘 만나면 변한 사람을 많이 볼 수 있다. 좋은 친구를 만나서 변한 사람도 볼 수 있듯 우리는 사람을 잘 만나면 부정적인 감정에서 긍정적인 감정으로 변할 수 있다.

가장 강력하게 영향을 주고 변하게 하는 것이 한평생을 같이 살아야 하는 배우자이다. 좋은 배우자를 만나서 사랑을 주고받으면 변할 수가 있고 자녀를 보면서 잘 살았구나 하면서 변하게 된다. 그런데 노년기에 여기까지의 만남이 부정인 감정을 갖게 되었다 하더라고 신앙심을 갖게 되면 긍정으로 변할 수 있다.

지금까지의 삶을 신앙심의 결과라고 생각하면 부정적으로 생각했던 삶이 긍정적인 삶으로 변하게 된다. 그렇다고 노년기에 신앙심을 가져서는 안 되고 젊어서부터 신앙심으로 그때그때 풀어야 되고 한을 가지고 있다가 노년기엔 풀자고 하면 안 된다. 그때그때 풀었어야 했는데 미처 풀지 못한 노인들이 한을 푸는 것을 얘기하는 것이다. 일찍부터 신앙심이 있었으면 배우자를 부정적으로 보던 마음에서 긍정적인 마음으로 변하게 되어 배우자가 다르게 보이게 된다.

그러면 남은 인생을 행복하게 살 수 있는 중요한 바탕을 만들어 준다. 어려서부터 신앙심을 가지면 참 좋은 것이고 자녀가 이런 느낌을 가질 수 있도록 해야 한다.

부정적 감정에서 긍정적 감정으로 넘어가는 것을 심리학에서는 자아통합이라고 부르고 있다. 한이 맺힌 것을 내 것이라고 인정하지 않는 이유는 쳐다보기 싫어서다. 부정적 감정을 보면서 '그래, 그때 내가 실수했다. 하지만 그때는 나도 열심히 살려고 한 거야' 하며 실수는 인정하고 그것도 나의 삶이라고 생각하고 부정적 감정의 보자기를 풀어 '내 것'으로 받아들이면 한은 풀어진다. 이것이 나의 삶이구나 하고 하나 하나 받아들여지는 것이고 이것이 잘 안 되면 절망을 느끼게 된다. 노년기에는 한을 풀고 통합되느냐 절망하느냐로 갈라지는 것이다.

절망을 느끼는 것은 자신이 한 실수가 많은데 이것을 다시 회복할 수 없는 것을 깨닫기 때문이다. 다시 내 인생을 바꿀 수 있다는 희망을 못 가지고 이 삶이 마지막이라고 생각한다. 그래서 종교에서는 신앙심을 갖게 하는 것이고 신앙심은 계속적으로 희망을 갖게 해준다. 자아통합이 절망보다 크면 지혜가 생기고 잘 늙은 노인들은 지혜가 있고 절망이 큰 노인은 지혜가 있는 척 하는 현자연(賢者然)이 된다. 내가 실패한 인생이 아니고 잘 산 인생이냐 하게 된다.

현자와 현자연하는 사람과 차이점은 무엇일까?

현자연한 사람은 실패 등 다양한 경험이 많아서 삶에 도움이 되는 얘기를 많이 하는데 현자는 너 중심이고 현자연은 나 중심이다. 상대방이 듣고 싶은 얘기를 하는 사람은 현자이고 상대방이 듣고 싶지 않은 얘기를 하는 사람은 현자연이다. 상대방을 만나는 사람마다 듣고 싶지 않는 얘기를 하는 것이 현자연 하는 것이다. 젊은 사람들이 노인을 싫어하는 것은 듣고 싶지 않은 것을 계속 얘기하기 때문이고 이것을 소위 꼰대라고 한다. 지혜로운 사람은 상대방이 듣고 싶은 얘기를 해주는 것이고 현자연은 상대방이 듣고 싶은 것과는 관계 없이 얘기를 해주고 싶은 것인데, 내가 그래도 실패한 인생이 아니라는 것을 자꾸 얘기해서 느끼고 싶어하기 때문이다. 남들한테도 겉으로 보는 것처럼 실패한 인생이 아니라고 자꾸 알려주고 싶으니까 시도 때도 없이 이야기를 하고 싶은 것이 현자와 차이 나는 것이고 이것이 우리가 살아가는 한평생 살아가는 모습이다.

V

문화,
삶에 어떤 영향을 주는가?

문화의 충돌 & 갈등

그동안 한 개인이 왜 화가 나는지, 어떻게 대화를 해야 하는지, 성격이 어떻게 형성되고 어떤 모습으로 행동하는지에 대해 살펴 봤다. 개인의 범위를 넘어서 한 집단의 문화적인 측면까지를 확대해 봐야 개인의 행동을 이해할 수 있다.

가정폭력으로 인한 부부상담을 하다 보면 대개 성격차이와 대화가 통하지 않아서 못 살겠다는 여성들이 많이 있다. 그런 갈등의 원인 중 하나가 친정문화와 시집문화는 너무나 달라서 힘들고 어느 때는 섭섭하기도 했다는 얘기를 많이 한다. 남성들 역시 자기 집 문화가 처가집 문화와 다르다고 한다. 마찬가지로 대학교 다닐 때 공부만 하던 문화와 직장에서 경쟁을 해야 하는 문화가 다르고 그 조직 내에서도 중년층의 문화와 젊은층의 문화가 다르다보니 갈등이 많이 생기게 된다. 문화가 무엇이고 문화가 어떻게 형성되는지에 대한 이해가 필요하다. 우리는 일상에서 문화라는 말을 사용하는데 과연 문화란 무엇인가? 문화는 한 집단의 비교적 공통적이고 지속적이고 안정적인 생활양식이라고 할 수 있고 한 집단은 여러 사람이 모여서 만들어지는 것으로 개인은 성격이 다른 것이고 집단은 문화가 다른 것이다. 두 집단의 문화가 차이가 있는 것이고 친정 문화와 시집 문화는 차이가 있고 차이가 없다면 구태여 문화라는 표현을 사용할 필요가 없다.

한 집단을 구성하기 위해서는 여러 명의 개인이 존재하게 되고 개인들이 비교적 같은 모습으로 생활을 하는 것으로 예컨대 5명의 구성이 각각 행동하는 것이 다르면 어떤 것이 문화인지를 알수 없다. 공통성은 5명의 구성원들의 생활양식이 비교적 비슷하다는 것이다.

그 집단의 구성원들의 행동양식이 비교적 상당 기간 유지되어야 하고 예컨대 어떤 가정이 어제의 행동과 오늘의 행동이 다르다면 지속적이지 않아 문화라고 할 수 없다.

상황이 비슷해야 하고 어느 가정에서 구성들이 집에서 행동하는 것과 집 밖에서 비슷한 행동을 하는 것으로 시간과 장소가 변하더라도 비슷하게 행동하는 것을 안정성이라고 한다.

문화는 살아가는 방식이고 비교적 비슷하다. 집단을 이루는 구성들의 행동이 똑같은 모습으로 나타난다는 것이 아니고 5명의 구성원들이 모두 다르지만 대충은 비슷하게 행동을 하는 것이다. 5

명이 완벽하게 동일하다는 의미는 아니다. 지속성도 시간이 지나면서 변화하고 항상 고정되어 있는 것은 아니다. 너무 자주 빨리 변하면 문화라고 보기 어렵지만 어느 정도는 고정되어 있다는 것이다.

안정성도 상황이 변하면 달라지는데 너무나 자주 상황에 따라서 변하면 이것을 문화라고는 할 수 없다.

비교적이란, 문화는 어느 정도 고정되어 있지만 계속적으로 변화한다. 한 개인의 성격도 변하느냐 변하지 않느냐 하는 것은 중요한 것으로 논쟁이 되고 있는데 성격은 변하기도 하고 변하지 않기도 하지만 우리가 변한다고 생각하는 만큼 변하지 않고 안 변한다고 생각한 만큼 안 변하지 않는다.

그럼 문화는 변할까?

문화도 성격의 변화와 마찬가지로 변하는 것이 있고 변하지 않는 것이 있다. 문화를 이해하면 한국에서 살아가는 우리의 행동과 모습을 이해할 수 있다. 우리는 원래 문화에 대한 관심을 별로 두지 않았다. 우리는 단일민족이고 언어도 같고 생활양식도 비슷하기 때문에 구태여 살아가는 양식에 대해 관심을 가질 이유가 없었다. 문화는 언제 관심을 갖게 되느냐 하면 내가 지금까지 살아온 방식과 다른 삶을 살아가는 사람과 만났을 때이다. 저 사람은 왜 저렇게 행동하고 살아가지, 의문에 대한 답은 우리와 문화가 달라서 그러하구나 하는 생각을 하게 된다.

나도 문화에 대한 중요성을 별로 느끼지 못했는데 서울대 입구에서 더운 여름 날씨에 얼굴만 나오게 하고 나머지는 가리는 스카프 같은 것을 머리에 쓰고 다니는 사람을 보고 문화의 차이를 느끼게 되었다. 똑같은 사람이 한국에서 생활하는데 한국에서 살던 사람과 외국에서 살던 사람의 문화에 차이가 있는 것을 인식하게 되었다. 앞으로는 외국 문화, 청소년 문화, 여성 문화의 독특한 생활의 양식 속에서 서로 공존하며 살아가야 한다.

문화는 왜 그런 차이가 있을까?

한국에는 제주도 문화가 있고, 전라도 문화가 있고, 경상도 문화 등이 있는데 이렇게 지역마다 다르게 문화를 형성 하는 것은 한 집단이 현재 처해 있는 환경에서 가장 효율적으로 살아가는 방식이기 때문이다. 한국인이 한반도에서 가장 효율적으로 살아기기 위한 것이 한국의 문화이고 미국인이 미국에서 살아가기 위한 가장 효율적인 것이 미국의 문화이다. 일본에서 살아가기 위해 가장 효율적인 것이 일본의 문화이고 예컨대 일본 사람은 버리는 음식이 별로 없는데 우리는 한정식을 먹으면 버리는 음식이 너무 많다면서 안타까워하는 사람이 있는데 그것은 당연한 일이다. 일본과 한국의 환경은 다르다.

한국 내에서도 50년 전 문화와 지금의 문화는 다르기 때문에 너는 틀리고 나는 맞다고 할 수는 없다. 더군다나 앞으로 문화가 다른 여러 사람들과 살아가야 하는 다문화 시대에 그들과 잘 조화를 이루고 살아가야 하기 때문에 문화에 대한 이해가 있어야 한다. 다른 문화도 알아야 하지만 내 문화도 잘 알아야 한다.

문화는 마치 공기와 같아서 살아갈 때는 중요성을 못 느끼고 살지만 진공상태에서 방독면을 쓸 때는 바로 알 수 있듯 다른 문화를 이해하기 위해서는 자기가 살아가는 문화를 이해하는 것이 우선이다.

평소에는 한국의 문화에 대한 이해가 없어도 한국에서 살아가는 데는 문제 없지만 다른 사람을 만날 때는 문제가 될 수 있다. 문화는 크게 서양문화와 동양문화로 구별할 수 있고 서양문화는 한마디로 말하면 개인주의 문화다.

개인주의에서 가장 중요한 것은 '나'고 모든 것은 나로 부터 시작한다. 학교에서 배운 영어를 생각하면 쉽게 기억할 수 있다. "I am a boy"에서 주어 I가 대문자로 시작하는 것은 내가 제일 중요하고 그 다음에 "You Are a boy"를 하게 되는 것은 너는 나 다음에 존재함을 의미한다.

동양문화 특히 한국문화는 어떤가?

개인주의의 반대는 보통 집단주의인데 이것은 아닌 것 같고 일본은 집단주의이나 한국은 관계중심주의라고 할 수 있다. 초등학교 국어책에 나오는 것은 "나 너 우리"이다. 개인주의는 "나는 ~다. 너는 ~다"가 명확한데 "나·너·우리"는 우리를 강조하기 때문에 '너는 누구니?' 하면 대답하기 어려워진다. 어쩌면 싸우자고 대드는 것 같아 나라는 것을 생각해보지 않고 살아왔으며 '나' '너'는 '우리'를 만들기 위한 요인 내지 조건에 불과하다. 아버지도 우리 아버지, 어머니도 우리 어머니라고 한다.

내가 누구냐를 드러내면 왕따 1순위가 되고 내가 튀면 문제가 될 수 있음을 염려한 어머니들은 학교에 가서 제발 중간만 가고 선생님 말씀을 잘 듣고 친구들과는 사이좋게 지내라고 한다. 모나면 돌 맞음을 강조한 것이다. 서양은 주어가 나로 시작하고 나의 어머니, 나의 아버지, 나의 방송국, 나의 학교라고 하는데, 한국은 우리 집, 우리 엄마, 우리 아빠, 우리 학교, 우리 부인이라고 한다. 한국은 다부다처제 같은 것으로 관계중심주의에서는 우리를 그만큼 중요시하면서 우리 가족 그 다음에 하는 말이 '우리는 하나'다. 어린이들에게 한국어를 가르칠 때 제일 먼저 나오는 말이 우리인 이유다.

우리 문화에서는 가능하면 나, 너를 빼고 대화를 하게 되고 '어디 가니?' 하면 집에 간다고 하지 '나 집에 가'라고 하지 않는다. '나'를 빼고 말을 하게 된다. 나, 너를 쓰면 뭔가 좀 이상한 느낌을 주는 것이 관계중심문화다.

개인주의에서는 나와 너의 공통부분이 아닌 다른 부분이 '나'다. 상대방과 다른 부분을 끊임없이 찾아가는 것이 잠재력의 실현이고 바람직하다. 그것에 비해 한국 사람들은 너와 내가 공통적인 부분이 아주 중요시하여 너와 나의 다른 점을 보는 것이 아니라 자꾸 공통점을 찾아내려고 한다. 고향이 전라도라고 하면 우와, 같은 고향이네 하면서 반은 접고 들어간다. 학교는 ~고등학교 다녔다고 하면 이거 봐, 하면서 그때부터 반말을 시작하고 너는 내 동생이다라고 한다. 한국문화는 결국 우리를 찾아간다.

우리는 너와 내가 다른 점을 강조하면 뭔가 이기주의나 개인주의 같은 느낌을 갖게 하고 우리나라에서는 개인주의라고 하면 욕으로 생각한다. 다른 사람과 관계도 못 하고 섞이지 못할 것 같고 한국에서 다른 사람과 잘 어울리지 못하는 사람들은 외국에 가서 살고 싶어 한다.

우리는 공통부분을 점점 넓히고 싶어 하고 대통령과 참모는 우리가 되고, 참모가 하는 것은 대통령이 하는 것처럼 느끼게 되기 때문에 대통령을 등에 업고 참모는 마음 놓고 행동을 하게 된다. 서양문화는 서로 다름이 중요하기 때문에 참모가 대통령과 가까운 것은 별로 중요하지 않다.

서양문화는 개인의 개성이 드러날 때 자긍심이 생기고 부모들의

"나는 네가 자랑스럽다"의 바탕에는 '너와 나는 분리된 존재이고 네가 잘 살으니까 자랑스럽다'는 것이다. 한국의 부모들은 나는 네가 자랑스럽다는 얘기를 해본 적이 없다. 자녀와 나는 하나이기 때문에 밖에서 자녀 얘기를 하면 내 자랑하는 것 같아서 팔불출이 되는 것이다.

서양은 혼자 개성을 드러내니 자긍심은 있으나 세상은 혼자라고 생각하여 불안하다. 다른 사람과 달라야 되고 부모와는 독립적이어야 하고 내가 나를 잘 드러내야 하니까 그러지 못하면 우울한 것이 깔려있다. 한국 사람은 '너와 내가 하나고 우리'니까 내 특징이나 너의 특징은 가능하면 드러내지 말고 공통점을 찾아야 한다. 나와 너가 가까워서 우리가 되면 네가 먹고 싶은 것은 내가 먹고 싶은 것이니까 "자기야, 뭐 먹을래?" 하고 물어 보는 것이다. 우리가 남인가 하는 것도 너와 나는 같다는 의미다.

우리는 아무한테나 자기라고 하지 않고 가까운 사람에게 자기라 하고 나하고 하나가 되었다고 느끼는 사람에게 자기라고 한다. 서양 사람에게 부정적인 것이 한국 사람에게는 긍정적이고 한국 사람은 혼자 있지 않고 누군가와 같이 있기에 심리적으로 안정감이 있으나 분리되는 것이 두렵다. 너와 나는 하나인 줄 알았는데 하나가 아니라고 생각하면 배심감을 느끼게 되는 것이 소외감이고 이것이 우리한테는 상당히 안 좋은 느낌으로 삐지는 것, 섭섭함, 속았다 등으로 생각이 든다.

가정주부들이 명절날 전 부치고 남편한테 가서 오늘 하루종일 전 부치느라 너무 힘들었다고 하면, 남편은 "일 년에 몇 번이나 한다고 그래"라고 답하는데, 이때 아내는 '이 인간은 나하고 하나가 아니구나' 생각이 확 들어서 섭섭하고 억울해진다. 반면 "많이 힘들지, 내가 도와주어야 하는데 어른들 눈치가 보여서 못 도와주고 있네" 하면 "괜찮아, 매일 하는 것도 아닌데, 뭐" 되면 서로 마음이 통해서 하나가 된 기분이다.

서양 사람들은 분리되려고 노력하고 있고 한국 사람들은 하나가 되려고 노력을 하고 있는데, 나는 하나가 되기 위해서 이런 노력을 했음에도 하나가 되지 않을 때 흔히 말하는 화가 난다. 그 화 속에는 '섭섭함, 억울함, 어떻게 네가 나에게 이럴 수가 있어, 우리는 하나가 아니네' 하는 감정들이 들어 있다.

한국 사람은 나답게 살아가는 프라이드의 개념이 별로 없는데 서양은 나답게 살아가는 프라이드가 중요하다. 서양에서는 작곡가가 굉장히 중요하나 한국은 작곡가보다는 노래하는 가수가 중요하다.

한국문화는 개인이 드러나는 것은 바람직하지 않게 생각하고 있기 때문에 문화는 이렇게 다른 것이다. 한국문화를 공부해야 하는 이유는 우리가 공부하는 많은 학문이 서양에서 온 것이고 서양은 개인주의가 깔려 있는 문화인데 서양문화를 가지고 와서 한국인을 가르친다고 하는 것은 정확하지 않을 수 있다. 왜냐하면 서로 다른 문화니까. 그 점을 먼저 이해하고 한국문화를 알아야 되는 이유다.

명절증후군으로 명절 후 이혼을 많이 하고, 조직 내에서 젊은 세대와 기성세의 갈등이 많은 것은 서양의 개인주의 교육을 많이 받은 젊은 세대와 관계를 중시하는 기성세대가 생활하는 과정에서 일어나는 개인주의 문화와 관계중심주의 문화의 충돌이 일어나기 때문이다.

피가 물보다 진한 **우리나라 문화**

서양문화와 동양문화의 차이점은 서양문화는 개인주의 문화이고 한국문화는 관계중심주의 문화인데, 그 문화의 특성이 좀 더 구체적으로 어떤 모습으로 나타나는지를 알기 위해서는 가족중심 문화가 이해되어야 한다.

문화의 특징은 언어로도 알수 있으나 문화는 집단에서 나오기 때문에 가족집단의 문화를 이해하면 문화의 속성을 이해할 수 있다. 여러 명의 가족 중에서도 두 사람의 관계가 중심인데, 인류학자 중 가장 많은 저서를 남긴 프랜스 슈(Francs hsu)의 이론에서 동양문화와 서양문화의 차이를 가족관계에서 잘 언급되고 있다. 동양문화는 아버지와 아들이 중심이 된 부자 중심축의 문화이고, 서양문화는 남편과 아내가 중심이 된 부부 중심의 축이 가장 대별되는 구분이다. 동양문화는 중국, 일본, 한국 등이고, 서양문화는 미국 등이 있는데 이러한 문화의 특징은 부자중심 문화는 연속성으로 아버지인 동시에 아들이고 또 아들은 동시에 아버지이다. 이런 식으로 계속 내려가는 체계로 이뤄져 있으며, 부부중심의 문화는 단속성으로 두 사람의 관계가 끝나면 없어지는 관계고 누구의 남편이고 동시에 부인이 될 수는 없고 그렇게 되면 큰일난다.

두 문화의 차이점은 부자중심 문화는 연속성이고 부부중심 문화는 당대로 끝나는 것이다.

아버지가 해야 할 가장 중요한 일이 무엇일까? 아들을 낳아서 대(代)를 잇는 것이 중요하여 씨받이까지 하게 되는 것이다. 한국인은 내세관이 존재하지 않고 천당(天堂)은 기독교의 내세관이고 윤회(輪廻)는 불교의 내세관이다.

한국인의 내세관은 무엇일까? 죽으면 끝난다는 생각을 하고 개똥밭에 굴러도 이승이 저승보다 낫다는 것은 내세관이 존재하지 않음을 잘 나타내주는 속담이다. 죽으면 끝이라고 생각하기 때문에 복중에 제 좋은 복이 장수 복이다. 이렇게 내세를 별로 중요시 하지 않는 문화에서도 죽은 다음에 누구를 만날지는 안다. 그게 누구일까? 할머니들이 많이 쓰는 말이 죽어서 조상 볼 면목이 없다는 것이고 그것은 대를 잇지 못하는 것이다. 이승과 저승은 관심이 없는데 저승에서 조상을 만나는 것이 중요하니 내 대에서 끝나면 안 되니까 어떻게 해서라도 아들을 낳으려고 하는 것이다.

위로는 조상을 계속 섬기고 아래로는 자손이 계속 뻗어 나가야 하는 것이 이땅에서 내가 해야 할 가장 중요한 일이고 이런 연결선상에 있는 '내가 누구냐' 하면 나만 있는 것이 아니고 뼈대 있는 집안에서는 "○○파 ○대 손입니다"라고 해야 한다. "순천 박씨 ○공파 ○대손 박종팔입니다"라고 해야 뼈대가 있는 것이고 그냥 "박종팔입니다"하면 뼈대가 없는 놈이다. 이것이 나다. 성이 뭐니? 할 때 순천 박씨입니다.

성이 중요한 만큼 한국에서 제일 심한 욕은 성을 갈라는 것이고 옛날에는 동일한 성이 모여 집성촌을 이루고 살았는데 행실이 불량한 사람은 이 마을에서 쫓겨났다. 이런 사람은 친척들끼리 사는 마을에서 나왔으니 어디를 가서도 살기가 쉽지 않고 대접을 받을 수가 없었다. 오죽했으면 쫓겨 나겠나 하는 생각을 하니 다른 곳에서 받아들여지기 어렵다. 우리는 조상을 잘 모시는 것이 중요한데 그것은 제사이다. 최소한 3대는 모셔야 하고 양반일수록 위로 많이 올라간다.

남편과 부인 중심축 문화에서는 조상이 없다. 어떻게 알 수 있느냐 하면 미국에서는 여자가 결혼하면 남편의 성을 따르고 있다. 결혼을 해서 성을 바꾸지 않는 나라는 드문데 그중 하나가 우리나라로 성을 바꾸지 않는다. 이웃인 일본도 성을 바꾼다. 성을 바꾸지 않는 것은 누구의 몇 대 손인가를 강조하고 위로는 조상을 잘 모시고 아래로는 자녀가 잘되는 것이 중요하기 때문이다. 그래서 부모는 자녀가 잘되도록 모든 것을 투자해야 하고 아들만 잘되는 것이 아니라 손자, 증손자 내려가면서 자자손손이 잘되어야 하는 것이다. 요즘에는 빌딩이 있으면 자자손손이 먹고산다고 한다.

이러다 보니까 많은 사람들이 한국은 왜 기부를 하지 않느냐고 하면서 기부 문화가 발달이 덜 되었다고 하는데, 이것은 문화 차이가 뭔지를 모르고 하는 이야기다. 한국에서 아버지가 가진 자산을 아들에게 물려준다는 것은 계속 내려가도록 하는 것이다.

서양은 물려줄 데가 없고 당대에 끝나니까 사회에 환원하고 자식도 부모 것을 가지려고 생각 자체를 하지 않는다. 자식도 부모와 다른 점을 찾아서 살아야 하기 때문에 떨어져 나가야 하고 부모 것을 가지고 살겠다는 생각을 우리보다 하지 않고 '부모와 나는 별개야' 하는 것이 놀라울 정도다.

관계중심 문화에서 많이 나타나는 것이 세습문화로 아버지의 것을 아들이 갖는 것은 당연하다. 기업체를 물려주고, 학교를 물려주고, 심하면 종교도 물려주는 세습적 문화에서나 볼 수 있다. 나라를 물려주는 국가가 세계적으로 유일하게 북한인데, 공산주의 나라라고 하더라도 3대째 나라를 물려주는 경우는 없었다. 그러나 회사 하나 물려주는 것은 아무것도 아니다. 공통점은 '아버지의 것은 곧 내 것'이라서 누구도 반대를 하지 않고 그것은 우리의 문화가 그렇게 내려왔기 때문이다. 그 결과 아들, 아들 하다 보니 남아선호 사상이 생긴 것이다. 지금도 할머니들은 은연중에 아들을 낳아주기를 바란다. 그래야 대를 잇는 것이니까.

딸은 남의 집에 가고 대가 이어지는 것이 아니라는 생각으로 남아선호 사상이 생겼는데 왜 이런 현상이 생겼을까. 우리가 하나가 뭉치게 된 것은 환경의 영향을 많이 받았기 때문이다. 한국의 역사를 보면 다른 나라를 침략하기보다는 침략을 당한 약소 국가이고 주위에 강대국에게 둘러싸여서 침략을 받고 항상 불안한 상황에서 믿을 수 있는 것은 가족이었다. 설사 가족이 아니더라도 가족 같이 생각해서 하나로 힘을 합쳐서 상대방을 물리칠 수 있고 불안한 상황에서 '나는 이러고 싶고 너는 이러고 싶다'고 각자 주장하다보면 적과 싸울 때 효율적으로 대응을 할 수가 없다.

한 사람이 명령을 내리면 일사불란하게 그것을 따라가야 하니까 우리는 하나인 것이다. 문화를 볼 때 어떠한 특징을 가지게 된 것은 그럴 만한 이유가 있었고 그 이유를 알지 못하고 내가 살아가는 방식과 다르다고 나쁘다고 생각하는 것은 상당히 무리가 있다. 그러니까 문화라고 하는 것은 환경이 바뀌면 얼마든지 변하게 되고 계속 고수할 필요도 없고 억지로 바꿀 필요도 없고 자연스럽게 바꿔 나가게 된다.

아버지와 아들의 문화는 수직적 문화이고 윗사람과 아래 사람의 관계이다. 아버지는 아들을 위해서 모든 것을 헌신 하는 대신 아들은 아버지의 말에 복종해야 하는 효도 문화가 수직적 문화를 지탱하게 되었는데 여기서 여성이 빠져 있어서 앞으로는 유지하기 어려운 문화가 되었다. 수직문화가 유지되려면 여성들은 항상 여성들의 그늘에 있어야 하는 것이 전제로 깔려야 한다. 자녀가 여러 명 있으면 아들은 공부를 하고 딸들은 공장에서 일한 것으로 남동생이나 오빠를 학교 보내주었다. 그렇게 남자들이 가문을 이루는 것을 당연하게 생각하여 맏딸은 살림 밑천이다라고 했다. 남자가 잘 되어야 한다고 해서 딸이 너무 튀면 아들이 기가 죽는다고 딸의 기를 누르기도 했다. 그래서 여러 가지로 한이 많이 맺히고 그로 인해 화병이 많았다. 옛날에는 여성들에게 교육도 별로 시키지 않았고 우리나라 글만 익히면 됐고 엄마 따라 다니면서 살림하는 것이나 배우고 여자가 너무 똑똑하면 오히려 팔자가 세다는 식으로 교육시켰다.

결혼할 때는 '너는 지금까지는 박씨의 딸이었지만 앞으로는 이씨 집안의 귀신이 되어야 한다'고 했다. 한 번 시집 보내면 너는 남이다, 이런 얘기들이 강해서 시집간 딸은 친정에 와도 안 되는 것이고 시집에서 너무나 고생을 하니까 밤에 몰래 친정으로 오게 되는 경우가 있었다. 그래도 어머니는 같은 여성이니까 몰래 집으로 불러들이는데 아버지한테 들키면 아버지는 당장 나가라고 소리를 쳤다.

그러면 시집에도 못 가고 친정에도 있지 못하여 마당 가운데 있는 소나무에 목 매는 것이 우리나라 여성들의 한이다.

요즈음에는 전혀 그렇지 않고 딸을 시집 보내면서 네 방은 그대로 놓아둘 테니 언제든지 수시로 오라는 기분으로 보낸다. 이장을 할 때도 아들보다는 딸을 데리고 가는 경향이 있는데 우리 문화가 그만큼 빨리 변하고 있다는 것을 얘기해주고 있다. 우리나라는 전통문화와 서구의 문화가 혼재되어 있어 부모 세대와 자녀 세대가 어떻게 보면 다른 세상에 살고 있는 셈이다. 옛날 같으면 며느리를 부모가 골랐다. 대를 이어줄 여자를 데리고 들어오는 것이니까. 부모가 며느리를 고르는 대신 아들이 살 수 있게 모든 것을 장만해주는 것이 우리나라의 전통 결혼이었다. 요즘에는 아들이 자기가 같이 살 부인을 본인이 고르고 앞으로 살아갈 것은 알아서 해야 되는데 살 것을 부모에게 해달라고 하는 것이 이게 혼재 된 것이다. 같이 살 여자는 내가 고를 테니 살 집은 부모가 해달라고 하는 것이다.

그래서 부모들이 자녀에게 다 주고 나서 노년이 된 다음에 어렵다는 얘기가 나오는 게 이런 문화 속에 그런 것이다.

아버지는 조상으로 상징이 되고 영어에서 마더랜드(Mother land)는 어머니 나라 모국이고 파더랜드(Father land)도 있는데 이는 부국이 아니라 조국으로 번역된다. 조국은 누구의 나라인가. 조상의 나라라고 한다.

조상을 잘 섬기는 것은 아들을 낳으면 내가 다음에 봉양을 받을 것이라는 생각이 깔려 있다. 이 과정에서 중요한 것이 일 년에 두 번씩 고향으로 가서 가족들을 만나는데 그때 성묘와 제사를 지내는 것이다. 누구를 만나는 과정일까. 조상을 만나는 것이다. 조상이 우리의 뿌리고 조상을 잘 모시지 않는다면 뿌리가 없는 것이고 형식적으로는 조상을 만나러 가는 것이고 실질적으로는 어머니를 만나러 가는 것이다.

추석특집 드라마에서 대개 마을에서 못된 짓을 하고 도망 나가서 항상 마음에 걸리는 것이 명절 때 성묘를 못 하는 것인데 이번만은 마을 사람들한테 혼나는 한이 있어도 성묘는 가겠다고 결심하고 동네 사람들을 피해서 조상 묘를 갔더니 누가 깨끗하게 벌초를 했다. 너무 고마워서 인사하고 가려고 하는데 옆에서 "영수야" 하면서 "이 자식아, 왜 지금 와. 네 조상 묘 내가 다 했다" 하고 부둥켜 안는 것이 우리나라의 조상을 찾는 드라마다.

부부간에 갈등이 있다가도 갑자기 사이가 좋아지는 경우가 있는데 부인이 임신한 것을 알았을 때이다. 자녀를 갖는 것은 중요한 일이고 같이 잘 키우자는 의미가 있다. 여성들이 애기 낳는 것이 유난히 힘들어하는 장면을 드라마화한 나라는 우리나라밖에 없는데 그것은 조상의 대를 이어주는 자손을 한 명 키우는 데 얼마나 힘이 드는가를 보여주는 단적인 예이다.

여성들은 가정에서 아들을 못 낳으면 죄책감이 들었고 발언권도 없어졌다. 구한말에 사신들이 찍은 사진에 여성들이 가슴을 내놓고 물동이를 이고 다니는 장면이 있는데 가슴을 내놓는 것은 아들을 낳았다는 뜻이었다. 이 젖이 아들을 먹이는 젖이라는 것을 알려주면서. 그 시대의 여성은 옷을 단정하게 입어야 하는 문화 속에서도 아들을 낳은 것에 대한 기쁨을 표시하고 그만큼 대를 이어가는 연속성이 강한 문화다. 이를 나쁘게 이용할 때는 연좌제가 있는데, 3대를 멸해서 뿌리를 뽑는 것이다. 이것이 우리의 문화이다.

서양 사람들이 볼 때는 조상에 대한 애틋한 마음을 이해하기 어렵다. 우리는 하나가 되어야 하기 때문에 전국민이 친척화가 되어 있고 전혀 모르는 사람이라도 나이가 많으면 남자는 아저씨, 여자는 아주머니라고 부르고 있는데 이는 친척 간에 부르는 용어를 일상적으로 사용하는 것이다. 식당에 가서도 언니, 하면 반찬을 빨리 가져다 주고 이모라고 하면 늦게 가져다 준다. 엄마들이 친구를 데리고 와서 이모 왔다고 하는 것은 전국민의 친척화다.

미국사회에서는 '가족' 하면 범죄 집단인 조폭 같은 것을 의미하는데 우리가 전국민 가족화가 된 것은 주변의 환경이 그럴 수밖에 없었기 때문이다. 문화가 변해야 하는데 앞으로 군사를 동원해서 하는 침략은 미성숙하고 부족한 나라로 여겨지기 때문에 거의 없을 것이고 실질적으로는 문화적이고 경제적인 침략이 무섭다. 한류 같은 문화적 영토나 경제적인 영토가 중요한 것이지 지리적인 영토는 그렇게 중요하지 않다.

그래서 남성은 남성의 특징, 여성은 여성의 특징을 잘 살려 나가는 것이 문화를 융성하게 하고 경제를 발전시킨다. 그런 것이 중요하기 때문에 이제는 과거의 가부장적 제도는 더 이상 고수하기가 어렵게 되었고 그런 의미에서 문화는 계속 변하는데 문제는 문화가 변하는 속도이다. 항공 모함처럼 큰 배는 한번에 방향을 꺾기 어려운 것처럼 가부장제도도 변하는 속도가 필요한 반면 그 그늘에 있었던 여성들은 빨리 변화해야 된다고 생각한다. 어느 가정이나 가부장적 문화에 익숙한 남성들과 빨리 바뀌어야 한다고 생각하는 여성들의 차이를 얼마나 줄이느냐가 서로 삶의 지혜가 된다.

그러니까 남성들은 가부장적 문화에서 빨리 변하려고 노력을 하고 여성들은 조금 변화를 기다려 주는, 서로 타협과 조화가 필요하다. 현재 한국은 두 가지의 문화가 충돌하는 것이 갈등이고 대개 노인과 젊은층, 부모 자녀 간 갈등의 본질은 여기서 오는 것이 많다.

자녀들은 부모님이 과거의 보릿고개를 얘기하면 싫어하지만 부모님들은 먹을 것 못 먹고 입을 것 입지 못하며 자녀를 위해서 헌신했다. 자녀들은 누릴 것 다 누리고 와서 지금은 부모 세대를 꼰대라고 하고 있고 노인들은 나이가 들면 받을 거라고 했는데, 나이가 들어보니 자녀들이 봉양을 하지 않으려고 한다. 봉양을 받지 못하는 마지막 노인들의 세대다.

서열을 중요시 하는 **우리나라 문화**

우리나라는 유난히 가족관계를 중시하고 있어 전국민의 가족화가 되어 있다. 지나가는 남자에게 아저씨, 여성에게는 아주머니라고 부르는 용어들은 친척 간에 부르는 용어이다. 학교에서도 나이가 많은 학생이 있으면 본인 스스로 이모라고 부르라고 해서 학생들은 당연히 이모님, 하고 부르고 강의하는 교수들도 덩달아 이모님으로 부를 정도로 전국민이 가족이 되어야 편안함을 느끼는 문화다.

한국문화는 아버지와 아들이 중심축이 되는 부자문화이고 서양은 부부가 중심축이 되는 부부문화이다. 부자문화는 위로는 조상문화이고 아래로는 자손문화로 되어 있어 연속성의 문화이다. 연속상 문화 외에도 포용성 문화가 있고 아들은 가능하면 많이 두는 것을 좋아한다. 자녀가 여러 명인 것이 중요한 것은 한 아들은 사업을 하고 다른 아들은 직장을 다니다가 설사 잘못되더라도 다른 아들이 도와줘서 안정되게 살아갈 수 있기 때문이다. 가족을 중시한 이유는 우리나라가 5,000년을 유지하면서 강대국으로 둘러싸여 있어서 많은 외침을 받았고 외부에서 침략이 들어오면 믿을 것은 가족이고 단결을 해야 하니까. 전국민이 가족처럼 나라를 살리기 위해서는 다 같이 뭉치는 것이 중요하기 때문에 1997년 IMF때 전국민이 금반지를 들고 나오는 것을 보고 세계가 놀랐다. 또 2002년 월드컵 때 붉은 옷을 입고 광화문에 모여 붉은 악마로 응원하는 나라는 처음 봤다고 또 한 번 놀랐다. 전국민이 가족화된 대표적인 사례들인데 이런 것이 가족문화에서 나왔다.

아버지가 여러 명의 자녀를 안고 있는 것이 가족이고 항상 포용성을 갖고 있어야 하는 것이 한국의 문화이다. 반면 서구문화를 비교해 보면 금방 이해가 되고 부인이 여러 명일 수가 없고 마음속으로 될지는 몰라도. 결국 한국은 안으로 품는 포용성의 문화이고 서구는 밖으로 내보내는 배타성의 문화라고 할 수 있다.

문화는 먹고사는 의식주에도 잘 드러나게 되고 대표적인 것이 옷인데 서양 옷과 다른 점은 무엇일까? 옷에 단추가 없는데 그것은 내 몸에 딱 맞게 입는 것이 아니라는 뜻이다. 대표적인 여성의 아래 옷을 보면 사람의 몸에 맞게 맞춘 것이 아니라 대략 옷을 만들어 놓으면 체구가 비슷한 사람끼리 입을 수 있다. 약간 크고 작은 것은 고무줄로 허리를 조절하여 입는다. 저고리는 고름으로 조절하여 입으면 되니까 상중하로 구분하고 엄마가 입던 옷을 큰딸이 입고 둘째 딸도 입을 수 있어 누구나 입을 수 있도록 만드는 포용성의 문화이다.

이에 비하면 서양 사람들은 자신의 몸에 맞게 소위 말하는 맞춤형 옷을 입고 내 것은 남이 못 입게 하는 배타적인 문화이다. 같은 사람이라 할지라도 몇 년이 지나서 체형이 달라지면 못 입게 되어 있다. 서양은 연속이라는 개념이 없고 바로 그 순간에만 어떻다라고만 보고 있기 때문에 같은 사람이라도 체형이 달라지면 입지 못한다.

우리는 걸어다닐 때 대략 나막신이나 짚신 같은 것을 대략 만들어서 신고 서양의 구두는 개인의 발에 맞춰 나 아니면 다른 사람들은 못 신게 하는 배타적인 문화이고 우리는 누구나 신을 수 있도록 하는 포용성의 문화이다..

한국의 음식문화는 다 같이 모여서 식사하는 것이다. 서양 사람들이 보면 놀라서 자기 것은 덜어 달라고 해서 혼자 먹지만 우리는 지금도 상을 차려서 같이 먹고 따로 달라고 하면 정이 없는 느낌이 든다. 국밥은 밥과 국물을 섞어서 같이 먹는 것이고 비빔밥은 여러 가지를 섞어서 먹는 것인데 요즈음에야 냉장고가 있지만 과거에는 여름에 음식이 자주 쉬니까 약간 맛이 가면 참기름과 고추장을 넣어서 비빔밥을 만들어 먹는데 따로 따로 먹는 것보다 묘한 맛이 있다.

서양음식은 음식을 하나 먹으면 또 다른 것이 나오는 식으로 음식 자체가 배타적으로 나온다. 우리는 시작할 때부터 차려야 되고 국물에 밥을 말아 숟가락에 반찬을 이것저것 올려놓고 먹는 오묘한 맛이 있다. 이 맛은 따로따로 먹는 서양음식을 먹을 때는 나올 수가 없는 맛이다. 한국음식은 포용음식을 만들어야 하니까 갖은 양념을 적당히 넣어야 맛이 난다. 이것은 몇 그램 하면 맛이 나지 않고 대충 알아서 하는 것이 어머니들의 손맛이 나오는 것이고 같은 양념 표현도 정확하게 하는 것보다는 음식할 때마다 창조성이 발휘되는, 포용성의 문화다.

잠을 자는 주거문화도 서양은 배타적이다. 아파트를 보면 침실 따로 있고, 거실 따로 있고, 주방 따로 기능을 가지고 있다. 서로 배타적으로 나누고 있는 반면 우리의 전통적인 단독주택은 식당, 공부방 등이 구분되어 있지 않고 TV 볼 때는 거실이고, 식사할 때는 주방이다. 식사 후에 다 치우면 공부방이고, 잠잘 때는 그 방에서 어머니, 아버지, 동생 다 같이 잠을 잔다. 거실, 침실 구분이 없고 한 공간을 다양하게 사용하는, 포용력 있는 전통문화다.

서양은 집의 크기를 말할 때 침실이 몇 개 있냐를 따지고 우리는 통으로 몇 평이냐를 묻는다. 안의 구조는 관계 없고 평수가 중요하다

한국 사람들의 생각이 그런 것이고 우리가 가지고 있는 생각이 의식주에도 그대로 나타나서 살고 있기 때문에 만약에 야, 오늘 우리 같이 자자, 하면 가까운 가족 같은 사람이다. 방을 따로 자면 좀 먼 느낌이 있는데 서양은 따로 자는 것이 지극히 당연하다. 서양은 남편과 부인이 잠을 자는 곳이 침실이고 아무리 자녀가 귀하더라도 자식은 딴 방에 재운다. 부부의 침실은 배타적이고 성역 같은 것이라서 자식도 들어오면 안 되는 것이다. 서구 사람들은 자녀를 독립적으로 키워서 그렇다고 하는데 독립성이라기보다는 문화가 가지고 있는 특성이 이러하다.

우리는 세습이기 때문에 아버지가 자녀들을 데리고 한 방에 자는 것들이 의식주까지 영향을 미친다.

주방에서 일하는 주방장은 한 분인데 음식의 메뉴판은 수십 가지이다. 내가 그것을 하느냐 못 하느냐가 중요한 것이 아니고 할 수 있다는 것을 보여주고 걸어놔야 되는 것이 포용성의 문화이다. 전문음식점이 잘 안되고 설사 전문 음식점이라고 해도 그것을 잘 안 지키는 경우가 많다. 중화요리 전문점이라고 해놓고 여름에는 콩국

수를 해놓는 것은 우리는 하나만 하면 불안하고 중국 음식이 싫은 사람이 왔을 때도 어떤 다른 것을 먹을 수 있도록 해야 하기 때문이다. 이처럼 다양하게 하는 것을 좋아하고 한 가지로 전문화된 것은 서양에서 온 것이다. 우리나라의 음식점은 이것저것 많이 해야 운영이 되는 것은 다양성과 포용성이 있는 문화이기 때문이다.

자녀들이 공부하기가 힘든 이유가 대학에 들어가는 데 경쟁이 있기도 하지만 또 하나는 다양한 과목을 다 잘해야 하는 것이 더 힘들기 때문이다. 중고등학교 학생들이 가장 힘든 이유다. 적성이라는 것이 있는데 어학에 소질이 있으면 국어나 외국어를 잘할 수 있고 대신 수학과 예술 계통은 못할 수도 있다. 논리적인 적성이 있으면 수학이나 과학은 잘할 수 있는데 어학은 잘 못할 수 있다. 우리는 적성과 관계없이 모든 과목을 다 잘해야 하고 한 과목이라도 떨어지면 내신이 안 된다. 이것이 한국 사람이 가지고 있는 교육관이다.

어떤 학자는 한국 교육을 총망라하여 한마디로 오리가 올림픽을 하면 금메달을 딴다고 말한다. 오리는 물속에서 헤엄도 치고, 육지를 걷기도 하고 급하면 날기도 하는, 육해공군을 소화하니까. 올림픽은 더 멀리, 더 빨리, 더 높이를 해야 한다. 두루 잘 하는 것이 중요한 것이 아니고. 한국에서는 노벨상이 나오지 못하는 이유가 하나를 나오게 놔두는 게 아니고 노래를 하고 싶으면 노래만 잘하면 되는데 학과 공부도 잘해야 하기 때문이다. 예술을 하는 적성과 학과 공부를 하는 적성은 다른 적성이고 예술을 잘 하는 사람은 예술을 잘하고 다른 것은 사는 데 지장이 없을 정도면 되는데 우리는 다 잘해야 되니까. 이제는 수학을 하라 하고, 내가 하고 싶은 것은 못 하고 하기 싫은 것은 해야 하다 보니 공부하는 자체가 재미없고 노래를 잘하는 사람이 대우를 받는 것이 아니라 학과공부를 잘하는 사람이 대학을 잘 가는 이상한 현상이 벌어진다.

한국에서 태어나서 외국으로 가서 유명한 예술인이 되어서 한국에 공연하러 오면 공연 광고는 한국이 낳은 적만 있고 키운 적은 없고 한국의 교육 시스템에서 키우면 이런 세계적 예술인이 나오기가 어렵다고 한다. 한국에서는 한 분야를 잘하는 전문가가 나오지 않느냐고 한다. 한국은 모든 면에서 전문성이 결여되고 한 부서에서 몇 년 하다가 딴 부서로 돌리곤 하니까. 이것저것을 잘 하는 사람은 있을 수 있으나 한 분야에 전문적인 사람은 나오지 않는데 바로 포용성의 문화가 깔려 있어서 그렇다. 전문성은 그것 하나만 잘해도 된다는 신뢰가 깔려 있어야 되는데 사회가 빨리 변하고 그것 하나만 했다가 갑자기 경기가 나빠지거나 하면 내가 힘들어진다. 이것저것 다 해서 손재주가 많아야 되고 모든 것을 다 잘해야 된다고 생각을 하는데 재능이 비슷할 때 하나만 잘하는 사람이 더 크게 된다.

앞으로는 우리도 이렇게 갈 것이기 때문에 자녀교육에서 다 잘할 필요가 없고 미래의 시대는 좀 더 전문성을 가지고 있는 시대로 넘어가니까 지금 당장 전반적인 성적이 좀 떨어진다고 해도 너무 걱정하지 말고 잘하는 것 하나를 더 잘할 수 있도록 해주는 게 더 크게 될 수 있다. 우리 문화가 고정적이지 않고 바뀌고 있으므로 옛날 문화를 가지고 살아가면 오히려 뒤처질 수 있는 소지가 있다. 이제는 전문적인 것을 얼마나 잘하나가 중요하지 모든 것을 조금씩 조금씩 다 잘하는 것이 중요한 것은 아니다.

아직 전통적인 포용성이 깔려 있으나 의식주가 서양식으로 다 변하고 있고 젊은 층은 비빔밥보다는 따로따로 먹는 것은 원하고 있고 단독주택보다는 아파트를 원한다. 문화라고 하는 것은 내가 지키고 싶다고 지켜지는 것이 아니고 변화시키고 싶다고 변화되는 것도 아니다. 흘러가는 대로 삶의 환경이 변하는 대로 따라가야 하고 우리가 이런 고민을 해보는 것은 전통을 그래도 지켜나가자는 것이 아니고 사라가는 모습이 이런 곳에서 왔지만 앞으로는 어떻게 변할 것인지 미리 알아가는 것이 중요한 것이다.

포용문화에서 나타나는 중요한 것이 서열성이다. 한국 문화는 기본적으로 서열성이 있고 아버지와 아들은 수직관계이니까 서열성이 있다. 서양은 수평적 관계니까 평등성이고 우리는 어른은 어른이고 아이는 아이인 것이 중요하다. 한국에서 대인관계가 어려운 것은 저 사람이 나하고 나이가 비슷한가이고 모를 때는 빨리 서열을 결정되어야 한다. 마음이 약한 사람이 민증을 까자고도 하고 에이, 이 사람 나보다 두 살이 어리네 하면 대개 지기가 싫으니까 아버지가 출생신고를 늦게 했다고 변명하기도 한다. 믿거나 말거나.

말싸움하다가 서로 타협을 해서 "우리 같이 늙어가는 처지에 친구로 하자" 지내게 되고 학교가 같으면 학번으로 서열을 정하고 "나보다 2년 아래네" 하면 "선배님" 하고 "그래, 오늘은 내가 점심은 쏜다" 한다. 무엇이든지 걸어서 서열을 정해야 마음이 편하고 서열을 정하지 않으면 뭐라고 말하기 어색하고 찜찜하다. 서열문화에서는 경어가 발달되어 있고 우리나라처럼 경우가 발달된 나라가 거의 없다. 외국 사람들이 한국말을 배우기가 어려워하는 이유 중 하나인데 높임말과 낮추는 말이 있고 똑같은 식사인데도 임금님이 먹으면 수라상, 어른이 먹으면 진짓상, 보통 사람이 먹으면 그냥 밥이 되는 것이다.

무어라고 해야 상대에게 예의에 어긋나지 않을지 고민한다. 식당에서도 종업원들 눈치를 봐서 나이가 많은 사람부터 음식을 준다. 대접하는 분이 "이분부터"라고 하는 의전도 있고 이런 것은 서열이 있어서 그런 것이다. 아버지와 아들의 서열에서 대표적인 말이 "아비만한 자식이 없다"이다. 아버지는 아버지이고 역할을 잘 하느냐가 못하느냐가 중요한 것이 아니고 자식과 아버지 사이는 절대로 넘볼 수 없는 것이다. 마찬가지로 "형 만한 아우는 없다" 하고 서열을 딱 정해준다. 쌍둥이라도 서열을 정해주고 어머니 입장에서 보면 형이 약하고 동생이 힘이 세서 형을 이기면 속상하다. 이 집은 질서가 없는 집이다. 그럼 동생한테 너는 항상 형한테 대드냐고 동생을 눌러 주려고 한다. 잘나가는 아들이 어머니한테 용돈을 주면서 절대 다른 사람 주지 말라고 하면 걱정하지마 하고 모아 두었다가 좀 어려운 아들이 있으면 살짝 주는 것이 부모의 마음이고 한국 가정의 문화이다. 서열을 지키지만 상황에 따라서 적절하게 분배를 하는 반면 서양은 평등이고 같은 친구뿐만 아니라 윗사람에게도 이름을 부른다. 어느 유학생이 미국으로 유학을 가서 '○○교수님'이라 하지 않고 교수 이름을 직접 부르는 것이 상당히 어색하다고 했다. 물론 교수도 미국 문화가 그러하니 이름을 부르라고는 했지만. 부부도 이름을 부르고 모든 관계는 친구라고 생각하는 것이 깔려 있고 우리는 서열의식이 있어서 나이가 같지 않으면 친구가 안 된다. 그래서 한국은 서열이 강해서 친구가 딱 없고 윗사람한테 친구처럼 하자고 해서 진짜 친구처럼 대했다가 여러 가지 불이익이 오게 된다. 우리는 권위를 존중해줘야 예의도 있고 개념이 있다고 한다.

요즘 젊은 아빠들이 자꾸만 친구 같은 아빠가 되려고 하는데 혼돈스러운 것이다. 물론 놀아주는 것은 좋지만 꼭 친구여야 노는 것은 아니고 부모와 자녀 관계는 지켜주면서 놀아주면 된다. 우리는 서열의식이 있기에 논다는 개념이 없고 누구랑 친하게 지내려면 서열이 없어져야 된다고 생각하나 우리가 몸에 밴 문화이기 때문에 없어질 수가 없다. 억지로 신경을 쓰지 않는 척하지만 속으로는 불편해하는 두 가지 문화가 혼재되어 있다. 상황에 따라서 어떤 때는 이 문화, 어떤 때 저 문화가 혼재되어 있다. 그래서 작게는 가족에서 크게는 조직에서 갈등이 많은 이유는 연세가 많은 분들이라든가 지위가 높은 사람들은 서열을 있길 바라고 질서가 잡히고 상명하복해야 일사불란한 조직이고 제대로 된 조직이라 생각한다. 비교적 젊은 사람들은 서양의 평등교육을 많이 받다보니 이제 그런 것 없이 하자고 생각하고 있어 화사에서 부장님, 과장님, 대리님 호칭을 없애자고 하는데, 노력을 하는 과정에 있고 서열의식이 꼭 나쁜 것만은 아니다. 윗사람은 지키야 할 도리가 있고 내가 가지고 있는 모든 것을 희생해서라고 도와주어야 한다. 그럼 자녀는 부모의 말을 듣는 것으로 서로 살아가면 되고 겉으로 드러나는 것이 나쁘니까 없애자고 하면 어떤 문제가 생기냐면 윗사람이 아랫 사람에게 희생할 이유가 없어지고 연공서열제로, 다시 말하면 호봉제에 문제가 생긴다. 조직에 들어온 연차에 따라서 봉급이 올라가고 나보다 늦게 들어온 사람이 나보다 봉급이 많으면 안 된다. 문제는 호봉은 높아서 봉급이 많은데 일은 아래 사람에게 시키면 안 된다고 해서 나이에 관계 없이 능력이 있으면 봉급을 많이 받고, 능력이 없으면 봉급을 적게 받는 서양식으로 하자는 것이고 나이든 사람들의 저항이 큰데 그보다는 문화가 충돌하는 것이다.

연공서열제에서 능력제로 가면 일한 만큼 보수가 있게 되어 능력이 있는 사람은 좋고 능력이 떨어지는 사람은 어렵게 된다. 옛날 같으면 능력이 좀 떨어져도 형은 형이고 아우는 아우라서 부모를 통해서 간접적인 도움을 받아 다 같이 살아 갈 수 있다. 능력제로 할 때 가족모임에서 월급이 많은 사람 순서대로 앉으라고 하면 가족이 돌아가지 않을 것이다.

문화가 변한다는 것은 현장에서는 갈등이 있는 것이고 오랜 시간을 거치면서 서서히 변하는 것이다. 우리 사회가 나이가 많은 사람과 젊은 사람이 첨예하게 대립하는 것은 문화가 변해가는 과정에서 생기는 충돌로 이해하면 된다. 문화는 하루아침에 변화되는 것이 아니고 빨리 바꾸고 싶은 사람은 기다려 주지 않고 지금까지 가졌던 기득권에 있는 사람은 느려서 갈등이 있는 것이다.

왜 고부 갈등인가,
무엇이 문제인가?

우리 사회는 한국의 포용성 문화와 서양의 배타주의 문화가 사회 곳곳에서 충돌하고 있는데 그 배경에는 한국의 아버지와 아들 중심의 수직적 문화가 있고 서양의 남편과 아내 중심의 수평적 문화가 깔려 있는 것이다. 수직적 문화는 아버지가 남자고 아들도 남자로 남자와 남자의 관계이고 수평적 문화는 남편은 남자이고 아내는 여자로 남자와 여자의 관계이다. 가정을 이룬다는 것은 성별이 중요하고 남성과 여성이 만나지 않으면 생산이 안 되고 양육도 안 되고 아버지와 아들은 남성이면서 수직적 관계이다. 아버지와 아들에서 나타나는 동남아 문화권의 공통적인 현상의 하나가 무성욕성이라고 부르는 반면 남편과 아내는 성욕성이 가장 중요하고 서양의 부부들은 젊은 부부건 노인부부건 간에 당신을 사랑한다고 감징을 표현히여 성적인 매력이 굉장히 중요하고 상대방 중에 누군가 한 사람이 성적인 매력을 느끼지 못하면 관계를 끊어 버리면 그만이다.

아버지와 아들은 성적인 것과는 전혀 관계가 없어 천륜이라고 부르고 남편과 아내는 인륜이라고 부른다. 결혼은 인륜지대사로 사람과 사람으로 맺어지는 관계라서 끝날 수가 있고 천륜은 끊을 수 없는 관계이다. 부자 중심의 문화에서는 남녀 사이의 성적 표현을 억제하는 경향이 있어 자녀들이 있는 데서는 스킨십을 자제하고 자녀들도 보기만 해도 좋은 관계인데 부모가 있을 때는 티를 내면 안 되고 티를 내게 되면 애들이 배운 것이 없는 것으로 본다. 남녀칠세 부동석이라고 남녀를 갈라놓고 과거에는 남교와 여학교가 따로 있었다. 요즈음에야 남녀 공학이 많이 있는데 옛날에는 그럴 수가 없었다. 이를 무성욕성이라고 하는데 성을 억누르고 있는 경상도의 민요인 '밀양 아리랑'에서 보면 속으로 좋으면서 표현을 못 하고 수줍음을 표현하는 모습이 한국의 정서이다. 서양 같으면 부둥켜안고 키스를 하는 것은 문화의 차이다.

서양은 부부 중심이라서 침실은 아주 중요하고 누구든간 들어오면 안 되고 가족 내에서도 부모가 자는 침실은 자녀도 들어 오면 안 되었다. 자녀가 어렸을 때부터 다른 방에 재우는 이유가 '여기는 침범하면 안 되는 곳'이라는 침실문화가 발달되었기 때문이다. 우리는 아버지가 거주하는 방이 사랑채고 어머니는 안방에서 거주를 하는 것이 양반집의 구조이다. 아버지와 어머니가 거주하는 곳이 분리되어 있고 아버지와 어머니가 합방을 하는 제일 큰 이유는 자손을 생산하기 위해서이다. 이성간에 만나서 성적인 즐거움을 차단하는 문화인데 이것이 전통적인 생각이고 사실 남녀가 만난다고 하는 것은 성적인 욕구는 본능에 가까운 것인데 어느 정도 해결되어야 하는 것이다. 이것을 억누른다고 되는 것은 아니라 해결하기 위한 방편을 만들어 놓는데 그것은 남자들이 성적인 욕구를 집 밖에서 해결하게 하고 집안에서는 아들을 생산하는 것이었다. 전통적으로 성적인 것을 드러내는 것은 양반답지 못하다고 생각했다.

집 밖에서 성적인 것을 해결하게 하는 기생문화가 발달되었다고 해서 가족관계에서 부부관계는 자녀를 생산하는 데 성적인 관계를 제한하고 성적인 욕구는 밖에서 해결하라는 뜻으로 오해할 수 있다. 이게 옳다는 얘기는 아니고 왜 이런 일들이 빈번히 일어났는지 이유를 알아야 변화가 일어난다. 대개 아버지를 중심으로 하는 동남아 문화권은 유흥문화가 발달되고 남자들을 위한 것이고 드라마에서 보면 접대를 하게 되면 거의 대부분 룸살롱이나 술집을 보면 여성이 존재한다. 이런 것들이 밖에 나가서 즐거움을 갖기 위해서는 집이 아닌 밖에 여성이 필요하다고 보는 개념이 몸에 배게 한다. 속담에 "평양감사도 본인 싫으면 못 한다"라는 말이 있다. 평양감사 자리는 좋은 자리인데 본인이 싫으면 못 한다는 것인데 왜 평양감사가 좋을까. 우리는 중국과의 관계가 중요하기 때문에 사신이 오고 갈 때 평양을 거쳐서 오니까. 정치적으로나 지리적으로 중요한 요지로 평양감사가 유명한데 또 하나의 이유는 기생이 유명하다.

옛날에는 출장을 갈때 지금처럼 부인과 같이 갈까? 혼자 갈까? 우리나라는 남편과 부인을 떨어뜨려놓는 문화이고 남편이 외지로 출장을 갈 때 부인은 애들과 같이 집에 남아 있다. 남편이 외부에 나가 있을 때 그 남자를 도와줄 누군가가 존재해야 되어서 관기가 있었다. 거기에 가면 소속된 기생들과 해결이 되는 것이고 부인은 자녀들을 잘 키우면서 있었다.

얼마 전까지만 해도 공무원들이 외국에 나가서 연수를 받을 때 부인은 절대로 같이 가지 않고 혼자 가고 남자들이 큰일을 하려면 집을 떠나고 부인을 떠나는 문화가 익숙했다. 『춘향전』을 춘향이 입장에서 보면 여성의 절개라든가 하는 점도 있지만 이몽룡 입장에서 보면 이몽룡이가 사랑하는 여인이 있지만 집을 떠나서 노력을 하여 과거에 급제해서 다시 돌아오는 것이다. 이것이 남자들의 문화에 많이 배여 있어 한국 남자들은 부인을 떠나야 뭔가가 된다는 문화가 생겼다.

1970~80년대 중동건설 붐으로 우리나라 경제가 발전한 것은 남자들이 몇 년만 고생하면 집을 장만할 수 있다고 해서 중동에 가는 것이 선망의 대상이었다. 왜 이게 한국 남성들한테 맞았느냐 하면, 몇 년을 떨어져 있어야 되고 기술도 좋아야 하니까. 한 선진 사회에서는 부인을 떨어져서 몇 년을 외국에 나가는 일 자체가 머리에 들어오지 않으니까 당연히 가지 않는다. '내가 뭐 때문에 사는데, 부인을 떨어져서 고생하느냐? 안 간다' 하고. 부인과 떨어져도 되겠다고 하는 나라는 보유기술이 낮았다. 기술도 좋고 부인과 몇

년을 떨어지는 것을 감내할 수 있는 나라는 한국 사람뿐이어서 문화적으로 보면 왜 중동붐이 일어났는지를 알 수 있다.

친구들끼리 얘기하던 중 이번에 회사에서 나보고 중동에 가라고 하는데 안 갔어. 아니 남들은 못 가서 그런는데 너는 왜 안 가니? 나는 부인과 떨어져서 도저히 살 수 없어, 하면 주위 사람들의 반응은 어떨까. 너 정말 금슬 좋다고 할까. 바로 "팔불출" 하면서 "이 친구는 큰일을 못하겠다"고 한다. 속된 표현으로 "이 친구는 마누라의 치마폭을 못 벗어나는 놈이야" 대개 이런 식으로 말한다. 남자들은 집을 떠나서 자주 가족 얘기를 하면 안 되고 가족얘기를 하면 팔불출이라고 한다.

우리는 결혼 후에 반지를 끼는 문화가 없고 밖에 나가서 일하는 남자가 집을 생각하면 팔불출이 되는 것이고 왜 이런 일들이 주위에서 벌어지는지 알 필요가 있다.

문화가 이러다 보니 여성 입장에서는 생산과 관련된 일 외에는 구태여 남편이 필요가 없고 그래서 돈도 못 벌어 오는게 집에서 밥을 달라고 하면 짜증난다. 돈 못 버는 남자는 좀 슬퍼지고 왜 한국이 유흥문화가 발달되었는지 이해할 수 있다.

어머니도 같은 사람이니까 성적 만족이 어느 정도 이루어져야 하고 남성보다 욕구의 강도가 적을지는 몰라도 성적 욕구가 있다. 남성은 성적 욕구를 밖에서 해결하는데 부인들은 집 안에서만 존재하는 문화라서 속담에 접시와 여자는 집 밖으로 돌리지 말라고 하는 것에서 알 수 있다. 그러면 이것을 집 안에서 해결해야 하는데 그 대상은 누구일까? 윗통을 벗고 있는 마당쇠 돌쇠일까? 마님이 있는 집은 특수한 집이고 보편적으로 해야 되는데 어머니가 남자이면서 친해도 되는 사람은 누구일까? 아들이다. 아들은 어머니에게 굉장히 중요하다.

이런 문화에서 어머니가 아들을 낳지 못하면 시댁에 엄청나게 잘못을 저지른 것이 된다. 학수고대하다가 아들을 낳아야만이 며느리로서 역할을 한 것이고 가족 내에서 지위가 올라가는데 남편과 부인으로 올라가는 것이 아니고 아들의 어머니라는 것이기 때문에 올라가는 것이다. 그래서 누구 엄마가 중요하고 큰딸과 아들이 있으면 거의 딸보다는 아들의 엄마라고 부르고 이는 딸보다는 아들이 중요함을 의미하는 것들이 문화가 배여 있는 것이다. 미국은 자녀가 있어도 본인의 이름으로 사는데 우리는 항상 누구의 엄마라고 부르고 어머니의 삶의 정체성은 누구의 어머니로부터 오고 있다.

가정에서 아들은 아들이지만 엄마의 지위를 올려준 은인이라서 소중하고 구한말 여성들의 생활상을 그린 사진을 보면 가슴이 드러난 사진이 있다. 그 당시 여성들은 몸을 가리는 문화인데도 가슴을 드러낸 것은 이 젖이 아들을 먹이는 젖이라는 것이고 그러니까 아들이 얼마나 소중하면 가리지 않아도 흉이 안 되는 문화였다. 할머니들이 아들, 아들 하는 것은 당시의 문화였고 그 분들이 나빠서가 아니고 살아온 문화 가 그런 것이었다. 남편이 있어도 사랑방에 있으니까 애인 역할도 하고 그러면 아니라는 여성들도 있지만 아니고 기고 문제가 아니라 남자이면서 가까이 할 수 있는 것은 아들뿐이니까.

가까이 해도 되는 이성은 아들밖에 없고 어머니에게 아들 이라는 것은 굉장히 소중한 관계이고 우리나라에서 제일 끊을 수 없는 관계가 어머니와 아들과의 관계이다. 이 관계는 아무도 끊을 수가 없고 아들이 결혼할 때는 힘들더라도 집을 사주고 어느 때는 살던 집도 줄여가면서 사주고 싶은 것이 엄마의 마음이다.

남편과 아내가 성적인 관계가 제일 바람직한 것으로 볼 수 있으나 문화가 그게 아니니까 각각 다른 데서 해결하는 방식이 발달되었다. 아들이 이런 문제를 해결해주니 아주 소중한 것이고 그래서 모든 것을 비처 아들을 키웠는데 성장해서 며느리를 맞게 되면 어떻게 될까? 30년 가까이 모든 정성을 다 해서 키웠는데어느 날 뚱딴지 같은 여자 하나가 나타나서 내 아들을 데리고 가니 어머니의 심정이 어떨까? 이래서 나오는 것이 고부갈등이다.

고부간 갈등은 심리적 바탕에 아들을 두고 어머니와 며느리가 쟁탈전을 벌이는 것이고 대개 어머니들이 하는 말이 "너 하나 믿고 살아왔는데 네가 나를 떠나니 어떻게 그럴 수 있어" 어머니의 마음을 한 번 느껴봐야 하고 홀어머니는 더욱 그러하다. 고부간에 갈등이 있을 수밖에 없는 이유다.

서양의 부부중심 사회는 이런 고부간의 갈등이 없고 그 대신 서양은 장모와 사위와의 갈등이다. 아들도 부인과 가까워져야 하는데 어머니가 막는 관계에 있고 어머니가 못마땅하게 생각하고 요즈음에는 덜 하지만 과거에는 아들이 결혼해서 시어머니와 같이 사는데 자려고 하면 어머니가 자꾸 왔다갔다 하고 기침도 하고 심하면 중요한 순간에 들어와서 가운데 눕기도 하는 것이 옛날에 있었고 이것이 애인과의 관계도 바탕에 깔려 있는 것이다.

이때는 일방적으로 며느리는 참았고 못된 시어머니가 안되겠다고 맹세하고 나서도 당한 것이 있으니까 갚아야 하는 대물림을 하게 된다. 문화를 보면 왜 그런 일이 벌어졌을까, 하는 것이 이해가 되고 고부간 갈등의 당사자는 전통적인 문화에서 모두 피해자이고 이런 문화 속에서 살다보면 그런 행동을 할 수밖에 없다.

여자친구들이 만나면 농담삼아 애들 잘 크냐고 묻는 경우가 있는데 그럼 큰애, 작은애 하게 된다. 큰애는 남편이다. 한국의 문화에서는 아들들이 심리적으로 독립되기기 어렵고 워낙 밀착되어서 그러하다.

아들이 어머니를 떠나서 하나의 독립된 행동을 하기가 상당히 어렵고 마음속의 밑바탕에 부인과 가까운 것은 어머니를 배신하는 것으로 생각이 된다. 마음속 깊이 있기 때문에 본인도 모른다. 이런 관계가 끊어지지 않으면 어머니와 부인의 관계를 잘 하려고 하는 것보다는 마음을 둘 수 있는 다른 곳을 찾아서 딴 데로 나가게 되고 대를 물리는 악순환이 일어난다.

동양에서 자녀를 잘 키운 분이 두 분이 계시는데 한 분은 중국의 맹자 어머니다. 맹자모 삼천지교(孟子母 三遷之敎)라는 고사의 주인공인 맹자 어머니는 맹자를 잘 키우기 위해서 세 번 이사를 했고 상여집 근처에 있으니 상여 나가는 소리를 따라해서 안 되고, 시장으갔더니 장사하는 소리로 안 되고, 마지막엔 서당으로 옮겨갔다.

한국에서 자녀를 잘 키운 것으로 유명한 한석봉 어머니가 귀감으로 나오는데 한석봉이 어머니를 보고 싶어서 나왔더니 단칼에 잘라서 다시 돌려 보냈다. 이것이 굉장히 중요하며, 아빠는 사랑방에서 권위적인 존재이고 아들의 교육에 미치는 영향이 적다. 남자나 여자나 모두 밑에는 어머니의 정서와 밀접한 관계가 있고 홀로 사는 어머니가 아들을 얼마나 보고 싶었음에도 불구하고 단칼에 돌려 보내는 것이 어머니가 얼마나 큰 일을 했나 알 수 있다.

어머니들은 단칼에 아들의 탯줄을 끊어 주어야 애가 크고 그래야 결혼하고 나서 자기 아내와 잘 살 수 있다. 부모를 떠나야 아내와 한 몸이 되는 것인데 한국의 가족관계에서 떠나기가 제일 어려운 것이 어머니와 아들의 관계다.

어떤 남성은 결혼할 때 나한테는 잘 안 해도 되니까 우리 엄마한테는 잘하라는 사람도 있다. 이것은 전통적인 가족관계를 보여주는 것이고 네가 엄마한테 잘 해야 예뻐보인다고 하는 경우도 있다.

한때 TV작품 중에 잘된 것은 뽀빠이가 진행하는 우정의 무대가 있었다. 군부대에 다니면서 하는 프로인데 그 프로를 보려고 수건을 아예 준비까지 하면서 그렇게 좋아했다. 이 프로의 하이라트는 '그리운 어머니'라는 무대였다. 어머니는 무대 뒤에서 숨어 있고 병사 중 하나가 어머니가 나오면 안고 내려가는데 사회자가 "어머니가 아니라서 섭섭하겠다" 하면 "아닙니다. 김 일병의 어머니는 우리 어머니입니다"라고 답했다. 집에서 준비해온 떡은 나누어 주고 어머니 업고 고향으로 가는 것이 어머니와 아들의 한국문화의 정서다.

어머니가 해야 할 일은 심리적으로 자녀를 떨어뜨려야 하는데, 중국의 맹자 어머니를 따라만 하고 있다. 좋다는 데 데리고 다니고 한국문화에서는 한석봉의 어머니가 되어야 하는데 자꾸만 맹자 어머니가 되려고 하니 문제가 생기고 애가 결혼해서 잘 행복하게 사는 모습을 보려면 심리적으로 떠나 보내는 훈련을 해야 마음 놓고 어머니를 떠나고 새로운 여자를 맞을 공간이 생기게 된다. 어머니가 떠나지 않고 내가 너를 어떻게 키웠는데 하면 다른 여성을 맞아들이면서 죄책감을 느끼게 되니까 부인과는 가까워지기가 어렵다.

문화라고 하는 것이 이런 것이고 현재 우리나라는 포용문화에서 배타주의 문화로 넘어가고 있고 젊은 친구들일수록 유흥문화가 적어지고 가족들과 같이 하고 혼술, 혼밥도 나오고 하니까 빠른 속도로 변하고 있는데 여러 가지 문화층이 충돌하고 있다는 것을 보여주고 있다. 나하고 다른 문화, 나와 다른 가치를 가지고 있는 사람들이 잘못 생각하고 있는 것이 아니고 나하고는 다른 문화 속에서 살아왔기 때문에 저분한테는 저런 모습이 좋게 보이는구나, 하고 서로 한 발짝 물러서면 이해할 수 있다.

고운 정과 미운 정이 있는 **우리나라 문화**

평소에 갖고 있던 기성세대나 젊은 층에 대한 편견이 한국인의 문화를 통해서 많이 해소되었으면 하는 마음이다. 그것 못지 않게 중요한 것이 정(情) 문화인데 막상 정이 무엇일까? 막상 표현하려고 하면 알 듯 말 듯하고 문화라고 하는 것이 딱 무엇이라고 표현하기 어려운 것은 일상의 생활에서 젖어 있어서 그러하다.

우리나라에서 한때 히트를 친 광고 중에 눈 내리는 겨울에 며느리가 시아버지에게 놓아드린 보일러가 광고 대상을 받아 그 제품의 판매량이 많이 올랐다. 이 광고는 세계광고 대회에 나갔다가 예선에서 탈락했다.

외국 사람이 볼 때는 보일러는 놓아 드리면 된 것이고 그 이상의 의미를 부여하지 않는다. 우리는 시부모에 대한 며느리의 애틋한 정이 깔려 있으니까 그 광고에서 느낀 것이다. 문화라고 하는 것이 이만큼 중요한 영향을 끼친 것이다.

정이라고 하는 것이 누구가와 관계를 맺을 때 심리적인 거리가 얼마나 가까운지 먼지에 표현해야 하는데, 그럴 때 한국 사람은 심리적으로 얼마나 거리가 가까운지 강도가 센지를 나타내는 하나의 척도 같은 것도 되고 내적인 상태를 정이라고 하고 누구하고 정이 들었다고 말하기도 한다.

서구의 사랑과도 비슷한 점이 있는데 정과 다를까? 같은 의미일까? "정이 든다"는 표현은 있어도 "사랑이 든다"는 말을 쓰지 않는다. 사랑에 빠졌다는 표현을 써도 사랑이 든다는 표현은 없다. 사랑의 반대는 미움이고 사랑하면 가깝다가 미워지면 멀어진다. 정은 미운 정과 고운 정이 있어 사랑과의 다른 점이다.

한국의 정서를 잘 나타낸 대중가요 중 하나인 정을 담은 노래가 있다. 심수봉의 '그때 그 사람'. 헤어지고 떠나간 그때 그 사람이 비 오는 날 사랑보다 슬픈 것이 정이라고 했고 사랑보다 더 질긴 것이 정일까 첫눈에 빠지듯 첫눈에 정이 들까?

사랑을 느낄 때는 갑자기 어디에 빠진 것 같은 느낌을 받기에 사랑은 빠지고 정은 오랜 시간을 두면서 마치 가랑비에 옷이 젖듯이 조금씩 조금씩 쌓이는 것이다. 사랑은 현재 갖고 있는 느낌이기 때문에 현재도 확인 가능하고 정은 그 대상이 내 앞에 있을 때는 인식을 못 하는 경우가 많고 매번 만날 때마다 정들었네 하지는 않으며, 그 대상이 멀리 떠나 갔을 때 이제 생각하니 참 정이 많이 들었다는 느끼는 감정이어서 감정이 격렬하기 보다는 잔잔하고 이런 느낌이고 미국 사람은 사랑을 하면 만나고 싫으면 헤어지면 되지만 한국 사람의 정은 고운 정과 미운 정이 있기 때문에 헤어지기가 쉽지가 않다.

정은 개인의 거리를 나타내기도 하고 개인의 성품을 나타내기도 하는데, 한국 사람이 헤어지는 것은 미워서 헤어진다기 보다는 정이 떨어져서 헤어지는 것이다. 서양 사람들은 사랑과 미움 중 하나이지 둘이 같이는 있기가 어려워서 미우면 헤어진다. 젊은 사람들에게 그 사람과 왜 사니 하면? 사랑해서라고 한다. 옛날에 엄마는 아빠가 힘들게 하는데 헤어지지 왜 살어 하면 뭐라고 할까? 정이 들어서라고 한다. 정에는 지금 아빠의 행동이 밉지만 산다고 하는 것은 그 속에 미운 정이 있다는 것이다. 한국문화는 삶 자체에서 고운 정과 미운 정이 같이 섞여서 있는 모습이 있다는 것을 알고 있다.

어느 방송 TV 프로에서 할아버지와 할머니가 같이 나왔다. 할아버지가 말로 설명하면 할머니가 알아맞추는 것인데 할머니에게 "당신과 나 사이는?" 하니까 할머니는 "원수"라고 했다. "네 자야" "평생원수"라고 해서 웃은 적이 있다. 서양 사람들이 보면 이해가 안된다. 원수와 왜 살아.

우리는 미운 정이 있어서 살고 있다. 부모가 자녀에게 너 미워 해도 바탕에는 사랑이라는 것이 깔려 있다는 것을 알기에 상처를 덜 받게 되고 미워에는 잘 해 주었으면 하는 마음이 있다는 것을 느낌으로 알고 있다.

한국의 정은 서양의 사랑보다 감정이 더 포괄적이다. 정은 좋은 점과 미운 점이 있어 정을 뗀다는 것이 쉽지가 않을 것이다. 그래서 심수봉의 사랑보다 슬픈 것이 정이라는 것은 정에 대한 의미를 노래를 통해서 잘 나타나 있다.

정은 어떤 조건에서 들까? 한 번 보고 정드는 경우는 없고 일정한 시간을 같이 보내야 한다. 정은 가랑비에 옷이 젖듯이 자신도 모르게 정이 드는 것이다. 대상이 없어지거나 보이지 않을 때 문득 깨닫게 된다. 간은 필요 조건이지만 충분조건은 아니다. 같은 공간에 오래 같이 지내야 한다. 어떤 사람이 오래 지냈어도 그냥 알고 있는 것이지 정이 드는 것은 아니다. 관계가 긍정적인 경험을 해야 한다.미운 정 속에는 고운 정이 포함되어 있다. 상대방이 정이 들 만한 성품이 있어야 한다. 성품이 좋아야 한다. 아무리 시간이나 같은 장소에 있어도 무정하거나 매정하면 정이 잘 들지를 않는다.

정이 들었나 알 수 있는 것은 서로 흉허물이 없다. 어떤 사람에게 잘 보여야지, 의식하거나 신경이 쓰이면 정이 들은 것이 아니다.

정이 든다는 것은 내 모습을 그대로 보여줘도 싫어하지 않을 것 같은 그런 느낌이 있어야 한다. 두려움이 없고 내가 좀 흉허물이 있어도 잘 봐줄 것이라고 생각하는 것이다. 위 네 가지를 다 가지고 있는 것이 가족관계라서 한국사회에서 생활의 중심이 가족인 것이다.

가족관계가 중요해서 정이 생겼는지 정이 중요해서 가족관계가 생겼는지 알수는 없다. 분명한 것은 가족이 정이 가장 많은 관계다. 모든 인간관계에서 가족관계로 확산시키고 있다. 엄마들이 친구들을 데리고 와서 자녀들에게 이모가 왔다. 식당에서 이모, 언니라고 부르는 것이 가족같은 정다움을 주기 위함이다.

우리는 왜 가족을 중시할까?

문화는 환경에 효율적으로 적응하기 위해서 만들어 진 것이다.우리나라는 사방이 강대국으로 둘러싸여 있는 문화다. 세계 유엔에 가입된 나라가 200여 개 되는데 그중 안전보장이사회에 가입된 나라가 우리나라 주변에 4개의 나라가 있고 세계에서 이런 나라는 우리나라뿐이다. 강대국 속에서도 5000년 동안 사라지지 않고 문화적 정체성을 유지하면서 지켜온 나라는 우리나라밖에 없고 약 980회나 되는 외침을 당하는 고난을 겪어야만 했다. 그런 속에서 나를 지키고 믿을 수 있는 것은 가족이다. 서양은 부부중심인데 사랑이 식으면 헤어지만 가족은 헤어져도 남는다.

부부의 결혼은 인륜이지만 가족은 하늘이 맺어 준 천륜이라서 버릴 수가 없다. 가족끼리 살다 보면 미워도 버릴 수 없어 미운 것도 참고 인내하며 살아 가야 하니 미운 정과 고운 정을 받아들이는 지혜가 있다. 가족이 미울 때마다 해체되면 남는 가족은 없을 것이다.가족이 유지하기 위한 무엇이 있어야 하는데 그것이 정이고 정은 미운 정과 고운 정을 가지고 살아가도록 가족문화가 발달되어 있다.

한 집단의 문화는 성스러운 것이고 그 집단이 가장 효율적으로 살아가기 위한 한 방법이다. 제일 정든 사람은 어머니다. 같은 시간을 많이 했고 내가 성장하면서 진자리 마른 자리 나의 모든 것을 다 본 어머니는 흉허물이 없어 내가 살아가는 데 가장 강력한 힘이다. 인간관계를 하면서 심리적으로 어머니를 가슴속에 품고 살고 있고 어머니와 유사한 사람과 관계를 하기를 좋아한다. 어머니는 항상 자녀에 대한 미안함을 가지고 있고 더 잘해주었야 하는데 못해주었다는 그런 마음과 측은한 마음이 있고 자녀들은 부모에 대한 고마움과 부모가 원하는 대로 하지 못했다는 막연한 죄책감이 깔려 있어 어머니와 자녀는 보이지 않는 끈끈한 관계로 이루어져 있다.

지금까지는 지리적으로 가족관계가 강화되는 환경이었으나 오늘날은 지리적 환경의 영향을 덜 받고 세계가 하나가 되어 가는 환경으로 변해가고 있다. 의사소통도 다양성에 되어야 하지 과거처럼 가족관계에 집중해서는 한계가 있다.

가족관계가 친밀감이 있는 것은 좋은데 가족이 아닌 다른 사람에는 의외로 적대적이고 배타적이라서 흔히 패거리 문화다. 너는 누구편이야 하고 질문을 던진다. 조직에서도 나와 같은 편에 있는 사람에게는 관대하고 반대파에게는 관대하지 못하다. 앞으로는 나와 다르더라도 인정하면서 같이 살아 갈 수 있는 문화가 되어 가야 한다. 정치문화도 마찬가지다. 야당과 여당은 서로 협력할 것은 해야 하는데, 무조건 반대를 위한 반대를 하면 안 된다.

가족은 너무나 하나라는 것으로 간섭하고 속박하려는 경향이 있고 추석이나 설날 때 언제 결혼하느냐는 간섭도 하게 된다. 너무나 가족에서 흉허물 없다고 하더라도 딸이 성장하면 방에 들어갈 때 노크를 하고 들어가야지 아버지가 그냥 문을 열고 들어가면 안 된다. 정의 문화도 점점 변해가야 하고 이제는 좀 흉허물이 있어야 하고 자녀가 결혼하면 자녀의 삶의 공간도 인정해야 한다. 과거처럼 지리적인 군사적 침략보다는 문화적 침략이나 경제적 침략이 더 무섭다. 문화가 융성하려면 개인의 개성이 부각되어야 한다. 이제는 남과 다른 모습으로 개인의 개성이 자유개방적으로 표현하려고 하면 그것을 막을 때는 문화가 나올 수 없다. 이제는 우리도 하나라는 생각에서 벗어나는 문화로 변해가고 있다. 우리의 전통인 고유

문화는 뿌리이기 때문에 지켜야 하되, 변화가 없다는 것이 아니라 현실에 맞게 변할 것은 변해야 한다. 받아들인 것은 포용력 있게 받아들여야 한다.

우리의 정신이나 마음은 유지하되 표현되는 방법은 얼마든지 달라질 수 있다. 겉으로 나타나는 표현방식이 변하게 되면 정신이나 마음이 변했다고 오해 내지 착각을 하게 되면 세대 간의 갈등이 증폭된다.

노인들의 신앙생활과 젊은 사람들의 신앙생활은 같을 필요는 없고 신앙정신을 갖고 있고 그 표현방식은 다르게 할 수 있음을 인정해야 한다. 가족은 화목을 중요시해야지 표현방식을 중시해서는 안 되기 때문에 표현 자체를 강요하다 보면 만남 자체가 껄껄하게 된다. 문화는 비교적 안정적이라는 것이지 절대적 안정적이라는 것이 아니다. 한국의 미풍양속은 고이 간직하고 전달이 되어야 하겠지만 표현되는 방식은 얼마든지 변할 수 있다. 부모에 대한 효도로 단발령이 있을 때 어떻게 부모님이 주신 머리를 깎을 수 있냐고 반발도 하고 부모님이 돌아가시면 산소에서 3년 동안 지키는 것이라고 생각했는데 지금은 3년 동안 산소에서 묘를 지키기를 원하는 부모는 없다.

정신은 유지하되 형식은 달라질 수 있다. 정은 좋은 점도 있지만 아쉬운 점도 있고 다문화 사회에서 살아 가려면 이제는 다름도 받아들여야 하는 노력을 해야 한다. 하나는 패거리문화로 성장을 막는 것이다.

한(恨)과 흥이 있는
우리나라 문화

한국인의 정서는 한이 많고 왜 한이 많은지, 그 한을 풀려고 어떤 노력을 해왔는지에 대한 것을 정리해 본다. 어른들하고 얘기를 하다보면 "나는 한이 맺힌 것이 많이 있다. 너희들은 한이 없어서 좋겠다"고 한다. 젊은 사람들은 한이 없을까. 대개 젊은 층은 한까지는 없고 화, 분노 그런 정도는 있을 것 같다.

그럼 한이 뭘까?

사람들 마음속에 풀지 못한 응어리라고 할 수 있고 긍정적인 응어리를 한이라고 하지는 않는다. 한을 부정적인 응어리라고 할 필요는 없을 것 같고 힘들 때 살기 위해서 조상들이 만들어 놓은 지혜 중의 하나이다. 집에 있는 물컵에 진흙물을 조금만 넣어도 물을 마실 수도 없고 살아갈 수도 없다. 조금 시간이 지나면 진흙 덩어리는 아래 한쪽에 가라앉고 위에 있는 물은 맑아져서 마실 수 있다. 한이 있으면 삶이 무겁고 즐겁지 않다. 힘든 사람들은 나는 왜 이리 삶이 무거운지를 모르겠고 가볍게 살아가고 싶다는 말을 하게 된다. 우리는 등에 있는 짐은 눈에 보이니까 쉽게 내려놓는다. 마음에 짐은 쉽게 내려놓지 못하고 살아가고 있고. 어쩌면 삶은 마음에 짐을 갖고 살아가는여행이다. 마음의 짐은 풀지 못한 한의 덩어리다.

보자기에 싸둔 마음에 짐이 있어도 살아갈 수는 있는데 그 짐을 풀기 전에는 즐겁게 살기가 어렵다. 한국 사람들 삶 자체가 그리 즐겁지가 않고 경제협력개발기구(OECD) 37개 국가 중 35위로 최하위권이고 세계경제 10위 경제대국의 부끄러운 민낯에서 여실히 잘 나타나 있다. 한강의 기적을 이루면서 단시간 내에 경제는 발전했으나 즐겁게 살지 못하는 것은 마음속에 있는 풀지 못하는 한의 응어리가 있는 것이다.

그렇다면 요즘 젊은 사람들도 한이 있을까? 없을까?

젊은 사람들도 사실 한이 있다. 한이 무엇 때문에 그런지는 차이가 있을 수 있지만 느끼는 부정적인 감정은 억울하고, 후회되고 이런 감정들은 아직도 마음속에 보자기에다 싸 두고 있다고 얘기 할 수 있다.

한국의 문화는 한의 문화인데 어떨 때 한의 문화가 생길까?부당한 대우을 받았을 때로 예컨대 조선시대에 상놈이라서 양반한테 무시를 당했다던가. 대표적인 것이 홍길동 이야기에서 아버지를 아버지라고 부르지 못한 것은 서자이기 때문이고 이러한 한국 사람의 한이 고스란히 담겨 있다. 노력과 능력에 관계없이 부당한 대우을 받았다. 공권력에 부당한 대우를 받으면 못 견디고 광화문에 가서 하소연하는 모임을 갖는 것도 억울하게 살았다는 정서를 갖고 있는 것이다.

내가 절실하게 필요한 것이 없을 때다. 심각한 결핍이 되었을 때다. 배우지 못한 한이 있다. 이만큼 공부를 했거나 지식이 있으면 이만한 대우를 받았을 텐데 공부가 짧아서 요즘 가방 끈이 짧아서 내가 원하는 것을 할 수가 없어서 한이 맺히는 것이다. 부모가 자녀들에게 공부를 강요하는 것도 본인이 못 배운 것에 대한 한이 있고 너희들만은 이렇게 살지 말아라는 이런 심리가 내재되어 있다.

이런 것들은 상대방으로부터 받는 것이며 부당한 대우는 그 시대의 상황에서 오는 것이고, 결핍은 대인관계에서 오는 것이다.

돌이킬 수 없는 자신의 실수다.부모님 상을 당했을 때 대개 자녀들은 부모님에게 효도를 잘했어야 하는데 이제는 철이 좀 들고 효도를 하려고 해도 어머님이 기다리지 않고 돌아가셨다. 더군다나 부모님이 하라는 대로 하지 않고 딴 길로 나갔다가 부모님 돌아가시면 너무나도 한이 맺히고 너희들은 그러지를 말아라고한다.

한국 사람들이 한이 많이 맺힌다고 하는 것은 짧은 기간에 세계에서 놀랄 만한 경제가 발전을 했다는 얘기는 그만큼 못 먹고 못 배우고 설움의 5,000년 역사였다는 것이다. 그러니까 내 자식만은 이런 불행한 일을 겪지 않으면 하는 바람과 헌신, 미안함 들이 있다.

이러한 감정들을 수시로 표현할 수가 없으니 보자기로 싸여서 한이 맺혀있는 것이다. 한과 비슷한 원한이 있다. 부정적 감정은 원이고 이 단계를 지나면 한이 된다. 부당한 대우를 받게 되면 상대방에게 복수하고 싶은 마음이 원이고 그 다음 단계가 여러 가지가 쌓인 것이 한이다.

시인이자 문공부 장관을 역임한 이어령 이대 교수는 일본은 원의 문화라고 했다. 결투를 해서 죽든지 살든지 둘 중에 하나를 해야하는 사무라이 문화다. 사무라이 문화는 결판을 내야 하고 감정이 격하면 서로 니가 잘못이라고 하니까. 그래서 일본은 원의 문화라서 한이 없다.

한국의 문화는 한의 문화로 부당한 대우를 받은 것도 내가 못나서 그런거지 하고 그 잘못을 나한테 돌리게 되면 한이 된다. 잘못을 자신에게 돌리면 상대방에 대한 격한 감정이 낮아진다. 조선시대 여성들이 차별을 받았고 남자에게 결투를 하면 원의 문화이고 그럴 수가 없고 매일 화가 나면 살 수가 없으니 화를 싸매게 되고 여자로 태어난 팔자라고 내 것으로 돌리고 이것을 보자기로 싸 그러면 여자로 태어난 것이 잘못이고 딸이 시집가서 힘들다고 할 때 어머니들이 뭐라고 하느냐 하면 딸로 내가 너를 낳은 죄다고 하고 그 또한 어머니들이 안고 간다. 어머니와 딸은 서로 껴안고 힘을 주면서 살아가는 것이다.

우리는 가족이 중심이니까 화가 날 때마다 결투를 할 수 없고 이것을 참아야 되고 잘못을 내 것으로 돌리면 좀 견딜 만하고 한은 부정적인 감정을 풀 수 없을 때 싸매고 가는 것이 한이다.

한은 내가 살아가기 위한 것이고 문화라는 현장은 살아가는 데 도움이 되기 위한 것이기 때문에 있는 것이다. 한이 맺히는 데 필요없다면 왜 한이 있겠는가. 필요 없다면 벌써 풀고 없애 버렸다. 누가 더 한이 많냐면 사회적 약자 특히 여성들이 한이 많다.여자로 태어난 것이 잘못이고 운명이고 팔자라고 하면서 묶어 놓고 살아는 가지만 하지만 기쁠 수는 없다. 한은 풀어야 한다.

한을 어떻게 풀 것인가?

컵에 있는 물만 따르면 진흙의 앙금인 한의 감정은 그대로 있게 되고 나무로 물 전체를 휘저어 원의 감정으로 만든 다음에 여과지를 놓고 부으면 여과지에 남은 진흙은 버리면 원래의 물로 돌아오게 된다.

맺힌 한을 풀어주는 과정을 상담이라고 부른다. 편안한 상태에서 내가 갖고 있는 부정적인 감정을 표현하면 걸러내서 내 마음이 맑게 걸러진다. 이것을 함부로 말하기가 어렵고 편안하고 안정된 상태에서 내 부정적 감정을 표현하면 마음이 시원하고 가벼워진다. 서러웠던 마음을 실컷 끄집어 내서 한번 통곡을 해보면 마음이 편해진다. 한이 많은 민족이 종교적이다. 기도를 통해서 한을 풀고 싶어한다.

원과 한을 풀어야 한다. 원과 한은 부정적인 감정이고 한국 사람이 갖고 있는 또 하나는 흥이 많고 신바람이 있다. 한국의 문화를 한으로만 볼 수 없이 흥도 많은 문화다.

한과 신바람을 동일 선상에 놓고 한이 적어 지면 신바람이 난다고 오해를 한다. 한이 풀리면 가벼운 것은 사실이나 한국인은 한을 푸는 것보다는 한을 통해서 신바람을 갖는다. 각설이 타령은 신이 나고 작년에 왔던 각설이다. 사실 각설이는 거지 노릇을 하는 것으로 남루하고 세수도 하지 않는데 음악은 슬프지 않고 경쾌하다. 지금까지는 한이 없어져야 흥이 난다고 생각을 했는데 한국문화를 좀 더 깊이 들어가 보면 한이 승화가 된다면 신바람의 재료가 될 수 있다.

동양의 고운 정과 미운 정도 있고 서양의 사랑과 미움이 있다. 한과 신바람에서 한을 예술로 승화시키면 신이 난다. 각설이 타령이 어디로 가도 신나게 하는 것이다. 이것이 한국의 힘이다. 이런 것을 잘 드러낸 것이 임권택 감독의 영화 서편제가 있다. 주인공들이 모두 한 맺힌 사람들이다. 가족관계도 정상적인 사람들이 아닌 사람들이 가족관계를 이루고 산다. 소리꾼 유봉은 아들 동호에게 북, 수양딸 송화에게 소리를 가르치는 것이다. 아버지가 소리를 명창이 되려고 했으니 결국은 되지를 못하고 그 한을 딸한테 풀려고 했고 아들이 할 수 있는 소리도 점점 자리가 없어지니까. 결국은 시장에서 약파는 데 고용이 되어서 소리를 해주고 돈을 받기는 했으나 소리 할 곳이 점점 사라지게 된다. 서양문물이 들어오니까. 결국 아들은 아버지와 싸우고 집을 나가고 딸도 집을 나갈까봐 걱정이 되니까. 아버지가 딸의 눈을 멀게 하고 그리고 소리를 가르쳐 주고 주막에서 소리를 하고 삶을 살아가는데 그러다가 아버지가 임종을 할 때 딸한테 내가 너 일부러 눈을 멀게 한 것 알고 있지. 그 딸이 알고 있다는 식으로 아무말 없이 표시를 하고 그래도 니가 나를 원수라고는 생각하지 않았더구나. 니 소리에 원이 없더라. 니가 나를 원수로 생각하지 않는다는 것을 알고 있는데 한은 있다. 그 한은 뛰어넘이야 동편도 서편도 없게 된다. 서로 마지막에 한을 풀고 아버지가 돌아가신다.

동호가 방황을 하면서 연명을 하고 여기저기 돌아 다니며 동생을 찾아다니는데 어디에 가면 소리 하는 눈 먼 여자가 있다는 소리를 듣고 갔는데 느낌이 자기 동생인 것을 알았다. 여기에 소리 하는 여성이 있다는데 한번 들어보고 싶다. 요즈음에는 소리를 하지 않는데 한번 청해보겠다. 조금 있다가 송화가 한복을 입고 나타난다. 내가 소리는 좋아하는데 내가 장구를 칠 테니 소리를 한번 해달라고 한다. 송화는 소리를 한다. 둘이 서로 오누이라는 사실을 안다. 밤새도록 소리하고 장구치고 하다가 아침에 오빠가 통성명도 없이 차를 타고 어디론가 사라진다.

왜 그럴까? 이해가 좀. 주막집의 천 서방이 송화에게 서로 오누이 아니냐 오매불망 오빠가 찾아왔는데 통성명도 안하고 보내느냐! 한(恨)을 다치고 싶지 않아서. 노년층은 이해가 되고 젊은 층은 이해가 안 된다. 노년층은 한이 많이 있는 것이고 젊은 층은 한이 적다는 것이 아닐까. 얼마나 많은 한이 맺혀 있간디. 통성명도 못 하고 떠나갈까.

한에 대한 얘기를 하다 보면 "그동안 오빠 어디서 어떻게 살었어" 하다보면 지금까지 잊고 살었던 원통하고 억울한 부정적인 감정의 덩어리의 원한(怨恨)을 다시 생각하고 싶지 않았다. 원한이 소리를 내어 승화가 되어 맑은 물이 되었다. 그 원한 다시 끄집어내어 오빠 "그동안 얼마나 힘들었어" 하면서 부둥켜 안고 울다 보면 감정은 풀릴지 모르겠지만 다시 진흙탕 같은 원한이 생겨서 맑은 물이 되기가 어려웠을 것이다. 송화는 북을 치면서 밤새도록 한을 풀고 난 다음에 천 서방을 떠나고.

한국의 정서를 가장 잘 드러내는 영화라고 할 수 있고 같이 있다 보면 다치기 싫었고, 이제는 사는 것이 익숙해져 있으니까. 그냥 떠나는 것이 한국의 정서일까?

이러한 삶을 흥으로 어느 때는 해학으로 승화시키면서 살아왔기 때문에 한에서 나오는 슬픔의 경험에서 다시 나오는 한국의 예술과 문화에 또 하나의 중요한 의미가 있고 억지로 예술을 잘 하기 위해 한을 만들 필요는 없지만 어쩔 수 없이 겪어야 하는 억울함이라든지, 사회적으로는 없도록 계속 변해야 되겠지만 개인적으로 느꼈을 때는 흥과 해학으로 풀어나가는방법으로 살아갈 수 있도록 한 것이 조상들이 우리에게 알려주는 삶의 지혜다. 오페라 '라 트라비아타'는 아가씨가 사귀던 남자가 부모의 반대로 헤어졌다가 죽을 때 나타나서 보내주는 것인데, 배우들이 절대로 실패하지 않고 흥행하는 것은 우리나라의 한을 승화시켜 자기의 소리를 끝까지 지킬 수 있었던 것도 삶의 지혜인 대표적인 예술이다.

누구든지 내 안에 쌓여 있는 한이라는 고통이 자신에게 공감을 얻어 연기자는 예술로, 교육자는 교육으로, 사업자는 경영으로, 법관은 판결로, 정치인은 정치로 삶을 승화시킬 수 있어야 한다.

화(火)에 대한 이해, 듣기와 말하기의 소통방법, 나는 누구인가, 성격 이해, 생의 발달단계 이해, 문화까지 통찰하게 되면 깨달음에 의한 지혜가 생긴다. 그래서 인간관계를 원만하게 잘 할 수 있는 상담능력이 생긴다. 그러면 가정이나 직장에서 폭행이나 직장 내 괴롭힘, 성추행 등의 인권 침해가 없는 건강하고 행복한 삶을 살 수 있다.

저술을 마치며

정신분석학자 프로이트(Freud)는 '인간의 삶은 사랑과 일의 과정'이라고 말했다.

어려서는 받는 사랑만 한다. 청년기에는 주고받는 사람을 한다. 중년 이후에는 주는 사랑을 하게 된다. 청소년기에 집도 나가 보고 실패도 해본 사람은 상대방의 어려움을 이해할 수 있는 능력이 있기에 청년이 되어서 사랑을 잘 할 수 있다. 그냥 받기만 한 사람은 결혼해서도 배우자에게 부모와 같이 달라고만 하니 갈등이 많이 생긴다. 내 생각대로 해주기를 바라는 지배를 사랑으로 착각하게 된다. 나만 바라보라고 하는 소유와 집착을 사랑이라고 착각을 하기도 한다.

사랑의 편식이다. 음식은 탄수화물, 지방, 단백질을 골고루 섭취해야 건강하다. 사랑도 부모 사랑, 선생 사랑, 친구사랑, 이성 사랑 등 다양하게 해봐야 건강한 사랑이다. 건강한 사랑을 원하는데 실제로는 편식하는 이율배반적인 사랑을 하고 있는 것이 우리의 삶이다. 부부갈등, 자녀갈등, 조직갈등이 일어나는 이유가 아닐까.

자본주의 사회에서 돈에 치중한 교육과 일을 강조하는 것이 현실이다. 서글픈 일이다. 일은 즐거운 마음으로 하게 되면 돈을 부수적으로 따라오게 된다. 심리학에서 동기라는 것이 있다. 내재적 동기와 외재적 동기가 있다. 내재적 동기는 내가 진짜로 속에서 하고 싶어서 하는 것이다. 외재적 동기는 부모가 원하거나 사회가 원해서 하는 것이다. 나는 미술을 하고 싶은데 부모님은 의사나 법관이 되라고 한다. 나는 미술을 하고 싶지만 처벌을 받게 되니 부모님이나 사회에서 인정받는 직업을 갖게 되는 것이 현실이다. 직장 생활과 삶이 재미가 없다.

미국의 하버드 대학에서 1920년대부터 지금까지 성공한 졸업생들이 대한 연구를 했다. 천재들만 연구한다는 지적이 있어 다른 대학과 여성들까지도 연구를 했다. 성공하는 사람은 인간관계를 잘하는 사람이다. 어떻게 인간관계 할 수 있을까? 듣기와 말하기다.

듣기는 가만히 쳐다보는 것이 듣기가 아니고 나도 말은 하되 내 생각을 말을 하지 않는 것이다. 듣기는 너만 계속 말하게 하는 것이다. 듣기를 잘해야 말하기를 잘한다. 듣기만 하면 내가 답답하다. 답답함을 해소하는 것이 말하기다. 말할 때는 상담방이 내 말을 들을 준비가 되어 있을 때 말을 해야 한다. 내 생각을 일방적으로 말을 하게 되면 상대방은 저항을 하게 된다. 상대가 내게 염장을 지른다고 생각한다. 상대를 비난하기에 앞서 나를 돌아봐야 한다.

대화로 화를 풀려다가 더 화를 얻게 되니 대화를 포기하게 된다.

대화의 단절이고 갈등이다. 벽보고 이야기를 한다고 한다. 벽은 답답은 하지만 염장을 지르지는 않는다.

문화의 출동에서 갈등이 많다. 요즘 젊은 세대는 서양교육을 받았고 서양문화는 부부중심의 평등주의다. 자녀는 부모나 다른 사람들보다 튀어야 성공한다. 개성을 살려야 한다. 동양의 관계중심의 문화는 튀면 이상한 사람이다. 젊은 층의 개인주의 문화와 기성세대의 관계주의 문화의 충돌에서 갈등이 일어난다. 젊은 세대와 여성들은 빨리 변화하기를 원하고 기성세대들은 항공모함처럼 천천히 변하기를 원한다. 세대 간의 이해가 필요하다.

나는 화를 내는 성격인지 참는 성격인지 자신의 성격을 파악해야 한다. 화를 잘 내는 성격은 대개 카리스마가 있거나 머리가 좋은 사람들이다. 상처를 많이 준다. 화를 참는 성격은 대개 내성적이거나 헌신적인 사람이 많다. 상처를 많이 받는다.

어떤 행동도 현재의 위치에서 살기 위한 최선의 것으로 행동한다. 행동은 성격과 문화에 의해 좌우되는 경향이 있다. 이런 전반적인 인간의 심리를 이해하게 되면 폭행이나 직장 내 괴롭힘, 나아가 자살이나 타살 같은 인권 침해는 예방되어 100세까지 건강하게 살게 될 것이다.